U0653798

江西省会展业发展蓝皮书

（2019）

Blue Book of Convention and
Exhibition Industry Development
in Jiangxi Province

主编／杨征 副主编／李婷 王雯

2019

江西省商务经济发展研究院
南昌大学江西发展研究院
江西省会议展览业协会

上海交通大学出版社
SHANGHAI JIAO TONG UNIVERSITY PRESS

内容提要

本书为江西省2019年会展业发展的研究报告。第一、二章简要概述了国内外会展的状况；第三、四章是对江西省全年会展业的概述和战略研究；第五章为对江西省会展业政策、产业发展、人才培养等的专题论述；第六、七章简要回顾了全年举办的主要会展和全省各地的会展业情况。本书可作为从事会展研究和行业人员的学习参考用书。

图书在版编目（CIP）数据

江西省会展业发展蓝皮书. 2019 / 杨征主编. —上海：上海交通大学出版社，2020
ISBN 978-7-313-23943-3

Ⅰ.①江… Ⅱ.①杨… Ⅲ.①展览会—产业发展—研究报告—江西—2019 Ⅳ.①G245

中国版本图书馆CIP数据核字（2020）第205920号

江西省会展业发展蓝皮书（2019）
Jiangxisheng Huizhanye Fazhan Lanpishu (2019)

主　编：杨　征

出版发行：上海交通大学出版社	地　址：上海市番禺路951号
邮政编码：200030	电　话：021-64071208
印　制：上海新艺印刷有限公司	经　销：全国新华书店
开　本：787mm×1092mm　1/16	印　张：13.75
字　数：284千字	
版　次：2020年11月第1版	印　次：2020年11月第1次印刷
书　号：ISBN 978-7-313-23943-3	
定　价：68.00元	

版权所有　侵权必究
告读者：如发现本书有印装质量问题请与印刷厂质量科联系
联系电话：021-33854186

江西省会展业发展蓝皮书编委会

主　任：谢一平

副主任：朱元发　饶芝新　宁小武　朱晓燕　黄细嘉

委　员：郭维勤　甘　霖　魏文震　黄　军　陈建军

　　　　胡　星　黄家杰　尧宁生　万四新　刘颖豪

　　　　余红艳　吴忠浩　金　彪　陈文宏　曾　亮

　　　　胡会华　李　宇　肖家湖

主　编：杨　征

副主编：李　婷　王　雯

成　员：李家强　俞　颖　魏思飏　王　浩　黄梦云

　　　　周益臣　罗　卉　孙柏林　赵　恒　吴小强

　　　　卓海弟　邱雪洁　别思琦　欧阳婷

序

春华秋实，岁物丰成，2019江西会展硕果累累，助力江西经济高质量跨越式发展。

绿色会展，红色传承，2019江西会展百花齐放，激活城市发展动力辐射燃耀赣鄱。

"不以江西为世界，而以世界谋江西"，第十一届中国中部投资贸易博览会、第二届世界赣商大会、第二届世界VR产业大会、第十七届中国国际农产品交易会……江西品牌会展喜迎世界八方来客，百业兴市商贸签约频获亿级成果。开放的江西，正乘势而起，世界目光正汇聚而来。蓬勃发展的境内境外会展活动为江西经济发展注入新动能，凝聚世界各地资源，为建设富裕美丽幸福现代化江西奠定坚实基础。

"一城一展一会""一圈两轴三区"，江西遍地开花的会展活动，犹如星星之火，点亮各地市特色产业，珠联璧合助力产业链延伸拓展，成为经济发展新的亮点和新的增长点。江西正加快打造一批具有江西特色优势、在国内外有影响力的产业集群、产业基地、领航企业和拳头产品，形成万亿级、五千亿级和千亿级产业梯次发展格局。会展是推进江西"2+6+N"产业高质量跨越式发展的强力抓手，促进构建现代化产业体系。"绿发会""中博会""瓷博会""药交会"……按照产业发展规律和产业"全景图"，江西各地市会展活动穿针引线，搭平台、助成效，把产业链上中下游相关企业关联成一个大的产业集群，形成"葡萄串"效应，成林成片繁盛发展，果实丰硕。

风云际会奋图强，百年复兴看今朝。当前世界政治格局、经济格局深度调整，国际产业链供应链加快重构，经济发展形势严峻复杂，不确定因素明显增多，各种风险挑战更加凸显，同时数字经济浪潮蓬勃兴起，未来产业发展将更加依赖大数据、云计算、人工智能、区块链、5G等数字"新基建"。5G时代衍生出会展新经济业态，将更加信息化、数字化、智能化。突如其来的疫情之下，云上展会越来越普及。立足中华民族伟大复兴战略全局，江西正在建设创新型省份，大力实施创新驱动发展战略，繁荣线上线下会展活动，发挥智库和专业研究机构作用，总结会展成果，描绘会展蓝图，凝心聚力创新助发展。

　　"跳出江西看江西，立足全局谋商务"。此次组织走访调研、数据统计、研讨分析，著成《江西省会展业发展蓝皮书》，实属不易，是所有江西商务会展人辛勤努力的成果和编撰者们智慧的结晶。

　　文以载道，继往开来。世界正在经历百年未有之大变局，江西会展迎风前行，逆水行舟，定能危中寻机、化危为机，风劲扬帆再出发！

江西省商务厅党组书记、厅长

谢一平

前　　言

⌘

　　会展业是全球经济发展的新增长点，是现代服务业的重要组成部分，在国际上更是被称为"触摸世界的窗口"和"诱人的城市面包"。2017年最新修订的《国民经济行业分类》中将会议及展览服务由行业小类调整为中类，会展业的地位随之有了质的飞跃，它已成为推动国民经济发展和提高人民生活水平的重要力量。在全球经济一体化的今天，会展经济发展水平也成为衡量一个地区经济活跃度、开放度的重要指标。

　　在江西省委、省政府的高度重视和引领下，2019年全省会展业的增长幅度为12.1%，[1] 超过了GDP的增长速度，创造了巨大的经济效益和社会效益。江西接连举办了第十一届中国中部投资贸易博览会、第二届世界赣商大会、第50届全国药材药品交易会、第二届世界VR产业大会、第十七届中国国际农产品交易会等具有全球影响力的大型会展活动。省会南昌还获得"年度中国最佳会展目的地城市奖""辉煌70周年·中国最具影响力会展城市奖"等，这是对江西会展业发展的充分肯定。

　　为支持江西省会展行业发展，江西省相继出台一系列政策法规，如《江西省会展业"十三五"发展规划》《江西省"一城一展一会"活动的实施方案》《江西省人民政府关于促进展览业改革发展的实施意见》。这些政策法规在引导和规范江西会展行业发展中正发挥积极的作用。

　　为了更好更全面地掌握江西省的会展业发展现状，2019年由江西省商务厅、江西省商务经济发展研究院、南昌大学江西发展研究院及南昌大学旅游学院共同牵头，组成专职工作团队，对江西省2019年会展行业的发展情况进行调研与数据统计。项目组成员分别前往全省11个地市，走访了商务主管部门、专业展馆、主要会展企业及大型会议型酒店，进行实地调研与数据收集。他们对原始数据和二手数据进行严格把关，并运用经济学、管理学和地理学多种研究方法，对数据进行翔实分析，以确保蓝皮书内容的

1　根据2019年展览业增长幅度14.2%和会议产业增长幅度4.7%加权平均得出。

真实性、科学性和实用性。希望这本蓝皮书可以为江西省会展行业和相关行业的行政管理、发展规划，以及企业决策提供参考和建议。

会展是围绕特定主题在特定时空的多人集聚交流活动，早期的会展仅指展览与会议。随着会展经济的高速发展，会展业较为发达的欧美地区进一步扩大了会展的外延，将与会展经济相关联的其他服务贸易产业形态，如节事活动等也纳入会展范畴。基于江西省会展业发展情况，本蓝皮书主要统计对象为江西省展览业和会议产业，同时也对2019年涉及的节事活动做了一定的分析介绍。蓝皮书数据来源有：

① 全省11个地市商务主管部门访谈和专业展馆实地调研数据；

② 全省主要会展企业、大型会议酒店的数据填报；

③ 政府网站、网络公开信息、媒体信息及公开的行业报告的有关数据信息；

④ 后期项目组有关人员收集的数据信息作为补充。

由于时间和水平有限，本书难免存在疏漏与不足，希望读者批评指正。

编委会

2020年2月

目　　录

第一章　国际会展业发展概况

————✥————

2019年，世界经济增速放缓至2.9%，[1]是近十年以来的最低水平，主要经济体呈现同步减速趋势。全球制造业活动普遍疲弱，国际贸易增长近乎停滞，外国直接投资（FDI）增速持续下降，全球货币政策转向宽松。在此背景下国际会展业依旧稳步发展，在全球区域分布特征上，展览、会议分布相似，发展趋势亦相似，但各自仍有较为鲜明的发展特征。

一、国际展览业发展概况

国际展览业稳步发展，展览业的世界格局并未发生显著变化，展览业的经济带动效益依旧十分可观，同时展会运行不仅重视展会效益，更加重视展会责任。国际展览业总体呈现以下四点特征。

（一）展览业经济效益显著，北美依旧是国际展览业最大的市场

国际展览业主要分布在北美、欧洲和亚太三个区域，占据了绝大部分的市场，而北美依旧以绝对领先的优势成为展览业最大的市场。以接待参展商总数为例，北美区域接待的参展商数量为160万，占全球参展商的35%以上；[2]欧洲排名第二，接待了130万参展商，占全球参展商的29.6%；亚太地区排名第三，接待了120万参展商，占全球参展商的26.7%；随后是中南美洲、中东和非洲，每个区域仅接待不到25万个参展商。在经济效益和就业方面，北美市场依旧为最大的市场，产生的直接GDP为32.5亿欧元（38.4亿美元），占全球展览GDP的47.4%，创造了一半以上的直接就业机会，共有53.9万个。展览业的经济效益显著体现在扩大消费和促进就业方面，2018年国际展览业共创造

1　全球经济增速2.9%的数据选用世界银行的统计报告。
2　数据出自UFI《展览业晴雨表（2019年）》。

了275.1亿欧元（325亿美元）的经济产出（企业销售），GDP贡献总额为167.2亿欧元（197.5亿美元），提供了320万个工作岗位。在直接影响方面创造了68.7亿欧元（81.1亿美元）的直接GDP，并创造了130万个直接就业机会。

（二）可持续发展战略成为国际展览业新共识

可持续发展战略成为国际展览业新共识。联合国联合UFI[1]发布了17个可持续发展目标，澳大利亚、加拿大、中国、法国、德国、印度、墨西哥、荷兰、新加坡、瑞典、英国和美国等UFI主要成员皆参与其中，这标志着联合国可持续发展战略在展览业得以确立。此外，UFI面向成员国启动了SDG数据库，[2]帮助成员国从展览主题、展览运营和公司运营三个层面将可持续发展目标转化为行动。

（三）健康与安全保障备受重视

享受健康安全的展览环境是全球各类展会参与者们的基本权利，创造健康安全的展会环境是组织者们的共同责任，因此展览环境的健康安全问题备受瞩目。全球各地的法规和展览环境标准存在较大差异，不利于展览环境标准化建设，给展览安全带来挑战。为此，国际展览业联盟制定了一套关于展览健康安全的指南，要求成员国将其作为展览活动举办的最低标准。安全指南中包括卫生安全管理和风险评价、展览各环节中关于健康与安全的标准与操作指南。同时积极鼓励成员国结合展览活动及场所特征，制定适当的运营标准，为参展人员提供更为优质健康的展览环境。随着国际展览业联盟壮大发展，全球展览业已在展览的健康安全保障方面初步达成共识。

（四）对接会成为提升展会满意度的核心环节

对接会[3]最简明的解释是为对接参展商的供应与专业观众/采购商的需求而设置的交流会。展览业的存在是为了促进信息沟通交流，对接会逐渐成为全球展会服务提升的主要途径之一。对接会通过面对面沟通的方式，促进参展商与采购商进行信息分享、沟通交流和合约签订，从而提高展会成交额、增强展会综合效益等。UFI在相关报告中指出，对接会对展览业来说意义重大，有71%的调查参与者表示对接会是展会相关活动中非常重要的部分。此外报告还指出对接会在B2B领域尤其重要，占比达73%，最受欢迎的三大行业分别为工程/工业/制造、食品/饮料/酒店和建筑/基础设施。

1　UFI（Union of international Fairs）：国际展览联盟。
2　SDG（Sustainable Development Goals）：可持续发展。
3　英文原文docking meeting。

二、国际会议产业发展概况[1]

国际会议产业格局相对稳定，当前会议产业更注重各国政府与行业的区域间交流，对休闲与服务的需求更高。在整体概况上，2018年国际会议产业呈现以下4个特征。

（一）国际会议市场持续发展，亚太地区潜力凸显

国际会议市场发展呈快速增长态势，亚太地区亮点频出。ICCA于2019年5月发布国际会议统计报告。报告调研数据显示，从数量方面来看，全球范围内国际会议数量出现增长态势，2018年为12 937场，与2017年相比增幅约为3.01%。其中，亚太区举办国际会议数量快速增长，2018年会议数量为2 940场，较2017年的2 690场增长9.29%；日本仍然是亚太地区举办国际会议最多的国家，2018年举办国际会议数量达到492场，与2017年相比增幅为18.84%；中国以449场列第2位，以19.41%的增长率成为国际会议数量增长最快的亚太区国家。

（二）欧美市场稳居榜首，全球会议市场格局变化不大

全球会议市场以欧洲国家为主，成员国构成相对稳定，市场格局变化不大。世界各国举办国际会议数量前十名阵容不变，且排序变化不大，欧美市场依旧稳居榜首，前六名分别为美国、德国、西班牙、法国、英国、意大利。其后是亚太地区日本、中国和欧美国家加拿大、荷兰。举办国际会议数量前二十名的国家仍以欧洲国家为主，如葡萄牙、瑞典、瑞士、波兰、奥地利常年上榜。前二十名中存在部分南美洲、大洋洲国家的身影，如阿根廷、巴西、澳大利亚。

（三）会议选址受成本影响日益显著

在成本预算的影响下，国际会议选址呈现往二线城市迁移的趋势。国际会议的成功举办是建设世界城市的重要途径之一。当前国际会议选址趋势中呈现出受成本预算影响显著的特征。会议成本主要包括交通、餐饮住宿、人工和技术成本等方面，其中餐饮住宿成本对选址的影响不断增加。一方面，会议主办方在会议选址时受会议预算影响，要选择总成本预算范围内性价比最高的会议举办地。酒店住宿业务与会议业务联系紧密，为控制成本，会议组织者多选择购买预订服务，用团队价格预留酒店客房。另一方面，大型国际会议举办期间，所在地的交通、餐饮住宿等价格会受到会议影响，产生一定的

1　数据来源于2018 ICCA国际会议统计报告。

浮动。在价格变动方面，PCMA[1]下属的Convene杂志发布的会议产业年度报告认为会议期间北美地区酒店的平均房价上浮4%，亚太地区上浮1.6%，全球范围内的航空运输价格上浮25%。

（四）技术成为会议产业变革力量

科技成果的广泛使用成为推动会议产业变革的重要力量，主要体现在改变利益相关者的沟通交流方式、改善与会者的现场体验、丰富会议内容的生产与传播、协助会议数据统计等方面。移动互联网技术、通信技术在会议领域的使用使得传统的线下沟通方式逐渐转变为"线上+线下"的多元互动方式，与会者不再局限于线下面对面的沟通，还能通过线上会议平台参与会议互动。VR、AI等技术的使用，实现了会议策划和场景设计的全方位变革，为与会者提供了个性化、智能化的会议服务。5G技术、线上直播等新技术的出现进一步提升展会影响力，扩大影响范围，促进会议内容的广泛传播。APP已成为会议举办过程中重要的数据采集方式，可以帮助组织者了解与会者需求、项目参与情况、参会人数等。根据相关统计，目前使用会议APP的会议超过67%，70%的会议活动涉及会议APP，83%的活动专业人士反馈超过一半的参与者下载会议APP。未来，更多新技术的使用将会带来会议产业新一轮的发展与变革。

1　PCMA：（美国）专业会议管理协会。

第二章　中国会展业发展概况与趋势

会展业作为地区经济发展的晴雨表，与地区经济发展情况联系紧密。2019年我国经济发展速度保持稳定的中高速增长，GDP增速为6.1%。[1]会展业持续稳定发展，在全国层面，展览业与会议业的产业形态逐渐巩固，对经济发展的贡献持续扩大。中国会展业的发展仍然是以供给侧结构性改革为主线，以改革开放为动力，以专业化、国际化、品牌化、信息化为发展方向，以建设现代化会展经济体系为目标。从现状看，现阶段会展业发展呈现出有利局面，如产业调整、服务升级、政府重视、区域政策竞争与创新等方面。会展业正面临诸多挑战，如经济转型导致会展业发展动力不足、行政体制改革精简政府会议等；挑战与机遇并存，发展动力不足促使会展行业竞争愈加激烈，不断激发行业潜力，着力提高会展效益与服务质量，重视会展新增长点的发掘；政府会议的减少迫使行业转向聚焦商业会议与行业会议的开发与服务，以服务求生存，不断提升自身的竞争力。

一、中国展览业发展概况[2]

2019年中国展览业发展稳字当头，区域和行业结构更为均衡与优化，展览质量不断提高，经济效益持续向好，政府重视程度提升，总体呈现以下发展态势。

（一）国内展览由重视数量向重视质量转型，产业结构更加合理

2019年，我国展览经济发展趋势由高速增长向高质量发展转变，其中一个重要特征就是境内展览总体规模增速由高速转为中高速，展览业发展不再单纯追求数量增长，开始逐步转向质量发展。据不完全统计，在已采集到面积信息的展览中，中国境内共

1　数据来源于国家统计局2020年1月17日发布的2019年宏观经济数据。
2　部分内容选自中国贸促会出版的《2019中国展览经济发展报告》。

举办经贸类展览3 547个，同比下降6.5%；展览总面积为13 048万平方米，同比增长0.8%。[1] 展览经济的产业结构也发生了重大变化，重工业展览数量超过服务业展览数量，跃升至第二位，展览面积实现快速增长。5万平方米以上大型展览合计占所有展览的57.6%，中国展览行业正逐步向规模化和集中化方向转变。

（二）展览业区域利益共生格局初显，区域发展更加均衡

从区域分布看，西北、华北和西南地区办展数量均实现增长，增长率分别为28.2%、16.3%和10.3%，而东北、华东、华南和华中地区办展数量较2018年分别下降21.4%、17.4%、3.5%和0.9%。西北地区展览面积增长最快，同比增长20.6%；其次是华中、西南、华北和华东地区，展览面积同比分别增长14%、8%、3.9%和1.9%；而华南和东北地区展览面积同比分别下降12.4%和0.6%。上海、北京和广州继续领跑全国展览业，深圳、青岛、郑州、成都、杭州和重庆等城市展览业发展优势显现。在京津冀、长三角、珠三角区域发展战略的推进下，天津、深圳等城市也迎来新的发展机遇。从行业分布看，展览数量排名居前的依次是轻工业展览、重工业展览、服务业展览、农业展览和专项展览，占比分别为38%、25.2%、22.2%、5%和3.1%。

（三）展览馆供给规模持续增加，租馆率呈现两极分化现象

2019年中国展览馆的数量与面积均保持增势，国内展览馆总数为173个，比2018年增加9个，增幅约5.5%；室内可租用总面积约1 076万平方米，比2018年增加约92万平方米，增幅约9.3%。[2] 天津国家会展中心等大型展馆的建成一定程度上改善了全国展览馆资源"南重北轻"的不均衡现象。深圳会展中心、青岛世界博览城等超大规模展馆建成并投入使用，使得2019年中国展览馆市场新增展馆室内可租用面积达92万平方米，增速比2018年上升约4个百分点，呈现出新经济形势下，展馆总供应量持续增长的趋势。

从租馆率来看，2019年展览馆行业头部效应明显，展览资源明显向行业领军者倾斜，位于市场顶端的展馆租馆率继续提升，市场份额继续扩大。与此同时，多达一半以上的展馆租馆率低于10%，仅为顶级展馆利用水平的六分之一。2019年全国共有6个展览馆租馆率在60%以上，比2018年增加2个，显示展馆经营金字塔顶端阵容不断扩大；

1　中国国内展览相关数据由中国国际展览中心集团公司信息部统计，主要来源于贸促系统各地会员单位及国内公开媒体信息（网络及纸媒），以采集到面积信息的经贸类展览为统计基础，在对展览数量进行统计时，对同一组展方、同一时间、同一地点举办的多个近似行业展览，若组展方将其明确区分，则本蓝皮书将其分开统计；若组展方无明确区分，则合并统计。

2　展览馆相关数据来源于中国国际展览中心集团公司信息部数据库，参照国际展览联盟（UFI）对展览馆市场统计的标准，对全国186个城市（不含港澳台）的431个展览馆与非专业展览场所进行统计调查，从中筛选出室内可租用面积大于等于5 000平方米，且2019年举办过2个以上经贸类展览会的专业展览馆进行统计与分析。

20个展览馆租馆率在30%～60%，与2018年持平，显示展馆经营的中坚基础稳固；50个展览馆租馆率在10%～30%，比2018年增加1个；仍有97个展览馆租馆率在10%以下，比2018年增加6个。

（四）展览业国际化深入发展，"一带一路"[1]潜力持续挖掘

展览业国际化发展涉及三个方面：国际资本对国内展会的入股和收购；国际展会服务企业的入驻；国内企业出境参办展。我国展览市场可预期的发展潜力巨大，国际展览巨头在多领域采用并购等策略提高在中国市场的占有率，如英国ITE集团和英富曼集团斥巨资购买国内展览品牌股份。同时，我国推行"走出去"发展战略和全球化战略，提出了我国展览品牌国际化发展要求。2019年，在各级政府的引导和扶持下，中国出国参展、办展（博）览会整体规模保持增长态势。全国91家组展单位共赴73个国家参展、办展1 766项，较2018年增加94项，同比增长5.6%；展览面积92.13万平方米，较2018年增加9.11万平方米，同比增长11%；参展企业6.1万家，较2018年增加0.2万家，同比增长2.9%。[2]

随着"一带一路"倡议的推进，沿线国家和地区经贸往来逐渐密切，利用展会加强区域、企业合作的需求愈加旺盛。全国77个组展单位共赴30个"一带一路"沿线国家组织参办展697项，占参办展项目总数的39.5%，同比下降2.9%；展览总面积41万平方米，占参办展总面积的44.5%，同比增长8.7%；参办展企业2.6万家，占参办展企业总数的42.3%，同比下降1.7%。[3]这些展览活动有力地促进了我国与"一带一路"沿线国家的贸易往来，帮助我国企业稳固和拓展了沿线国家市场，增进了中外人民的相互了解和友谊，为"一带一路"建设高质量发展做出了扎实的贡献。

（五）政府更加重视展览业，展览效益成为主要关注指标

2017年最新修订的《国民经济行业分类》中将会议及展览服务由行业小类调整为中类。随着产业定位的调整，政府对展览业的重视程度逐年提高。政府对展览业重视水平提升体现在两个方面：一方面为"展览业"作为关键词广泛出现在各地政府文件中；另一方面"展览业"作为单独的行业主体进行叙述，在政府报告中经历了从无到有、从少到多、从附属到独立的转变。全国有23个省市政府工作报告汇报了区域会展业业绩，如北京世界园艺博览会、上海中国国际进口博览会、浙江世界互联网大会、江西鄱阳湖国际观鸟周、宁夏少数民族传统体育运动会等，涉及展览业、会议业、节事活动、赛事

1　"一带一路"（The Belt and Road，B&R）是"丝绸之路经济带"和"21世纪海上丝绸之路"的简称，2013年9月和10月由中国国家主席习近平分别提出建设"新丝绸之路经济带"和"21世纪海上丝绸之路"的合作倡议。

2　数据出自前瞻产业研究院《2020～2025年中国会展行业市场前瞻与深度调研分析报告》。

3　数据出自《中国展览经济发展报告（2019）》。

活动等方面。在表述方面，以单独的行业叙述方式表达，而不是在展会主题所属行业中附带叙述。报告表述中突出经济效益与社会效益，如北京市政府工作报告中提到中国国际贸易交易会参会人数增长3倍、"一带一路"国家参与率超过70%，河南省政府工作报告中提到的第十三届中国（河南）国际投资贸易洽谈会实际吸引外资超过185亿美元。

（六）线上展会备受政府重视，发展模式日益成熟

中国国际进口博览会自2018年第一届即开发了为期365天的线上展览，2019第二届大会依旧延续此做法，这既是政府层面对线上展会的推广，亦说明市场对线上展会的需求。同时成都市博览局建设的IES智慧会展平台，浙江省贸促会推出浙江名品（香港）线上展览会，北京市商务局推动成立北京线上展会发展联盟等都体现出各地对线上展会的重视与引导。线上展会包含两方面内容：一是双线展会，线下展会的线上呈现，展品与线下展会一致；二是单纯的线上展览，多为长期展览，但展品内容不断变化。随着线上展会的不断发展，展会需求呈现多样化、深入化的趋势，提供数字展会服务的平台有掌上世博、双线会展、易售环球等，提供线上展会内容制作的公司有科易、芄酷信息、会掌控等，专注服务区域集群产业的平台有灯脉等。

二、中国会议产业发展概况

2019年中国会议产业发展趋缓，但逐渐与国际会议产业接轨，更加注重高质量、多样化的服务与优质体验。主要表现在以下三方面。

（一）会议硬件市场发展快速，智能化会议系统成为趋势

近几年会议越来越重视硬件的提升。会议硬件的更新包括显示、声音的输入输出全系统，而场景并不局限于会议场所，还可以延伸到培训和学习场所。为对应会议系统的变革，智能化的会议系统已成为市场主流。目前国家级和省级国家机关已基本普及了智能会议系统，各类企事业单位对会议系统的需求也相应增长，特别是大中型企业、会展中心、酒店、学校、媒体等对智能会议系统的需求旺盛。随着会议市场对会议功能和效率的期望不断提高，以及信息控制技术的成熟与广泛应用，会议系统实现了从人工到电子智能化的跨越。会议系统也已从最初的模拟系统发展到现在的全数字会议系统，通过集中控制器，配合会议需要的对话筒、音响、灯光、投影等设备进行便捷管理，实现对会场各类设备的智能化控制，通过统一的软件系统，实现对会议流程、信息发布、会务信息的统一管理。据相关报告估算中国视频会议市场增速将超过30%，至2020年国内视频会议系统市场规模将超过590亿元，市场呈现快速增长态势。

（二）小镇成为会议目的地"新宠"，以"会"带"游"成主导模式

典型的会议活动模式为单体型会议，酒店成为承载会议活动的主要场所，但受到自身条件的限制，其服务性质单一的短板较为明显。随着会议服务需求的发展，旅游六要素吃、住、行、游、购、娱与新旅游六要素商、养、学、闲、情、奇，已成为会议活动的重要组成元素。随着硬件的发展，化零为整或大会套小会的会议组成形式成为主流，旅游小镇逐渐成为会议目的地的新宠。这一特色在全球性高端会议中体现更为明显，如瑞士达沃斯、中国的乌镇与博鳌，皆以承办全球高端会议而知名。旅游小镇具有区域特色鲜明、承载体量大、服务多元化的显著特征。规模不大的特点使主分会场等各主要功能区可以在合理的空间距离中分布，突出休闲、交流的活动性质，弱化工作与任务的活动感受，最大化参会体验。作为景区的旅游小镇承办会议，可以真正做到以"会"带"游"，不仅因参会人员集聚在景区而提高游览量，同时会议亦是优质的宣传平台，扩大小镇知名度，吸引更多游客前来游览。

（三）线上视频会议发展迅猛，细分市场服务供给逐渐完善

相较于线下会议，线上视频会议呈现规模更小、便捷度更高的特征，是企业、协会和社会团体等采用的另一种信息传播渠道。包括电话会议、网上会议、视频会议等形式，基于网络、视频工具进行声音、图片、视频等信息的实时交互，解决空间问题，从而实现团队的跨区域合作，因兼具可实现性高、价格低廉的优点而受到市场青睐。同时，因通信技术的飞速发展与视频会议工具的优化升级，解决了视频会议的网络限制，进而提升了使用体验感，进一步释放了市场需求，加速了线上视频会议细分市场的发展。针对不同的使用场景，服务平台更加多样化，团队与团队之间的会议、团队内部成员之间的会议，多屏互动需求、多个信号输入需求，促进了细分市场的服务供给，诞生了腾讯会议之类的服务平台以及会议平板之类的服务硬件等。

三、中国展览业发展趋势

展览业的发展趋势深受经济发展趋势影响，中国经济向质量与效益转型，且国家战略导向激发新兴产业的蓬勃发展，直接影响展览业的发展速度与发展模式，同时对展馆服务与区域展览业政策提出新的要求。中国展览业整体上呈现以下七方面的趋势。

（一）总体发展态势趋缓

我国展览业发展趋势总体放缓，主要有三个方面的原因：① 从国际环境来看，当前全球单边主义抬头，国际合作环境复杂多变，中美经贸关系紧张，日韩关系、印巴

关系、英国和欧盟的关系同样具有较大的不确定性。特别是中美经贸摩擦，前景不容乐观，世界经济的不确定性给国际展览业的发展蒙上了一层阴影；② 从国内经济环境来看，经济增长速度近年来持续放缓，2019年GDP增速为6.1%，经济增长速度的减缓直接削弱了展览业的增长动力；③ 经过近20年的快速增长，中国展览业无论项目数量还是展馆数量均已积累了庞大的存量，市场竞争日益加剧，这也是增长率可能趋缓的重要原因。

（二）政府仍是展览业发展主导

展览业是推动社会经济发展的重要行业，受政府影响较大。虽然我国展览业市场化程度不断加深，但政府仍是其发展主导，主要体现在国家战略政策和政府扶持两方面。

从国家战略政策来看，对我国展览业发展影响比较大的政策主要有："一带一路"倡议和国际产能合作，不管是出国参展还是出国办展，都可能享受到"一带一路"倡议带来的新机会红利；区域合作，包括中国和东盟之间的合作、中国和亚欧国家之间的合作、中国和阿拉伯国家之间的合作、中国和东北亚国家之间的合作、中国和中东欧国家的合作以及中国和非洲国家之间的合作等，这些区域都有望成为展览业国际合作的重点区域；国内产业政策，国家倡导的新技术、新产业及新消费领域，有可能成为展览业发展的新增长点，主要包括智能制造、新能源、机器人、新材料、大数据、5G技术、区块链及老年医学等。

从政府扶持方式来看，我国展览业扶持方式逐步由提供常规性的产业政策转向对整体营商环境的优化。营商环境的优化是发挥市场在资源配置中起决定性作用的关键环节，是推动中国特色社会主义市场经济又快又好发展的基础性工作。此外，随着经济增长的趋缓，国家用于支持展览业发展的资金也会受到一定的制约，政府难以像展览业发展初期那样通过加大财政资金的扶持或者减免税收等方法来支持展览业的发展。常规性的财政补贴政策已被众多省份采用，补贴带动展览发展的空间逐渐缩小，营商环境改善对展览业发展的意义逐渐显现。

（三）展览活动信息化趋势明显

网络技术的发展和广泛运用，为我国展览业带来了一场信息革命，促使展览业朝着数据化、平台化、智能化发展，展览业信息化趋势日益显现。具体体现在以下几个方面：一是展览活动组织管理的信息化，展览会组织者充分利用会展管理软件，应用数字科学技术与网络平台，处理会展活动中涉及的信息，提高工作效率；二是展览企业经营服务的信息化，通过建立企业信息化管理系统，在客户关系搭建、维护上提高服务效率和水平；三是展览活动的虚拟化，在借助互联网开展低成本宣传推介、招展招商等工作的基础上，越来越多的展览组织者举办"线上＋线下"展览会，借助虚拟的会展平台提供全天候的会展服务；四是展览会后客户关系管理上，借助如CRM等软件系统分析客户的需求，及时跟踪客户的动态，了解客户参展阻力，制定差异化的营销策略。

（四）金融服务提升了展览企业的收购、兼并和投资能力

长期以来，展览企业大多都是依靠自身的积累来进行规模扩张，融资能力薄弱。近年来，越来越多的会展公司开始将目光转向资本市场，通过新三板、[1]主板上市等举措，不断拓宽资金融通渠道。与此同时，2019年上海正式成立中国首支会展产业股权投资基金即上海会展产业股权投资基金，这些举措使得展览业与资本市场的结合更加紧密。资本市场的介入，一方面提升了展览企业的融资能力，有助于展览企业不断拓展新的展览项目，另一方面有助于推动展览企业的收购、兼并，不断提升展览业的组织化和规模化程度。

（五）展览业发展模式不断创新，细分市场呈现多元化特征

随着产业融合发展的进一步深化，我国展览业也迈出了联合、融合发展模式的创新步伐。展览业联合首先体现在展览会联合举办上，如"重庆智博会"开创产业链展会新模式——五展联合，共同打造"重庆智博会"，从而进行产业链展会组合和模式创新。展览业融合发展体现在服务企业、品牌的合并、融合，如广东鸿威国际会展集团将自己旗下两大品牌展会组合成亚洲乐园及景点博览会，在为全球乐园景点行业提供高端便捷的商贸平台的同时，提升了展会的服务水平和综合影响力。展览业发展模式的创新成为我国展览业发展的重要趋势。

展览业细分市场朝多元化方向发展，包括经营领域的多元化、产品类型的多行业化和活动内容的多样化等。会展业的国际竞争对会展产品要求逐渐提高，倒逼中国会展企业形成"一业为主，多种经营"的格局，积极开发新的展览项目，展览会的形式正在由传统陈列向融合商务洽谈、展会参观、文化娱乐、旅游观光等一体化方式转变。此外，新生代和新文化为展览业发展带来新气象，中国消费市场主体的变化使二次元、嘻哈、动漫、宠物、网红食品、懒人经济[2]等新概念展览逐渐丰富。

四、中国会议产业发展趋势

随着中国行政体制改革进入深水区，政府会议大幅削减，对传统的会议产业造成

1　"新三板"市场原指中关村科技园区非上市股份有限公司进入代办股份系统进行转让试点，因挂牌企业均为高科技企业而不同于原转让系统内的退市企业及原STAQ、NET系统挂牌公司，故形象地称为"新三板"。
2　懒人经济是科技飞速发展、经济水平不断提高下的时代产物，是一种商业新业态，主要表现在解放人的重复性劳动的产品服务上。

一定冲击。会议产业未来将以商务会议和行业会议为主，以服务质量的提升和差异化服务[1]作为竞争战略。

（一）会议市场结构逐步优化，政府会议市场收缩

会议市场可以简单地分为商务会议、行业会议、学术会议、政府会议。一直以来政府会议市场占比较高，支撑着会议市场的发展，导致会议市场增长动力不足、服务质量提升缓慢。会议市场结构逐步优化的动力源于两方面：一是政府管理体制改革，表现在简政放权、优化营商环境、提高工作效率、优化工作模式等多方面，从而促进经济发展，释放商务会议的增长潜力并减少政府会议的需求。以江西为例，2019年江西省政府综合性会议减少66.7%。二是经济、产业的发展，在产业分工更加精细化的前提下，随着经济的发展和区域交流的加强，商务会议的增长潜力不断释放，与之对应，行业交流同步亦趋，学术会议在经济的支撑和产业发展的需求下持续发展。

（二）会议产业专业化趋势显著

会议产业的专业化体现在会议策划、筹备、执行等流程的专业化上，也体现在会议专业从业人员、场地技术等多方面的专业化上。近年来随着我国会议产业的深入发展，专业化发展趋势显著，最具代表性的就是大型国际会议的专业化水平提升。以第二届世界互联网大会为例，大到会场规划设计、搭建物料准备，小到桌签制作、纪念胸针，均纳入筹备方案中。大会专门成立的专业服务团队共设置12个职能小组，提供会场规划与管理、设备搭建、会议形象设计、技术保障、语言服务、嘉宾邀请与接待等整包服务支持。大会开闭幕式、欢迎晚宴、新闻中心发布会、分论坛等近30个活动依次紧密衔接举办，充分体现了我国会议产业的专业化水平。随着"一带一路"倡议的深入，境内外会议不断增加，质量也不断提升，专业化将成为我国会议产业的重要发展方向。

（三）企业参会模式呈现多样化趋势

高级别的会议对公众媒体和大众的吸引力越来越高。一般来说，行业代表性高的会议，对企业参会门槛的要求就更高。如今，企业参会模式日益呈现多样化的趋势。具体表现在：一是单纯参展参会，传统的企业派代表参会，进行个人社交式的行业交流，利用会议焦点属性获得广告效益与资源集聚效益。二是赞助参展参会，从一般的冠名到服务、物资和场地的提供，再到主题式活动、企业专场活动，如第二届世界互联网大会上小米以支持企业的身份为参会嘉宾提供特色礼品。三是带货参展参会，企业参会的目的

---

[1] 差异化服务是指在业务开发与推广上，努力提供多种业务应用，针对客户的不同需求提供个性化服务与资费选择，是一种市场细分的营销策略。

主要是在会上销售产品，如拼多多在第十七届中国国际农产品交易会上设置专场采购对接会，华为、三星等知名手机厂商已成惯例地在世界移动通信大会（MWC）发布新款手机等。

（四）差异化服务将成市场竞争的主要手段

随着我国会议产业繁荣壮大，提供差异化服务逐渐成为会议市场的主要竞争手段。西方普遍认为会议是大家聚在一起发布或掌握未来行业发展的趋势与新科技的交流性活动，而中国参会者更加注重是否可以通过参与各种类型的会议来协调多方资源。中西参会的差异要求国际会议提供更高标准的差异化精准服务。当前，差异化服务主要包括差异化的服务形式和创意提升下的参会体验。从会议特性提供差异化服务来看，会议服务企业要重点分析会议项目的普遍性与特殊性，针对普遍性特征提供标准化服务，针对特殊性特征提供与之相配套的差异化服务。从以创意提升参会体验方面来看，会议服务企业不仅要建立服务细致化、标准化的体系，还要保持移动端线上的透明与线下的畅通。更要将新科技、新技术产品融入会议活动中，提升项目吸引力和竞争力。未来会议企业能否在会议产业市场竞争中占据优势地位，差异化服务将是重要考量指标。

第三章 江西省会展业发展概况

会展活动指在特定的时间和空间，由多人聚集在一起形成的定期或不定期、制度或非制度的展示、贸易或信息交流的群众性社会活动。会展业是通过举办各种形式的会议、博览会、展览会而获取经济效益的行业。会展业的定义有广义和狭义之分。广义的会展业是会议业、展览业、节事活动等集体性活动的简称；狭义的会展业仅指展览业和会议业。国际上，会展业也被称为MICE行业，M代表公司会议（Meeting）、I代表奖励旅游[1]（Incentive tour）、C代表社团、大型企业会议（Conferencing/Conventions）和展览活动（Exhibitions/Event）。

展览、会议和节事活动成为江西会展发展的"三大模块"。国家级领导及省委、省政府领导出席了第十一届中国中部投资贸易博览会（2019年5月）、第二届世界赣商大会（2019年5月）、2019江西智库峰会（2019年10月）、2019世界VR产业大会（2019年10月）、首届南昌飞行大会（2019年11月）、2019鄱阳湖国际观鸟周（2019年12月）等一系列重大会展活动。2019年江西省委、省政府牢牢把握会展经济风口，多措并举加快推进全省会展业发展。

一、展览业发展情况

展览业，是会展业的重要组成部分，指具有一定规模和相对固定的举办日期，以展示固定产品和组织形象为主要形式，以促进参展商和贸易观众的洽谈为目的，举办大规模中介性质活动的行业。展览业不仅能够在经济结构调整、市场开拓、促进消费、推动经济社会发展等方面发挥巨大作用，还能在城市建设、精神文明建设等方面凸显特殊价值。尽管2019年全国展览业增速放缓，但江西省展览业逆市上扬，仍保持快速发展，

1　奖励旅游（Incentive Travel）：根据国际奖励旅游协会的定义，奖励旅游的目的是协助企业达到特定的目标，并对达到该目标的人士，给予一个尽情享受、难以忘怀的旅游假期。

无论是展览面积还是展览场次都较上一年有一定提升，2019年是江西省展览业从数量扩张向质量提升转变的重要一年，具有里程碑意义。

（一）总体概况

2019年江西省共举办5 000平方米以上展览会152场，同比增长14.2%，展览总面积达366万平方米，同比增长4.8%，展览业的规模效应和集聚效应已初步显现。整体来看，江西省展览业发展呈现以下几个特征。

1. 展览业发展深度契合地市优势产业

2019年，江西逐步探索出一条依托区域优势产业举办全国性专业类展会的发展道路，推动区域产业发展成为江西展览业发展的一大亮点。2019年各地市依托优势产业，共计举办26场规模较大、层次较高的全国性专业展会。如景德镇的"中国景德镇国际陶瓷博览会"、萍乡的"中国·萍乡第三届茶叶包装文化博览会"、宜春的"樟树第50届全国药材药品交易会"、鹰潭的"2019江西国际移动物联网博览会"等，以展促产，延伸产业链，不断提升区域优势产业的行业影响力。

2. "政府主办＋市场化运营"成为江西举办全国性展会的主流模式

在江西省各地市依托产业优势举办的全国性展会中，采取政府主办与企业提供展会配套运营服务相结合的办展模式成为主流。在江西省举办的26场高层次全国性展会活动中，有19场采用政府冠名、会展企业运作的办展模式，主要包括第十一届中国中部投资贸易博览会、第二届世界赣商大会、首届南昌飞行大会等。政府主办确保了顶层设计合理和优质展会IP沉淀，使展会成为江西经济发展的重要推力；市场化运营则具备灵活高效的特征，优化资源配置，确保江西举办的全国性展会的顺利举行。"政府主办＋市场化运营"模式的实行，提高了展会的综合效益，是江西举办全国性展会积累的宝贵经验。

3. 展览业软硬件协同发展，支撑体系逐步完善

展览业发展高度依赖支撑环境的优化完善。2019年江西会展业支撑体系取得多方面进展。政策法规方面，江西省政府出台了《江西省会展业"十三五"发展规划》《江西省一城一展一会活动的实施方案》《江西省人民政府关于促进展览业改革发展的实施意见》等，大力推进省内优势产业向展会资源转化。人才方面，2019年南昌大学正式招收会展专业本科生，同时第一批会展方向的研究生即将毕业，代表高校会展人才培养水平的提升和省内会展专业人才体系的进一步完善。交通方面，昌赣高铁的顺利开通，标志着江西全面进入"十字形"高铁时代，区域间交通通达性得以提高。展馆方面，2019年江西省建成并投入使用了两座专业展馆，其中江西国际汽车会展中心室内可租用面积达130 000平方米，仅次于绿地国际博览中心，大大优化了江西省内展馆供给结构。

4. 新技术助推各类展览组织模式发展，提升服务水平

2019年江西各大型展会创新性地应用新技术，成为展会现场的亮点，获得全国媒体的广泛关注。第十七届中国国际农产品交易会开发了信息平台，提供终端信息服务与展会线上交易服务；2019世界VR产业大会带来VR技术的示范与应用；宜春市VR科技车展推出VR展车、观车的新服务模式；中国景德镇国际陶瓷博览会运用声、光、电立体展示展品，创新参展体验。新技术的广泛使用，尤其是VR技术的创新应用成为江西服务参展商和吸引展会观众的一大利器。

5. 消费类展会成为地市展览业举办的主要题材

相较于行业专业性展会，消费展的举办门槛较低，与居民生活息息相关，成为地市展览业的主要办展题材。2019年江西各地市举办的消费展数量共计98场，占展览总数的64.5%，涉及建材、服装、婴幼用品、汽车、农产品等多种主题。其中车展较为普遍，遍布各个地市，在展会举办数量与举办区域覆盖上均位居榜首，2019年江西省累计举办各种类型的车展共计52场，占总展览场次的34.2%。节庆式的消费展可以突破各地市受限于城市会展支撑环境和人口结构难以承办大型专业性展会的困境，释放巨大的消费潜力。因此消费展不仅是各地市展览业的主要构成部分，也是各地市展览业未来的重点发展方向。

6. 展会营销方式多样化，直播带货成新潮

展会线上营销可以突破地域和时空限制，达到较好的传播效果，其中网络直播带货作为新兴的线上营销方式具有受众广泛、投放精准、互动性强等特点。2019年被称为"直播带货元年"，江西省多场展会采用"展会＋直播带货"的新模式进行营销宣传，提升展会的营销效果。直播展览形式从单纯展品主题发展到系列主题，如第十七届中国国际农产品交易会采用县长直播代言的方式，进行农产品品牌推广与销售，随后江西多地推广这一方式，网络直播推广当地特色农产品。又如中国景德镇陶瓷博览会现场吸引了百度、抖音、淘宝、京东等直播平台，众多主播在展会现场通过直播平台介绍博览会盛况等等。通过借助互联网进行直播带货，不仅使展会收获了更多人气，也提高了展商的参展效果。

（二）区域分布

2019年，江西省展览会的数量和面积呈现区域分布不均衡的特征。省会南昌的办展数量和展览面积均处于领先位置，南昌以外的城市会展业发展各具特色，全省会展业处于快速发展阶段。

1. 区域间办展数量、面积不均

江西省各地市办展数量、面积空间差异显著。从办展数量来看，2019年全省11个地市共举办152场展览会，其中南昌举办69场，占比45.4%，位列全省第一；赣州举办

13场，占比8.6%，位列全省第二；九江、宜春两市紧随其后，以总数11场和10场，占比7.2%和6.6%位列全省第三、四位；景德镇、上饶两市以总数9场和5.9%的占比并列第五；鹰潭、萍乡以总数8场和5.3%的占比并列第七；随后是抚州、新余、吉安分别以6场、5场、4场分列全省第九、第十和第十一位。从展览面积来看，各地市排名与其数量排名基本一致。南昌市以213.1万平方米，占总面积的58.2%，位列第一；赣州以34.2万平方米的展览面积位居第二；鹰潭、九江、景德镇三市的展览面积介于15万～30万平方米，分列全省第三到第五位；宜春、上饶、新余、萍乡、吉安、抚州六

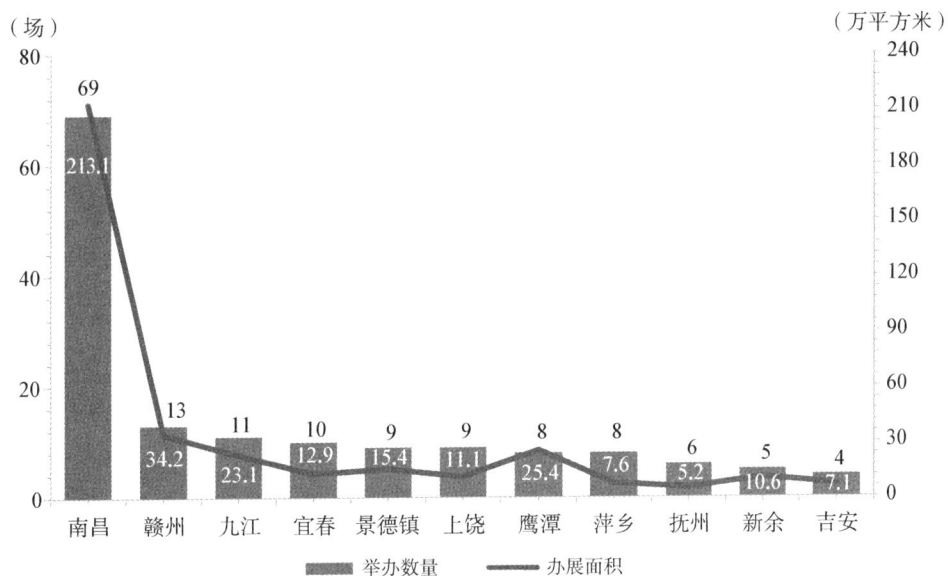

图3.1　2019年江西各地市办展规模

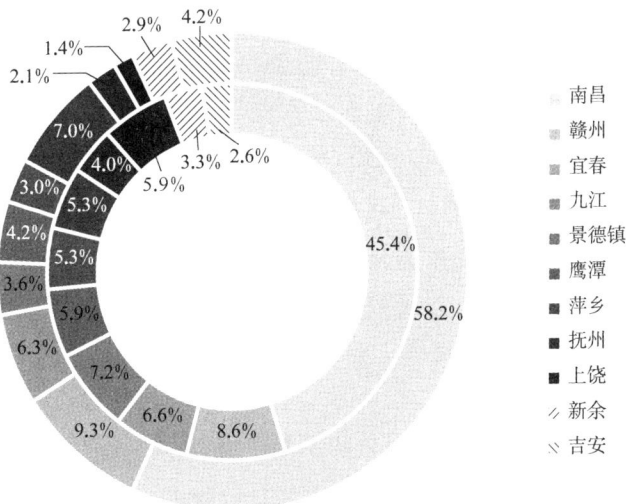

图3.2　2019年江西各地市办展数量和面积占比（内圈为数量，外圈为面积）

市展览面积均在15万平方米以下，分列全省第六至第十一位。

从全省办展数量及面积的比较分析可知，南昌充分发挥其作为省域经济中心的作用，提供了近半数的展会服务，是全省展览业发展龙头，处于第一梯队；赣州作为省域副中心建设城市，在除南昌外十地市中以微弱的相对优势，处于展览业发展第二梯队，但与南昌存在较大差距；其余九个地市之间差异较小，同处于第三梯队。整体来看，全省展览业区域发展水平不均，除南昌外十地市发展水平差异较小，第二梯队尚处于建设阶段与第三梯队界限模糊，导致全省展览业发展水平相对落后，断层现象明显。

2. 各区域办展主题特色鲜明

江西坚持差异化办展原则，省会南昌着力打造中部地区重要会展城市，其余地市依托特色资源培育1～2个品牌展览会。南昌牢牢把握"建设中部会展名城、打造全国会展目的地"的发展目标，在现有展会基础上积极申办全国流动巡展，中国国际广告节、中国国际农产品交易会等多个巡展。以我国农业领域具有权威性、富有影响力的综合性盛会——"中国国际农产品交易会"为例，2019年第十七届中国国际农产品交易会在南昌绿地国际博览中心举办，展览面积达13万平方米。大会共有8 000余家企业携5万余种展品参展，2.3万余家中外采购商汇聚于此，达成交易金额381亿元。[1]

在本土展会的培育上，南昌市依托汽车和新能源、新型材料等产业，成功举办了诸如第十四届南昌国际汽车展暨新能源·智能汽车展、2019南昌广告标识及LED照明展览会等本土优势展会。其他十地市积极培育本土特色展会。景德镇依靠陶瓷优势产业成功举办了2019中国景德镇国际陶瓷博览会，宜春依靠中药材产业成功举办了第50届全国药材药品交易会，赣州成功举办了第六届中国（赣州）家具产业博览会，新余成功举办了第六届江西（国际）麻纺博览会和第五届南方农业（工程）机械展销会，等等。

（三）时间分布

2019年江西省展览会举办的时间变化显著。11月办展总数27场，占比17.8%，展览面积61.7万平方米，占比16.9%，居全年之首；3月和5月分别以办展总数20场、19场分列第二、三位，展览面积分别达到43万平方米和58.7万平方米。2月是全年办展数量最少的月份，全省仅有2场展会，占比1.3%。从季节来看，秋季的办展数量及面积处于峰值，9至11月合计办展数量达56场，占比36.8%，合计展览面积158.3万平方米，占比43.3%；其次是春季，合计办展数量为52场，占比34.2%，合计展览面积123万平方米，占比33.8%；办展淡季是冬季，合计办展数量为22场，占比14.5%，合计展览面积44.7万平方米，占比12.2%。

从全省展会的时间分布来看，春秋两季是办展旺季，夏冬两季是办展淡季，11月

1　数据来源于人民网报道，http://country.people.com.cn/n1/2019/1121/c419842-31467041.html.

是全年办展高峰，2月是办展低谷。办展时间分布不均的原因主要有以下三点：一是受法定节假日的影响，春季有清明节、劳动节，秋季有国庆节、中秋节，展会主要面向的参展观众在春秋季节空闲时间较多，因此多数展会选择在此时举办；二是受气候和地形特征影响，江西省位于亚热带季风气候区，夏季高温多雨，冬季寒冷潮湿不利于展会举办；三是受资源特色影响，江西省春秋季自然风光宜人、赏花晒秋活动丰富、游人如织，展会与观光游览结合紧密。

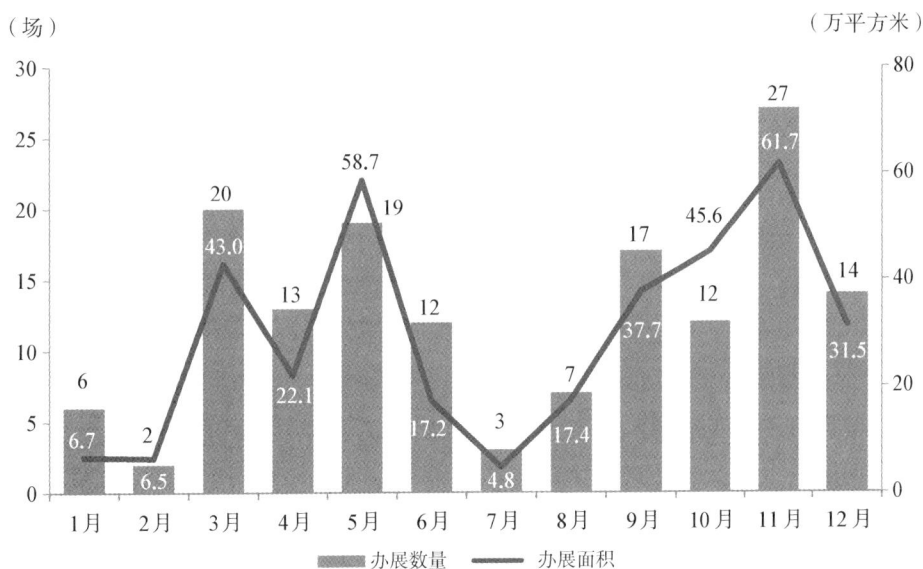

（场）　　　　　　　　　　　　　　　　　　　　　　　（万平方米）

图3.3　2019年江西省举办展览会场次及面积

（四）规模分布

展览规模大小是判断展览价值与地位的重要标准之一。2019年全省举办的展览中，1万～2万平方米规模展览以总数57场，位居第一，占比37.5%，总面积达78万平方米，占比21.3%；其次是0.5万～1万平方米规模展览，总数54场，占比35.5%，总面积达35万平方米，占比9.6%；紧接着是2万～5万平方米规模展览，总数24场，占比15.8%，总面积达88万平方米，占比24%；最后是5万平方米以上规模展览，总数17场，占比11.2%，总面积达165万平方米，占比45.1%。

从全省展览的规模分布看，展览业规模化、集中化趋势逐渐凸显，中小型展会成为主流。展会规模主要受地方经济水平、专业展馆数量及面积、接待能力与水平等多方面因素影响。全省共有15个专业展馆，其中9个室内展览面积不足2万平方米，限制了大型展览的举办。2019年新建成并投入使用的江西国际汽车会展中心和岐黄小镇会展中心，室内可用展览面积分别达到13万平方米和2万平方米，提升了接待大型展览的能力。南昌绿地国际博览中心在2019年完成接待能力的跨越式提升，积极承接了更多规

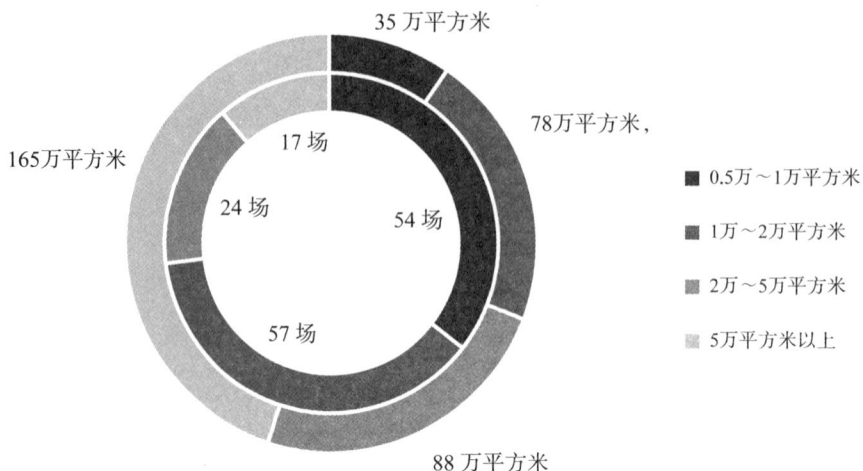

图3.4　2019年江西省不同规模展会数量、面积（内圈为数量，外圈为面积）

模较大的流动展，举办了多场5万平方米以上的展览，年展览总面积破百万平方米。

（五）行业分布

展览项目所涉及的行业，直接反映区域社会、经济、环境及生产、生活等现状。2019年全省展览项目，涉及众多生产领域和消费领域，一定程度上反映江西省会展经济与社会发展间的联动关系。

从所涉产业结构看，2019年全省各类展览涵盖一、二、三产业主要领域，其中第一产业主要涉及农、林、牧等行业；第二产业主要涉及装备、纺织等行业；第三产业涵盖内容最为广泛，涉及生活、医疗、旅游、汽车、文化体育等领域。从涉及行业比重来看，全省举办的152场展览会中，汽车类、文体类、生活类、家居家装类等行业占比最高，分别达到52场、20场、18场、15场，占比分别为34.2%、13.2%、11.8%、9.9%，展览面积分别达79.5万平方米、43.6万平方米、34.1万平方米和25万平方米。展览项目的行业分布结果一方面表明社会群体对日用消费、居民服务业和文体娱类展会的需求较为旺盛，这类主题未来也是全省展览项目开发的重要方向之一；另一方面也体现出全省产业结构调整与优化的政策导向作用，如新型业态、新型产业的展会，尤其是汽车、文化、娱乐类，数量占比较高，有效补充和引导了社会需求，有力带动了所属产业的发展。

（六）展期分布

全省展会展览时间以3天及以下时间为主，近8成展览展期不足5天。2019年全省152场展会中，举办时间3天及以下的展会数量达108场，占比71.1%，合计展览面积216.3万平方米，占比59.1%；举办时间4天和5天的展会数量分别为12场占比7.9%、合计展览

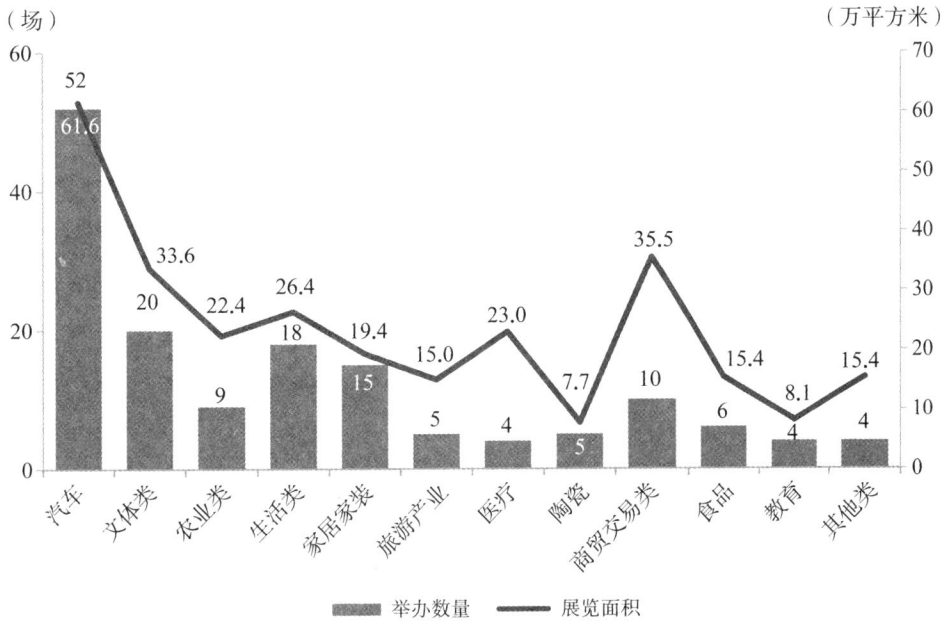

图3.5　2019年江西省各细分行业办展规模

面积56万平方米占比15.3%，和10场占比6.6%、合计展览面积27.1万平方米占比7.4%；举办时间7天及以上的展会数量为19场，占比12.5%，合计展览面积54.2万平方米，占比14.8%；举办时间6天的展会数量最少，仅有3场，合计展览面积为12.4万平方米。

从展会的展期分布与展览面积看，全省展期在3天及以下的展会数量、面积占比最高。总体来看，展会数量符合展期延长、展览活动数量减少的规律。但其中特殊的是，

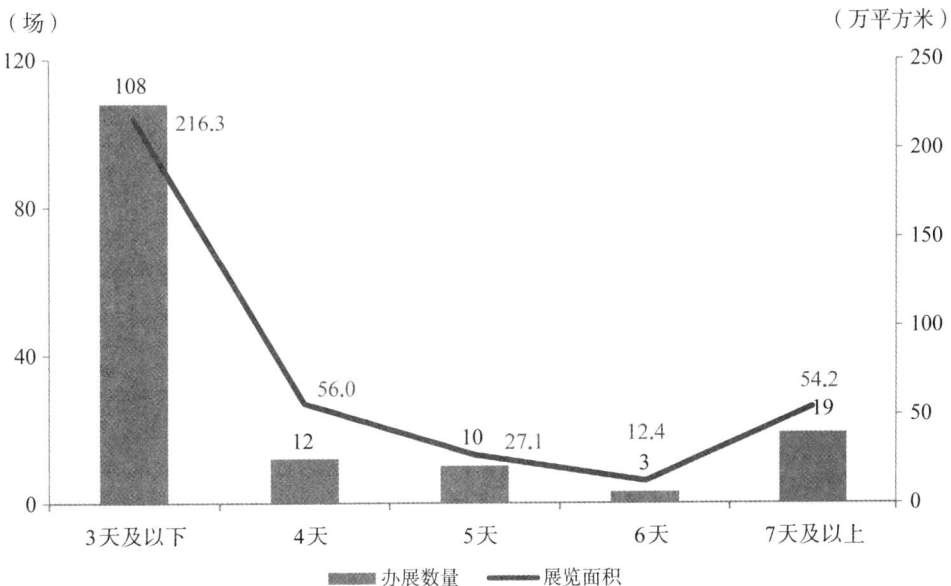

图3.6　2019年江西省展览展期和展览面积分布

省内7天及以上展会的数量和面积仅次于3天及以下展会的数量和面积，其原因在于部分地市为提高展馆利用率而举办长期展览会，如宜春南氏国际商贸城会展中心举办为期2个月的失恋博物展等，在丰富了展览内容的同时也提高了展馆利用率。

（七）引进全国性展会项目

流动展会是指举办地点不断变化，且无固定规律的展览会。积极承办全国性流动展会不仅可以提升主办城市、展馆的知名度，还能给城市的相关产业带来经济效益。2019年，江西省利用政策、资源等多方优势，积极引入一批层次较高的全国性流动展会（具体见附录2）。

在规模方面，2019年，全省共举办9场全国性流动展，展览面积累计达46万平方米，占全省总展览面积的12.6%，其中近半数展会单场展览面积超5万平方米；在展会题材方面，全省举办的全国性流动展会题材多样，9场展会涉及农业、医药、美食、文化、商贸投资等众多领域；在展会效益方面，全国性流动展会多为政府参与筹备，具有较高的知名度和行业影响力，也能让承办城市积累丰富的办展经验。

二、会议产业发展情况

会议产业，是会展业的重要组成部分，是市场经济发展到一定阶段的产物。会议产业的发展，可以拉动城市建设、完善城市功能、扩大城市影响、提高城市知名度、促进社会就业、扩大内外交流等，综合效益显著；同时，会议产业是一个集交通、宾馆、餐饮、购物、旅游文化交流、区域形象推介、商品交易和投资洽谈为一体的高效益、无污染的产业。江西省是文化大省，具有独特的人文和自然景观优势，通过发展会议产业，不仅能为江西创造巨大的直接经济效益，还可以带动上下游相关产业的发展。

近年来，江西省会议产业发展稳中有进，会议服务产业链逐渐完善，会议产业已具规模。江西省会议产业的策划与组织效果稳步提升，会议中心与会议酒店硬件设施逐步完善，服务水平进一步提高，第三方的专业会议公司更是有了突飞猛进的发展，行业影响力不断提升。综合来看，江西省会议产业目前正处于发展的转型时期。

（一）总体概况

2019年江西会议产业保持了持续向好的态势，全省300人以上会议近2 000场，会议总面积近90万平方米（2019年江西省重大会议活动见附录3）。全省会议产业主要呈现出以下特点。

1. 市场总体稳步发展，产业供需齐头并进

2019年全省会议数量、面积、境内外参会参观人数等三项指标再创新高，共举办

300人以上会议项目1 947场，同比增长4.7%，500人以上的大型会议共197场；会议总面积达90万平方米，同比增长3.9%；全年共吸引境外参会者15万余人。从需求端来看，全省经济快速发展、宏观政策加成效应凸显和产业转型提升等因素不断刺激省内会议消费需求的释放。从供给端来看，会议酒店等基础设施的逐步完善、以会展教育和政策为代表的支撑体系的建设等因素共同提升了省内会议产业的接待水平和供给能力。

2. 会议运作市场化变革，产业模式优化升级

随着"五型"政府[1]的打造，江西省政务型会议逐步让位于市场型会议，会议产业的市场化程度不断提升。主要表现在以下三个方面：一是政府逐步退出会议主体市场，充当会议辅助角色，从会议的举办者、消费者向支持者、引导者转变；二是会议市场的资本化运作，政府从原来的"花大钱"逐步向"出大力"转变，从花钱购买会议服务的直接方式转向出台具体方案等措施引导市场发展的间接方式；三是国内优秀会展会议类企业的落地和省内企业的培育，进一步促进了会议产业市场化竞争。

3. 产业要素不断聚集，产业体系日臻完善

江西省会议产业链要素的聚集效应主要体现以下五点：一是会议组织者依托江西各地市优势产业发展会议经济；二是会议策划者借助江西旅游品牌加大会议宣传力度；三是会议服务向江西省重点星级酒店聚集，以星级酒店的高质量服务促进会议服务的提质升级；四是重要会议参会人群逐渐向高端商务及科研人群倾斜，各地市人才交流程度加深；五是会议经济的不断发展带动大量会议产业高端人才及优秀服务行业人才向省会南昌聚集。

4. 传统会议日趋成熟，专业会议影响广泛

随着会议产业的快速发展，大型展会的会议环节逐渐丰富，全省重大会议活动品牌逐步形成。一方面体现在传统展会的会议板块日趋成熟，如2019中国景德镇国际陶瓷博览会期间举办的中国（景德镇）高技术陶瓷国际论坛、研讨会；第50届全国药材药品交易会期间举办的中国药都论坛——中国（樟树）中医药发展大会、中药材种植产业联盟高峰论坛等。另一方面体现在专业会议的成功召开，在2018年办会基础上2019年第二届世界VR产业大会论坛和第二届世界赣商大会进一步提升完善，获得社会广泛认可。

（二）区域分布

1. 会议举办区域分布不均，省会南昌占比过半

全省300人以上会议共举办1 947场，500人以上会议共举办179场。通过对500人以上的大型会议区域分析可知，南昌市举办94场，占比52.5%，位列第一；赣州市和

---

[1]　"五型"政府：忠诚型、创新型、担当型、服务型、过硬型政府——2018年9月《关于在全省政府系统大力开展忠诚型创新型担当型服务型过硬型政府建设加快推动江西高质量跨越式发展的实施方案》。

上饶市分别以16场占比8.9%和13场占比7.3%，分列第二、三位；鹰潭市、九江市紧随其后，分别以11场占比6.1%和10场占比5.6%，分列第四、五位；其余6市全年举办500人以上大型会议均不足10场。南昌市作为省域经济中心，充分发挥其交通运输、商贸金融、基础设施等的优势，打造全省会议产业高地，无论是会议举办的规模还是数量均位于全省首位；赣州市与上饶市作为省内经济发展水平较高的城市，会议产业发展渐入佳境；各地市会议产业的发展与当地人口规模、城市影响力、基础设施、区位条件等因素密切相关，会议举办数量较少，未来发展空间较大。

表3.1　2019年江西省各地市500人以上会议分布

地区/市	会议举办数量（场）
南　昌	94
九　江	10
景德镇	6
上　饶	13
宜　春	9
新　余	4

2.专业会议场地数量匮乏，各地配套设施有限

全省会议中心数量较少，除南昌、新余、宜春、赣州等少部分地市拥有较大规模国际会议中心以外，大部分地市都没有相应的大中型会议中心。全省酒店数目较多，但具备承办会议的大型酒店数量有限。据不完全统计，在江西省注册并运营的会议型酒店有250余家，涵盖会议场地组织、会议服务管理、配套设施应用、广告宣传等会议环节，形成了比较完整的会议服务体系。优质酒店主要集中在省会南昌，各地市的配套设施相对有限，且会议设备陈旧等问题较为显著（江西省主要会议场地见附录4）。

（三）时间分布

1.会议召开时间季节性特征明显

2019年，江西省会议举办时间主要集中在10月（32场，占比17.9%）、11月（29场，占比16.2%）、12月（25场，占比13.9%）和5月（23场，占比12.8%），季节性分布特点显著。会议举办时间集中在冬季的主要原因是企业年会、行业年会等多在年底举办，既利于总结上一年度工作，又利于讨论部署下一年度工作、生产预算计划。会议类型、江西的气候条件等因素也会对会议召开时间产生较大影响。

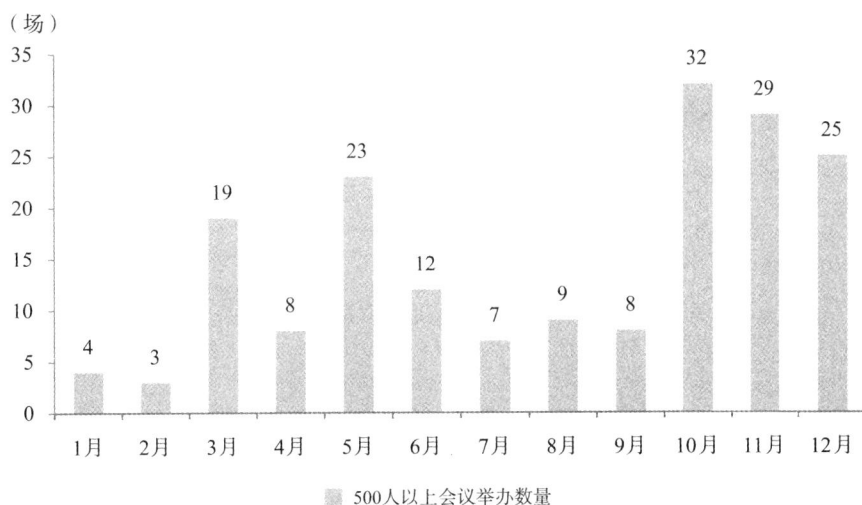

图3.7 江西省会议产业时间分布

2. 中短期会议成为市场主流

时长为1～2天的会议占全部会议的63.2%，4天以上的会议仅占3%，会议平均时长为1.53天，中短期会议是会议市场的主流。会议持续时间长短与会议性质有一定关系，企业会议作为会议市场的主力，由于要控制成本和主题较集中，持续时间一般较短，通常选择周末进行；专业会议的与会来宾多为专家、学者、企业人士，会议时间大多集中在周末；相对来说，协会会议参加人员多，讨论话题较广，一般会议比企业会议持续时间长。

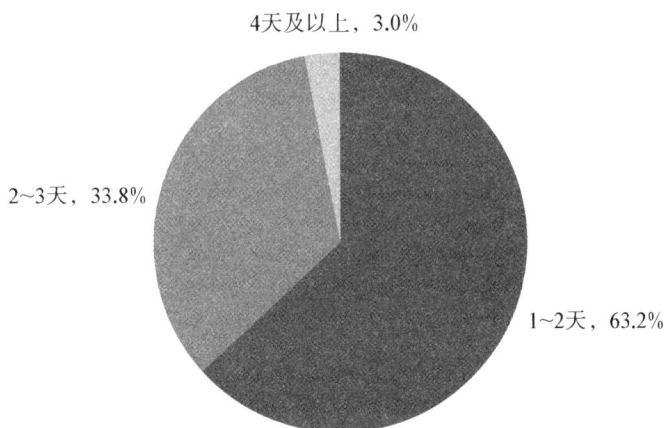

图3.8 2019年江西省会议时长分布

（四）规模分布[1]

江西省会议规模偏小，大型重要会议数量较少，表现出江西会议行业大而不强的特

---

1 本书主要针对江西省大中型会议，对300～500人会议进行抽样统计，对500人会议进行详细分析，以此了解整个江西省会议产业发展情况。

点。从产业规模、会议行业环境以及会议产业市场化、专业化程度等综合效益分析，并结合业内专家意见可知，目前江西省会议行业整体规模水平较东部沿海省份仍存在较大差距。

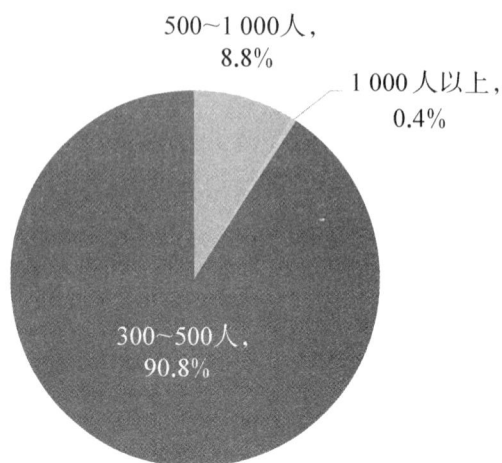

图3.9　会议规模所占比例

（五）主承单位

江西省会议市场大型会议主要以政务会议为主，中小型会议市场主要以企业会议及社团组织会议为主。近年来江西专业会议服务企业数目增加，开始承接省内一些大型会议。2019年全省16.8%的会议由会议服务机构承办，但仍有83.2%的会议是由主办方组织。随着会议产业的发展，江西省将不断涌现更多会展服务品牌，由专业会议服务机构承办的会议比例也将不断扩大。

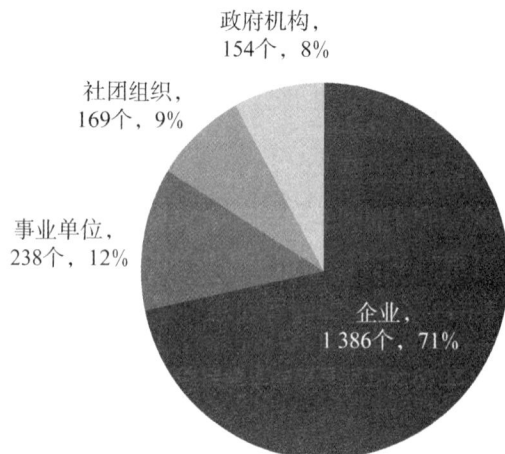

图3.10　2019年按主办单位分类的会议数量及市场份额占比

表3.2　主办者选择会议场地的主要考虑因素

因　　　素	企业主办（%）	协会学会主办（%）
会议厅的大小	70	85
饮食质量	76	75
客房的数量、面积	53	71
进店、离店手续的效率	47	58
付款手续的效率	49	53
与主管领导的接触可能性	45	51
会议服务的有效性	46	46
设施及员工的经历	41	42
特殊会议服务	26	25
邻近机场	23	16
休闲设施	29	19
提供展示场地	15	46
与郊外旅游地的远近	10	19
设施的新旧程度	5	4

三、节事活动发展情况[1]

"节事"，英文简称FSE（Festival & Special Event），指以某一地区的自然、文化和发展战略为基础，举办的一系列活动或事件，包括节日、庆典、地方特色产品展览会、交易会、博览会，以及各种具有特色的文化、体育等活动。[2]节事活动不仅具有提升城市知名度和美誉度、扩大信息交流、增强对外合作、推动地方经济与旅游发展、加快城市建设等作用，还具有弘扬民族文化和扩大旅游市场、提升目的地旅游形象、降低目的地旅游季节性等特殊作用。

2019年江西省节事活动开展盛况空前，举办场次达243场，节事活动"增量"不"降质"，其质量与层次不断提升。在总结往年活动经验和借鉴国内外经验基础上，江西省围绕本省产业发展情况和消费热点，整合各地优势资源，打造演艺、体育、食品等多

1　蓝皮书中节事活动相关数据是在符合节事定义的筛选条件下，结合各地市申报材料、网络搜索热度频次及影响力综合测算而得。

2　余青，吴必虎，廉华，童碧沙，殷平.中国节事活动开发与管理研究综述［J］.人文地理，2005（06）：56-59.

个行业领域的节事活动。江西省的特色节事经济，具有经济性、文化性、社会性、季节性、综合性等，充分彰显出文化现象与经济内容的双重载体功能。

（一）总体概况

2019年，江西省境内共计举办节事活动243场（重大节事活动见附录5）。整体来看，2019年江西省本土节事活动举办呈现如下“新常态”。

1. 节事产业迅猛壮大，呈现良性健康发展

2019年江西省共举办243场节事活动，与2018年的152场相比增幅达59.9%。质量提升体现在以下三方面：一是节事规模不断扩大，参与人次显著增加，江西正逐步探索规模化、集中化、个性化的办节模式；二是节事活动的国际化影响力提升，福特领界·南昌国际马拉松、第六届南昌国际军乐节、2019汤显祖戏剧节暨国际戏剧交流月等节事活动，贯彻落实“引进来”与“走出去”相结合的发展战略，提升了全省节事活动的国际化影响力；三是“造节”蓄能十足，2019年出现多场“首届”名号的节事活动，如首届江西森林旅游节、首届江西鄱阳湖国际观鸟周等活动，节事活动紧跟文旅融合大趋势，发展前景广阔。未来，江西节事业将深度融入“一带一路”建设和长江经济带[1]发展战略，着力将节事业裂变为百亿元级“节事+”产业。

2. 运作体系逐步完善，内容建设层次丰富

江西节事业运作体系日益完善，建成“节前—节中—节后”立体式运作管理体制，初步形成信息发布、智慧营销、现场管理、线上直播、数据分析、关系管理等节事全流程管理体制，体现在三个方面。一是系列活动不断涌现，节事活动的周期性加强，第十二届武功山国际帐篷节、第十四届龙虎山国际森林帐篷节等多个活动经过多年坚守，沉淀为有特色、有流量、有经验的节事活动，单个节事品牌打造的“吸睛”“造星”机制逐步完善。二是节事活动内容扩充丰富，除传统晚会之外，推出多类型的学术论坛、推介会、洽谈会、相关竞赛等各类周边活动，逐步形成“文化融合、节事搭台、经贸唱戏”办节思想。三是节律性特征明显，节事活动受季节和节假日影响显著，争取实现“月月有活动、每季有节会”的目标，节假日旅娱方式不断丰富。

3. 产业深度融合，“赛”事+“演”艺成为主打

江西省将节事活动与文化创意、新闻出版、旅游演艺、创意营销、电子商务、信息技术等领域深度融合，“节事+”模式成为主流。一方面，“节事+”模式快速成长，体育赛事与演唱会成为江西节事重要组成部分，动漫、汉服文化、红色文化则成为年内节

1　长江经济带覆盖上海、江苏、浙江、安徽、江西、湖北、湖南、重庆、四川、云南、贵州等11个省市，面积约205.23万平方公里，占全国的21.4%，人口和生产总值超过全国的40%。推动长江经济带发展，是以习近平同志为核心的党中央作出的重大决策，是关系国家发展全局的重大战略，对实现“两个一百年”奋斗目标、实现中华民族伟大复兴的中国梦具有重要意义。

事新兴主题"黑马",主题多样化局面正在形成。文旅融合程度不断深化,形成了一系列高关联度、强影响力的节事产品,发挥多产业联合的资源优势,提升了行业运作效率。另一方面,节事业对上、下游产业依赖性进一步提高,各产业间联系日益紧密,构建集节事策划与运营、创意设计、生态办节、大数据运用、交通建设等展现节事经济新场景、新业态、新模式的全产业价值链体系,激发节事发展新动能。

4. 立足赣品特色,创新不落俗套

全省的节事活动在主题设置、形式创新、文旅融合等方面较以往呈现出多元化特征。一方面,江西省在不断引进、承办国内外知名节事品牌的基础上,着力于打响本省独特的"赣品"品牌,提升"赣品"品质,如赣州脐橙、鄱阳观鸟、樟树药材、南康家具、新余麻坊等区域性品牌会展活动,主题性运作特征不断凸显。另一方面,节事活动建设的文化创新进程不断加快,"无节造节、有节造市"势头强劲,紧跟潮流热点元素,融入"直播带货""阅读打赏""抖 in city"等元素,"双线节事"的营销模式逐渐普及,"聚合共享、跨界融合"的节事发展新模式正在逐步形成。

5. 重视主体合作,联动优势释放

江西节事活动的跨区域联动效应优势明显,联动性、参与性合作优势持续发力。从地域来看,一方面,南昌市作为省内节事业发展重心,充分发挥大南昌都市圈的聚核效应。另一方面,江西森林旅游节、江西鄱阳湖国际观鸟周等多项节事活动均采用"主会场+分会场"模式,不仅能够高效整合各地市的节事资源,贡献合力,还能反哺各地市的节事业,实现可持续发展。从主体来看,"政府+市场"办节模式成为主流,充分发挥政策引导促进作用,激发市场活力,拓展节事业市场空间,推动节事业市场化发展。此外,节事活动的全民参与度不断提升,目标人群由以传统的旅游者为主转变为旅游者与居民并重,大众文化消费需求得以满足,居民幸福感不断提升。

(二)区域分布

1. 各市数量分布不均衡,南昌市位居首位

总体来看,2019年江西省节事活动实现省内11个地市全覆盖,但地域分布不均特征明显。南昌市作为省域政治、经济、文化中心,共举办57场节事活动,约占比23.5%,位列第一;抚州市、萍乡市、赣州市和上饶市举办节事活动数量均超过20个,分别占比10.7%、9.9%、8.6%和8.2%;其余6市举办节事活动数量在10~20个,合计95个,占总数量的39.1%。

节事活动与地方经济发展水平具有较高关联性,南昌作为省域内经济最活跃的地区,其经贸水平、城市资源、文化产业等发展状况良好,区位优势显著,节事活动消费需求旺盛。随着各地市对节事经济的重视度不断提升,全省节事业发展呈现不断向好态势。

表3.3　2019年江西省节事活动空间分布数量

地区/市	举办数量/场
南　昌	57
九　江	19
景德镇	17
上　饶	20
宜　春	14
新　余	19
萍　乡	24

2. 节事矩阵凸显新亮点，跨区域联动效应显著

江西省节事活动的亮点之一就是跨区域联动效应，体现出节事活动的全域性。2019鄱阳湖国际观鸟周、首届江西森林旅游节、第十届"新力集团杯"鄱阳湖国际自行车大赛等多项省级节事，采用"主会场+分会场"的模式，形成"多点构面"的合力效应。除此之外，省内节事活动举办空间的选择具有多样性，由单一的室外或室内空间利用，发展为室内外互补的空间选址形式，反映出节事活动的功能性逐渐多元化，纯室外空间节事活动有137个，占比56.4%；纯室内空间有48个，占比19.8%；室内外空间结合有58个，占比23.9%。体育赛事是采用室内外空间结合形式的典型节事之一。

总体而言，2019年江西省节事业在空间尺度上的发展有了新进展。全省节事活动分布格局与主题定位已具雏形，区域之间的节事合作态势增强，为今后全省节事业的提质和升级打下坚实基础。

（三）时间分布

1. 节事时长差异化明显，3天以上活动占比过半

江西省节事活动开展活跃度高，时间跨度较长。据统计，节事活动在举办时长方面分异明显，持续时间最少为1天，最多长达7个月，节事活动的时长不断延伸。举办1天的活动共69场，占比28.4%，持续超过3天的活动共155场，占比63.8%。长时间的节事活动中，文化旅游节、花卉节、体育赛事等类型是主力军，且多以系列活动形式呈现，周期性强。2019年出现较多"首届"名号的节事活动，如首届江西鄱阳湖国际观鸟周、首届江西森林旅游节、首届婺源油菜花文化旅游节等，新活动的出现丰富了已有节事活动的数量和类型，体现了独具江西特色的节事味道，以及文旅融合、生态可持续发展的趋势，节事业未来发展前景广阔。

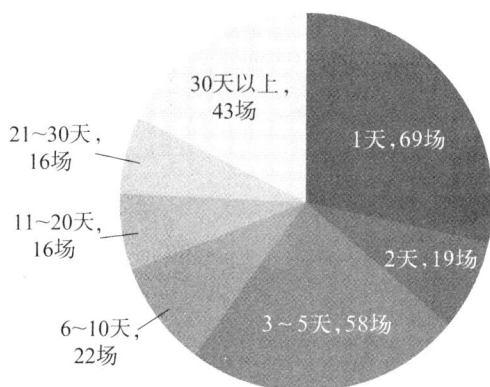

图3.11 2019年江西省节事活动时长分布（场）

2.节事活动四季不落幕，节律性特征明显

全年省内节事活动举办活跃，实现了"月月有活动、每季有节会"的目标，秋季最为活跃，活动数量占全年总数的41%，其次是夏季，占比31%；冬季节事活动数量最少，仅占全年总数的4%。省内节事活动的举办季节受活动主题、当地气候、消费热点与习惯等多种因素影响，9—11月正处秋季，气候凉爽宜人，"十一黄金周"、中秋小长假等节假日较多，婺源皇菊、鄱阳湖蓼子花等花期到来，因此9—11月，节事活动举办密度较高。

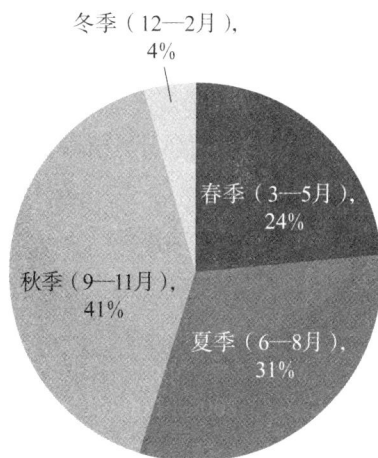

图3.12 2019年江西省四季节事活动分布（场）

据统计，春、夏、冬三季中3天以下的活动居多，秋季3～7天的活动最多，其30天以上的活动在四季中占比最重，充分体现出节事活动时长受季节、气候影响较为明显。春季（3—5月）正值花期，此时期的节事活动多与花卉主题有关；夏季（6—8月）气候炎热，该时期的节事活动类型同避暑、水上活动等息息相关；秋季（9—11月）是收获的季节，气候凉爽，使得该季节的节事活动举办密度高，也使得长时长的节事活动数量增加，主题内容常与晒秋农事、户外越野等相关；冬季（12—2月）的室外节事活动较少，对主题性节假日依赖性较强，多与新年、圣诞等相关。

（场）

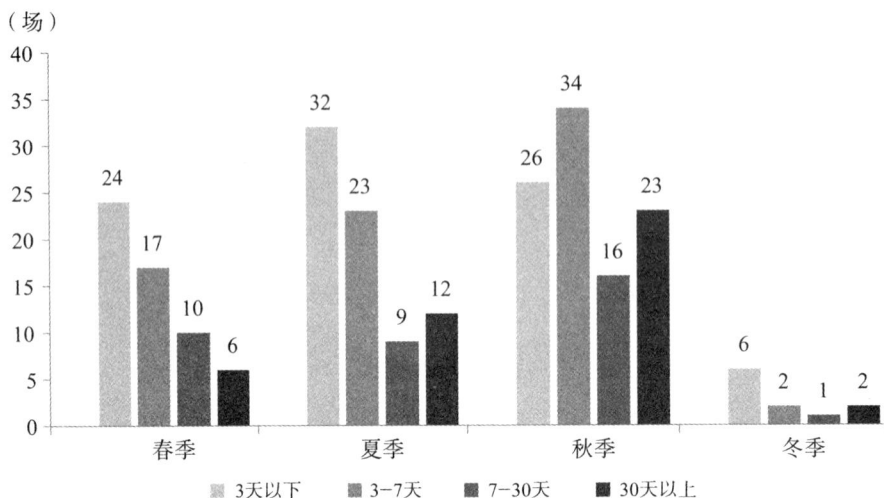

图3.13　2019年江西省四季节事活动时长分布

整体而言，2019年江西省节事业在时间尺度上的发展状况呈现新风貌，节事活动的时间跨度较广，实现了全年四季节事不落幕。一方面，贯穿四季的节事活动发挥着拉动社会经济增长、满足大众文化需求的作用；另一方面，由于节事活动的时间延长，能够与传统旅游活动的淡旺季互补。因此，应正确看待"冬季是旅游淡季"的挑战，将其转换为节事创新的机遇，抓住新年、雪景、温泉等当季热点要素，鼓励创新多样化迎新春方式，开辟互联网全季节活动路径，打造不同细分人群市场的主题性"双线"节事活动。

（四）规模分布

1. 节事活动规模化缓慢，中小型节事活动仍居主导[1]

江西省举办的节事活动中，参与人数在1 000～3 000的节事活动数量最多，有121场，占比49.8%；其次是参与人数在1 000人以下的活动，有65场，占比26.7%；超万人以上的活动最少，只有7场，占比2.9%。江西省节事业目前以中小型节事活动为主导，尽管参与人数达到万人以上的节事活动较少，但江西省仍在逐步探索规模化、集中化、个性化的办节模式，刺激节事活动需求，促使节事业规模不断扩大。

2. 参与人员类型多元，国际化影响持续增强

2019年，节事活动的参与人员来源广、职业多元化特征明显。节事活动参与人员

1　蓝皮书以"参与人数"为节事活动规模的衡量指标，将规模划分为1 000人以下、1 000～3 000人、3 000～5 000人、5 000～10 000人、10 000人以上。

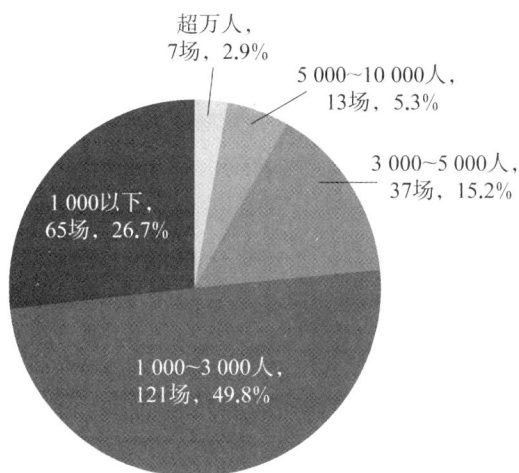

图3.14　2019年江西省节事活动不同规模占比情况

的专业限制低于展览业，能吸引多行业人员共同参与，折射出节事活动的大众性、广泛化特征。除身份、职业限制之外，参与人员的来源地也成为一大关注点。包含活动单位邀请的相关嘉宾在内，目前节事活动以当地民众为主，占比69.2%；来自域外的参与人数超过30%，其中来自国外的人员占比超过10%。国际化影响力不断增强，辐射范围持续延展，体现出江西省节事业的发展潜力巨大。此外，需注意省内节事活动营销推介方面的不足之处，除采用官方邀请之外，还应着重面向全国性乃至全球性的大众层面加强宣传。

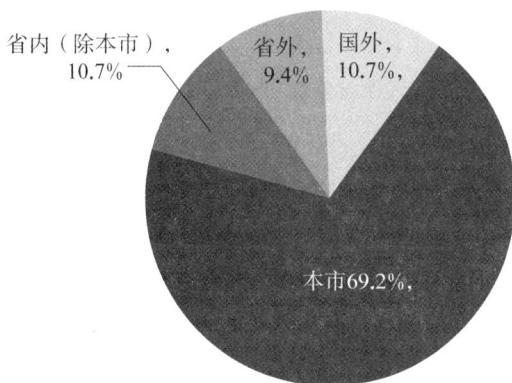

图3.15　参与节事活动人员来源地占比情况

（五）行业分布

1. 覆盖多类别行业领域，体育赛事类位列榜首

江西省重点节事活动覆盖体育、演艺、花卉、民俗、农业、旅游等多个领域，跨行

业交融程度不断加深。其中，体育赛事类举办数量最多，达42场，占比17.2%，位列第一。与花卉、演艺、食品等行业领域结合的节事活动分别有36场、27场、25场，占比分别为14.8%、11.1%、10.3%，分列二至四位。政策规划等文件的发布为节事业的发展提供了坚实的政策土壤。受国家"健康中国、全民健身"的倡议、《江西省全民健身实施计划（2016—2020年）》等相关文件的影响，省内掀起全民健身热潮，体育赛事类逐步成为江西省节事业中的重要组成部分。此外，"节事+花卉"模式，通过与当地特色的油菜花、梅花、莲花等花卉产业交融，开展花海节、赏花周等活动；"节事+演艺"模式，通过与高品质的演唱会、电音节等演艺产业结合，举办音乐会、舞台秀等歌舞活动；"节事+食品"模式，通过与面包、脐橙等食品产业之间的融合，打造糕点品鉴节、美食吃货节、脐橙交易节等活动。

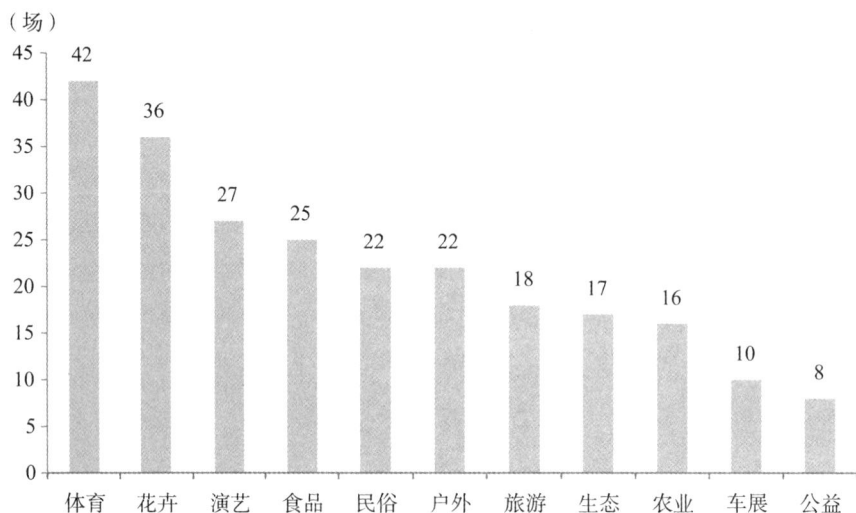

图3.16　2019年江西省各领域节事活动举办数量

2. 行业交融风格多样，紧密贴合消费需求

在依托南昌市巨大的节事经济辐射效应，积极引进各类国际国内知名节事活动落地的同时，各地市着力探索打造自身特色节事IP。围绕季节性消费热点和重要节假日，采取政府引导、市场运作的方式，各地市积极举办年货节、文旅节、音乐节、美食节、采摘节等各类主题性节事活动，做到"无节造节、有节造市"。例如，赣州脐橙、南丰蜜桔、庐山茶叶、樟树药材、南康家具、万年贡米等地域特色IP，通过加大对本土品牌的立体式包装设计和策划推介，提升其品牌价值和市场美誉度。节事活动中适当加入"直播带货""阅读打赏""公益助农""全民短视频""抖in city"等元素，灵活应用消费热点以提升节事吸引力。休闲时尚、艺术旅游、公共服务等类型的节事活动，上演了集竞赛、演艺、陈列、研讨、贸易配对等为一体的精彩纷呈的好戏，极大地促进了节事业的蓬勃发展，彰显出节事活动不断提升的创新能力。

四、会展业发展综合效益分析

江西省会展经济的飞速发展增强了各地市的经济实力，加快了产业配套、产业集中以及产业链形成的进程，促进了区域内资金、信息、科技、人才等的流动。进而推动区域经济结构的优化，带动城市经济的协调发展，助推城市功能升级，从而提高城市的综合竞争力。

（一）经济效益

会展业的快速发展为江西省经济增添了活力，举办展会所产生的直接经济效益迅速辐射全省甚至全国各地，同时会展业强大的带动效应刺激会展关联产业增加营收，进而促进间接经济同直接经济共繁荣。

1."展贸贯串"，直接经济效益辐射全省各地

会展业既是生产性服务业，又是生活性服务业，它通过集聚效应刺激消费。展会尤其是有影响力的大型展会的举办，会伴随着贸易消费的发生产生巨大的直接经济效益。据统计，2019年江西省共举办各类展会152场，会议1 942场，估计参展观众748万人次，参会人员60万人，直接经济效益142亿元。其中，2019世界VR产业大会作为国际性展会，其所产生的直接经济效益最大、所涉及投资合作项目的签约总金额最高，共计652.56亿元；[1]宜春樟树第50届全国药材药品交易会取得178.5亿元成交额的好成绩；[2]中国（赣州）家具产业博览会首创"双百"，参展人员破100万、成交额超100亿元。[3]

2."展业联动"，带动效应促间接经济共繁荣

会展业作为第三产业的分支行业之一，同样拥有高附加值的显著特征，可以刺激诸多会展关联产业联动发展，产生带动效应。2019年江西省会展业带来间接经济效益1 127亿元。展览业部分，深入8场大型展会进行现场调研，根据样本和估算的会展对经济的带动系数，展览业产生直接经济效益64亿元（场馆收入+参展商销售收入），间接经济效益639亿元（专业观众+其他参展观众总消费）。会议产业部分，深度访谈各地会议酒店16家，会议产业产生直接经济效益32亿元（酒店直接收益），间接经济效益153亿元。节事活动部分，对全省20场主要大型节事活动进行调研，测得节事产业产生直接经济效益46亿元（网络数据统计），间接经济效益335亿元。

从办展过程的角度看，展前，组展单位需提前驻扎办展城市，在筹建过程中带动场地租赁、广告搭建、安保、物流、办公、食宿、接待、旅游等方面的综合消费；展中，

1　数据来源于江西网络广播电视台报道，http：//news.jxntv.cn/2019/1020/9268167.shtml.

2　数据来源于樟树市展馆提交的报告。

3　数据来源于中国新闻网报道，http：//www.jx.chinanews.com/news/2019/0605/26517.html.

参展商与参展观众成为关联产业的最大消费群体，在参展过程中产生展会配套设施、展示空间建设、租赁、经营及其物业等多方面消费需求；展后，参展人员在消化展中所获得的直接经济效益时，他们积极组织开展的创业融资、评估商业机会以及企业培训等活动皆会产生巨大消费。因此，展会的带动效应贯穿办展全程，在较长的时间段内持续促进当地经济繁荣发展。

3."多流汇聚"，资源聚合化经济发展加速器

会展业是人流、物流、资金流、信息流的高度聚合，也是区域经济发展的重要抓手。首先，在人流聚集方面，展会期间，省内外客商、观众大量聚集带来了巨大的经济效益。例如，第十七届中国国际农产品交易会共吸引参展商约8万人，专业观众约42万人，人流变动带来的消费增值达到25.7亿元。此外，大型展会的举办促进相关专业人才和商务人才来赣考察，若辅以人才政策及财政优惠，也将为江西产业发展留住更多人才。其次，在物流聚集方面，由于参展商品和相关设备的运输需要，展会需求倒逼大型物流分拨中心等的建设，物流网络不断完善。物流交通基础设施筹建完成后可重复使用，长期回报率较高，是促进地区经济发展的重要抓手。再次，在资金流聚集方面，展会一方面吸引外部资本市场关注江西本地企业，有利于企业获得较大的融资；另一方面短暂的市场需求爆发促使相关部门积累资本，有利于企业加快革新转型，培养核心竞争力。最后，信息流聚集方面，江西通过大型展会的举办，为江西本土企业对外展示提供舞台，同时也是江西企业获取外部市场信息的绝佳机会，这将是江西省"引进来"和"走出去"，促进经济快速发展的一次宝贵机遇。

（二）社会效益

会展不仅是一项经济活动，也是一项综合性的社会文化活动。会展业的社会效益将潜移默化、逐步发挥作用。从国内外经验看，举办大型会议和展览往往会给举办地的社会、政治和文化带来影响。

1.促进技术及政策教育落实，提高居民综合素质

会展活动的举办可以促进政府政策的落实、群众教育的开展和全民综合素质的提升。会展的首要社会效益表现在促进产业政策的落实以及对群众的科普教育上。例如，南昌市举办的世界VR产业大会以及新余市的南方农业（工程）机械展示展销会，就高新兴技术方面对城市居民和农村居民起到启发智慧、开阔眼界以及宣传教育的作用；世界VR产业大会上集中展出的国内外虚拟现实前沿技术与最新成果，让群众了解到VR产业对生活的影响；新余南方农业（工程）机械展示展销会有利于农村政策的宣传和落实，农机技术的推广，服务农民和农业生产，提高农业生产经济效益，增加农民收入。优质展会的举办还可以提高人民群众的文明素质，改善社会风气，培养有理想、有道德、有文化、有纪律的社会主义公民，提高整个中华民族的思想道德素质和科学文化素

养，为建设社会主义精神文明服务。

2. 文体活动阵地"多点开花"，群众乐享精神盛宴

会展是一种多门类、多层次的综合性艺术文化现象，它可以通过生动的艺术形式吸引观众、陶冶人们的情操、提高人们的审美情趣和精神境界，给人以美的享受。全省各地不断开展多样化的展会节事活动，宣扬先进的文化理念，营造了浓厚的文化氛围，如画展、摄影展、图书展、文物展之类的展会，通过文化体验和文化欣赏，可以充实观众的精神世界，提升城市精神文明建设的内涵。江西省第十二届中国绿色食品博览会的举办，促进了全省居民对全国乃至全球农产品的了解与消费。南昌飞行大会、南昌国际马拉松等活动不断丰富着群众的文化生活，提升全省居民的幸福感。先进表彰会、英模报告会、庆祝会等还具有感染人、激励人上进的教育宣传作用。同时，各地市的消费展不断满足居民生活需要，营造节日的氛围，使城市居民生活质量获得提高。

3. 重塑和提升江西整体形象，促进开放、交流、合作

会展社会效益的另一重要方面体现在增进国内各地区、各民族之间及世界各国人民之间的交流、团结和友谊。展会活动可以增进地区间的了解，扩大交流，加强合作，它是促进和发展经贸关系的桥梁。江西自古以来就是江南富裕之地，人杰地灵之所。通过举办多种多样的大型展会，可以促进各地区人民来江西参观，感受江西的大好山川以及改革成果，并把江西的特产带回家乡，这是宣传江西的绝佳机遇。各类展会的举办，不仅提供了重要的社会主义文化精神展示窗口，同时也引入了先进的管理理念，吸引新兴技术与优质人才等"落"在江西。江西省居民通过展会不断加强与外地的密切交流，不断接受多元的思想，学习先进的技术理念，提高自身的综合素质与文化素养。

（三）产业效益

会展业作为高附加值产业，具有强溢出效应、高带动效应。它与其相关产业存在着较强的互动、促进、发展关系，对其他产业和经济的发展有着极大的拉动作用。

1. 拉动第三产业比重增长，助推全省产业结构有序调整

根据国家统计局2013年出台的《三次产业划分规定》，会展业被归类为第三产业的商务服务业。2019年江西省全省三次产业结构由上一年的8.6∶46.6∶44.8调整为8.3∶44.2∶47.5，第三产业占比提高2.7%，[1]其中会展业的发展为产业结构的有序调整做出了卓越贡献。江西会展业的发展使会展相关行业获得发展和成长的机会，从而促进了第三产业的增长并推动全省第三产业比重增长，助推产业结构不断优化，促使"三二一"产业格局进一步优化。

1　数据来源于2020年江西省《政府工作报告》。

2.刺激关联产业充分发展，培育会展产业价值链

会展业的直接关联产业主要包括旅游业，交通运输、仓储和邮政业，批发零售业，住宿餐饮业和金融业等第三产业。2019年，江西省旅游业、交通运输业、住宿餐饮业等会展相关产业与全省会展业的发展保持同步增长趋势。会展业对配套设施的强依赖性为全省会展关联产业的高标准发展注射了一针"强心剂"，举办会议展览所吸引的巨大人流、资金流为全省关联产业的蓬勃起飞增添一泵"助燃液"。此外，在会展业对其他产业产生前向关联效应、后向关联效应和旁侧关联效应的过程中，江西省会展产业价值链雏形逐渐培育形成，为全省航空、电子信息、中医药、新材料等主导产业的营业收入实现两位数增长提供强有力的支撑。

3.借"会展+"潜在动能，谋各产业高效融合发展路径

会展业的溢出效应、带动效应为展会赋予了较大的潜在动能，且这种动能主要通过营销、技术、体验和创意这四种基本途径发挥最大价值。2019年，江西省采取"产业+会展"的高效发展模式，借会展之势助推产业发展，谋划各产业的融合发展路径。通过营销路径，江西各市将本土特色产业与会展业相融合，形成相关产业交易展，如赣州的家居产业博览会、宜春樟树的第50届全国药材药品交易会、景德镇的2019中国景德镇国际陶瓷博览会等；通过技术路径，会展业助推通信、影视、出版和广告业的融合发展，各地市通过技术融合路径与会展业产生融合，形成虚拟展、线上线下融合展示，如世界VR产业大会等；通过体验路径，全省各地将会展与当地特色旅游、休闲产业融合，促进会展旅游、会展休闲的进一步发展，如宜春温汤镇的温泉会议旅游等；通过创意路径，会展业和文化创意产业融合，形成文化展、会展文化，如上饶文化创意产业博览会等。

（四）空间效益

会展经济活动始终沿着产业不断集聚与扩散的路径向前发展，推动产业升级，在这个过程中会展业产生巨大的空间效益，使区域格局不断变化。

1.空间集聚增加外部规模经济效益

长期以来，在江西省会展业不断发展的基础上，全省多地因会展经济的集聚效应逐渐呈现产业集聚的现象，促进了产业的专业化分工和协作。例如，宜春高安的陶瓷产业，自2015年举办建陶会以来，高安陶瓷产业取得了高质量、跨越式发展，为成功打造产区品牌化发展、助力陶瓷产业集聚提供了强有力支撑。2018年，高安建陶产业年产能达8.5亿平方米，高安陶瓷品牌价值达到71.5亿元，获批国家工信部产业集群区域品牌建设试点，列入全省传统产业优化升级试点。因建陶产业集聚而诞生的建陶基地成为全国第二大建陶主产区，跻身中国建材园区20强，高安陶瓷发展取得了丰硕成果。[1]

1　数据来源于中华陶瓷网报道，https：//www.chinaceram.cn/news/201910/16/121072.html.

2. 空间扩散助城乡一体化

基于会展业的规模行业属性，新区选址对用地规模有较高要求，在用地紧张的城市中，只有城市郊区和城乡结合地区才能满足会展急剧发展所需的用地。因此，会展经济的空间扩散可以优化城市空间，助力城乡二元结构的破除。而在江西会展业的发展历程中，也同样存在着会展空间效应。例如，2019年新建的岐黄小镇就是樟树药材产业会展经济空间扩散效应的成果。常年举办的樟树全国药材药品交易会由原来的市区办展迁移至城郊新馆办展，给樟树城郊带去了人流、资金流，同时也促进了城郊配套设施的建设。它带动了樟树城郊的经济发展，优化了整体城市空间，为农村地区提供了大量就业岗位，助推城乡一体化发展。

（五）城市效益

对城市而言，推动城市功能升级以及促进城市竞争力提升是会展活动的重要功能，会展经济持续快速发展也是会展产生的城市效益发挥作用的充分体现。

1. "展城相促"，会展业高标准发展推动城市功能升级

会展业是一个以服务业为主的综合性产业，具有发展基础要求高的特点，对办展城市的基础配套设施水平、公共文化服务功能、商旅接待功能皆具有较高的要求。2019年，江西省各地市通过会展业基础设施的完善，促进了城市建设，推动了城市功能的升级，如南昌江西国际汽车会展中心、宜春岐黄小镇会展中心的建成和投入使用。会展展馆的建设对当地基础配套设施提出了新要求，为城市的公共文化功能注入了新鲜力量，基础配套设施的完善也提高了城市的商旅接待功能。

2. "展城互动"，会展业特色品牌效应提高城市竞争力

会展活动是城市广告，一个成功的会展活动能够充分展示城市的风采和形象，迅速提高城市的知名度，扩大城市影响力，而城市影响力反映了城市在区域经济中的影响力，是城市竞争力的重要因素。对办展组会城市而言，举办特色品牌会展是提高城市竞争力的不二法宝。尤其是国际展会的举办，能够向世界各地的参展商、贸易商和观展人员宣传一个国家或地区的科学技术水平、经济发展实力。2019年江西举办了多场规模大、展期长的国际展览，如世界VR产业大会、中国景德镇国际陶瓷博览会等，这些展会已成为江西的亮丽名片，通过线上、线下多种宣传途径向世界各地展示了江西的科技水准、产业优势以及经济实力。

3. "旺客计划"，[1] 会展业优质营销整合，激发城市消费活力

将"旺客计划"与会展业发展相融合，进一步激发城市消费的新活力，是城市经

1　旺客计划主要指在江西省出台的《江西省进一步激发商贸消费潜力促进商贸消费升级三年行动方案（2019—2021年）》中关于做旺应季消费、做大会展经济、做优商旅文体融合发展的主要行动计划。

济发展的又一有力举措。展览会因其规模、声势、影响，通常能在短时间内吸引大量的买家、用户和消费者。一是举办会展活动可以营造消费氛围，围绕季节性消费热点和重要节假日开展的会展活动，不断营造持续浓厚的应季促销热潮。例如各地积极举办年货节、音乐节、美食节、采摘节等各类主题购物节会，不断激发消费活力，活跃市场经济。二是举办会展活动可以挖掘潜在的消费群体，展览会的参观访客中有一半是来寻找新产品的，而参加展览会是企业发布新产品的最佳场合。企业通过现场演示或展示，可以使消费者潜在的、模糊的需求清晰化、具体化，并产生消费需求。

五、展馆空间格局与展会效益分析

近年来，国内外会展经济研究不断丰富，研究领域、视角及方法众多。现有研究成果中广泛运用经济学、管理学、地理学等方法对会展活动的经济效益、管理和空间分布进行研究，对展会与多媒体技术应用的关系或采用美学方法进行研究，各地实证案例不断丰富。江西省会展经济研究集中于管理学和经济学领域，多从宏观角度使用传统的SWOT分析法对现状进行描述分析或未来发展路径分析等，缺少实证研究，且总体研究成果较少。

本书创新性地在江西省会展业发展现状与综合效益分析基础上，利用实地调研的一手数据，采用学界最新研究方法对江西省会展经济发展进行专题性实证分析。一是运用地理学方法，采用核密度估计并通过ArcGIS软件绘图得出全省会展展馆核密度分布图，得出江西省会展展馆空间分布特点，并在此基础上提出具体的未来展馆建设规划意见。二是运用经济学方法，以第十七届中国国际农产品交易会为例，对江西省内大型展会经济效益进行测算，为全省展会直接效益、带动效应的测算提供参考。

（一）基于核密度估计法的江西会展展馆空间格局分析

1. 核密度估计法

核密度估计法（kernel density estimation）是在概率论中用来估计未知的密度函数，属于非参数检验方法之一，具有较强的适用性，因此，蓝皮书采用核密度估计法对江西省会展展馆空间格局状况及其分布特征进行分析。研究对象包括全省15座展览设施的名称、所属城市（细化到县区）、展馆面积、投入使用年份以及地理位置，运用ArcGIS软件进行绘图。

2. 空间格局分析

1）展馆空间分布两极化，契合会展经济现状

根据核密度分布状况图示可知，省内专业会展展馆主要集中在赣北地区，赣南地区除赣州中心城区外呈现空白状态，省内展馆空间分布两极化趋势明显。南昌市核密度最

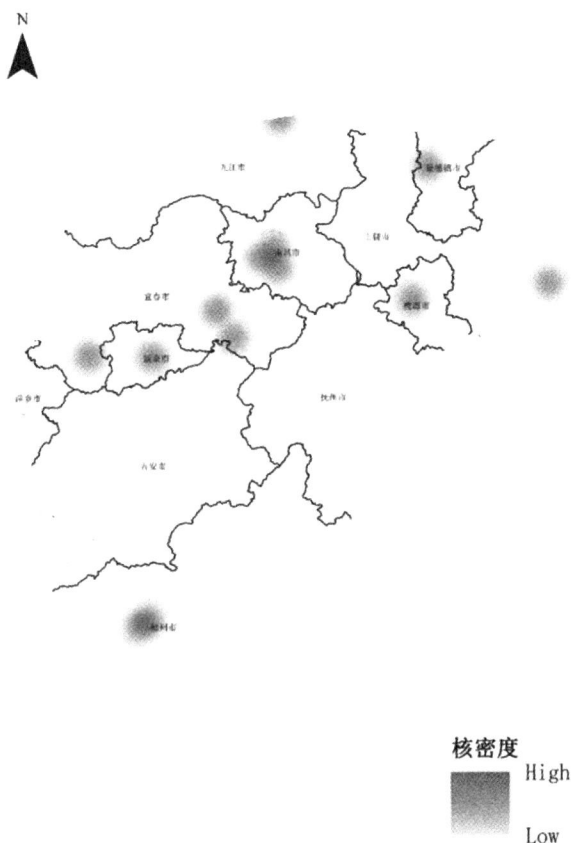

图3.17　江西省会展展馆核密度分布示意图

高、面积最大，呈片状分布，从而反映南昌市的会展业发展水平领跑全省，是江西省会展业发展的核心区域；宜春市有三块核密度区，反映其会展业发展在全省名列前茅；赣州市的两个核密度区面积较大，反映赣州市的会展业在全省发展较好；景德镇市、鹰潭市、新余市的核密度区可以覆盖市域内大部分区域，展馆发展基本满足当地会展要求；九江市核密度区靠近省界，会产生跨省影响；上饶市区域面积较大，呈东西向分布，核密度区在西部，无法辐射全市范围；萍乡、吉安和抚州三市无专业会展展馆，制约了本地会展业的发展，反映三市会展业发展水平较弱。

2）聚集与单核分布并存，规模效应逐渐凸显

从全省范围来看，会展展馆建设主要聚集在以南昌为中心的赣北地区，从各地市来看，南昌、赣州、宜春三市的核密度区呈聚集分布，其他则呈现单核分布状态。南昌市中心城区面积相对较小，专业展馆集中在红谷滩一带，2019年建成投入使用的新展馆位于邻近红谷滩的昌南地区，安义的两个场馆距市区较近，因此从核密度图中可以看出展馆建设聚集化趋势明显；赣州整体市域面积广阔，但中心城区集中，两个展馆的核密度区重合在城区；宜春有三块分散的核密度区，为避免本地市场竞争、提高展馆利用

率，展馆建设呈点状分散状态。除上述三市外，其余五市受展馆数量限制，呈现出单核分布且核密度较低的状态。展馆分布的核密度结果一定程度上可以反映地区会展经济发展现状，南昌、宜春、赣州的会展业在全省处于领先地位，三市的会展业规模效应正在逐步显现。

3）会展发展依赖城市，产业需求促生会展

省内专业会展展馆多数坐落于市区，会展经济发展主要依赖中心城市的发展，在产业发展核心区域也会产生对应的会展经济。城市在交通区位、基础设施、接待设施等方面具有一定优势，且接近城市消费市场，因而成为会展展馆选址的主要选择。省内仍有少数展馆坐落于产业发展核心区，以宜春高安市"瓷都国际·江西建陶会展中心"和宜春樟树市"岐黄小镇会展中心"为代表，会展展馆建设主要服务于核心产业的发展，举办的展览活动多围绕核心产业展开。

3. 未来展馆建设规划

江西省内会展展馆空间分布的核密度分析结果，反映出现阶段全省专业会展展馆的布局和影响范围，一定程度上为未来展馆建设提供方向性指导，具体如下。

第一，从全省布局来看，展馆建设需要寻找市场空白。一方面，城市空白区可以结合市场需求加紧建设专业展馆，以满足本地居民的参展需求。如南昌市应兴建5万平方米的中型展馆，萍乡、吉安、抚州三市可根据本地会展需求和产业发展现状建设小型专业会展展馆。另一方面，有会展发展需求的优势产业区域可以酌情建设小展馆，以展促产，利用展览、会议等方式促进产业转型发展。如吉安的井冈山市缺乏专业展馆，政府、企业多次组织外出参展，但其本地旅游需求旺盛，地方农特产品优势显著，可通过建设小微型展馆，解决企业办展难的问题，培育地方特色展览活动，从而促进会展经济的发展。

第二，会展经济发达地区可通过展馆聚集化建设打造会展聚集区。展馆建设聚集化发展的主要目的是共享城市基础设施，开展展馆间的合作交流，提升展馆综合效益和服务能力。展馆聚集化是会展聚集区打造的重要前提，通过专业展馆的聚集，提升地区会展接待能力，促进会展业跨越式发展。会展集聚区通过"磁吸效应、窗口效应、平台效应"，最终达到"蝶变效应"，[1]形成区域发展新格局，促进会展业成为区域经济发展新增长极。南昌市可以在已有的五个专业展馆基础上，结合未来会展业发展趋势、展馆需求和全省及南昌市发展的系列规划，逐步完善已有展馆或建设新展馆，进一步打造会展聚集区，提升会展聚集效应和规模效应。

第三，会展经济欠发达地区可建设（改造）小型展馆满足本地市场需求。全省会展业处于高速发展状态，对专业展馆需求也与日俱增。随着全球及国内会展业不断发展、

---

1 蝶变效应主要指对于某些事物的初始状态，看似很随机又毫无关联，但是其内在联系随着时间的推移，规律就会显现出来。直到最后，所有的碎片就会拼合起来，形成一个整体。

传统产业转型、优势产业巩固提升和居民生活娱乐需要增长等现实诉求的出现，各地产生更高的会展需求，从而推动会展展馆的建设。在会展经济欠发达地区要充分考虑需求，结合地方特色适当建设小型展馆或改建普通展馆以满足本地需求。如，地方产业发展迅速，迫切需要结合会展业进行提升，或本地小微展览数量增加态势显著，可以通过科学论证、合理设计等建设小型展馆满足产业发展需求。如，地方经济发展对会展需求不大，只有居民生活方面需要一定的购物节、美食节、娱乐性展览等，则可以将已有公共场地临时改造成办展场所，避免建设新展馆空置浪费。

（二）大型展会经济效益分析——以第十七届中国国际农产品交易会为例

展会的经济效益分为直接经济效益与带动经济效益。第十七届中国国际农产品交易会的直接经济效益为展会现场的交易额，即381亿元；[1]带动经济效益是指参展商、专业观众、普通观众因参加展会而引起的消费，可以分为以下几个方面：参展商展台搭建服务、相关物料费用、展位租用费用，参展商、专业观众和非专业观众的住宿、交通、餐饮、购物、旅游等费用。对于展会的带动效益通常用带动系数表达，其表达的意思为1单位的展馆收益带动多少单位其他产业收益。由于展会涉及的人员众多、行业广泛，相关收益亦难以悉数统计，故相关统计均采用估算的模式，而不同学者掌握的数据不同、侧重点亦不相同、采用的估算路径不相同，导致最终带动系数亦不相同。

本书为更好地反映第十七届中国国际农产品交易会的经济带动效应，提高带动效应系数的合理性与参考价值，采用保守测算和正常测算两种方式。保守测算方式利用大类支出众数段的平均值作为对应人群的消费平均值，正常测算方式分别算出各段的消费平均值与各阶段的人数，进行带动效益总值的计算。由此可以得出以下模型：

保守测算计算模型　　　　$$V = \sum_{a=1}^{n} v_a = \sum_{a=1}^{n} \sum_{p=1}^{n} \bar{c}_{a,p,i} * s_a$$

正常测算计算模型　　　　$$V = \sum_{a=1}^{n} v_a = \sum_{a=1}^{n} \sum_{p=1}^{n} \bar{c}_{a,p,i} * s_{a,p,i}$$

其中，V为总带动效益；v_a为a类人群的总消费，分为参展商人群、专业观众、普通观众三类人；$\bar{c}_{a,p,i}$为a类人群在p类消费中i个消费档的平均消费，分为住宿、餐饮、旅游、购物、交通、其他，平均值取消费区间的平均值；s_a为a类人群人数；$s_{a,p,i}$为a类人群在p类消费中i个消费档的人数，按消费档的占比取消费档人数。

依据相关统计，第十七届中国国际农产品交易会集聚8 000余家参展商，2.3万余家采购商，专业观众8万人，普通观众42万人。因参展商未公布总参与人数，故按每家参

1　数据来源于中国新闻网，https://news.sina.com.cn/o/2019—11—18/doc-iihnzhfz0025201.shtml.

展商平均5人参展计算，则参展商共有4万人参加。根据图3.18、图3.19估算参展商与专业观众的平均消费额与各消费档人数，得出表3.4。

由于省内参展企业和派出的专业观众在住宿、餐饮、旅游、购物、交通、其他消费方面需求较低，且大量本省的专业观众与参展企业人员消费需求更低，存在较大的影响，故提出调整模型。调整模型为减去本市参展企业占比（9%）和专业观众占比（31%），降低人群数量进行调整除参展费用外的其他消费。

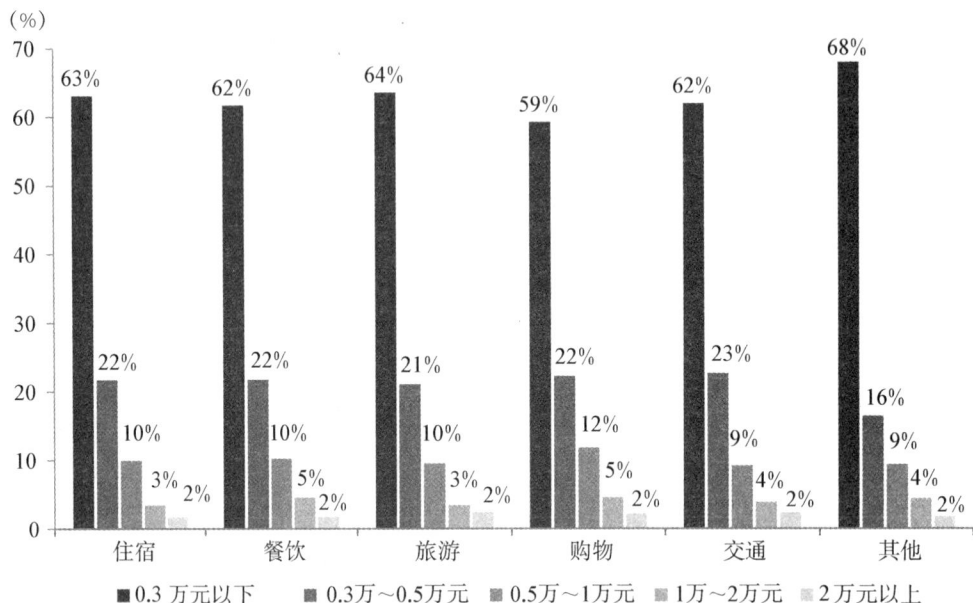

图3.18 参展商各类消费金额区间分布图（1）

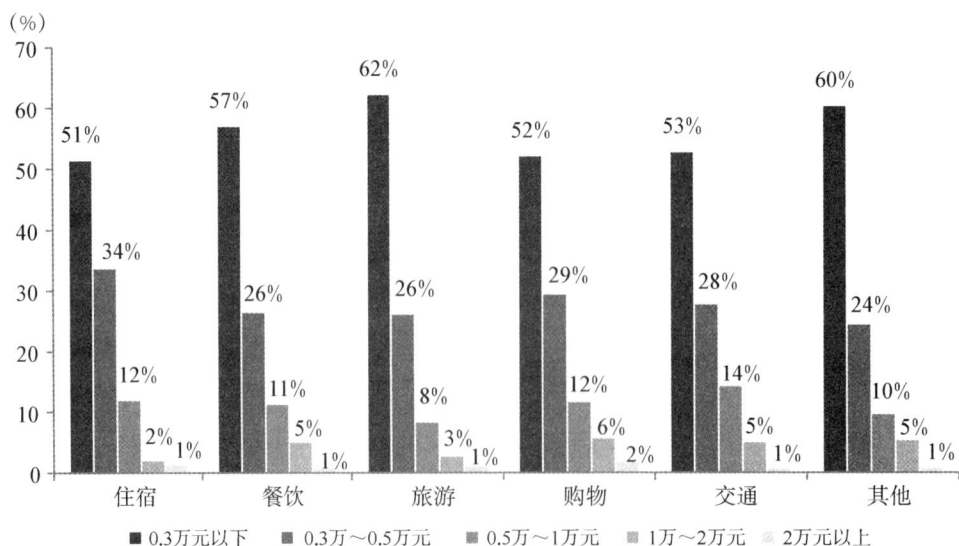

图3.19 参展商各类消费金额区间分布图（2）

表3.4　两类人群各消费档人数情况　　　　　　　　　　单位：万人

参展人员	消费金额	1 500元	4 000元	7 500元	15 000元	20 000元
专业观众	住宿	5.05	1.74	0.80	0.28	0.14
	餐饮	4.93	1.74	0.82	0.37	0.14
	旅游	5.08	1.68	0.76	0.28	0.20
	购物	4.74	1.78	0.95	0.37	0.17
	交通	4.96	1.81	0.74	0.31	0.18
	其他	5.44	1.31	0.75	0.36	0.14
参展商	住宿	2.05	1.34	0.47	0.08	0.05
	餐饮	2.28	1.05	0.45	0.20	0.03
	旅游	2.49	1.04	0.33	0.11	0.04
	购物	2.08	1.17	0.46	0.22	0.07
	交通	2.11	1.11	0.57	0.20	0.03
	其他	2.41	0.97	0.38	0.21	0.03

依据图3.20可以估算出参展企业的参展费用，包括展位租用、广告宣传、展台搭建、相关物料、展品运输等非参展企业人员消费的费用，保守测算方法估算出的总消费为2亿元，正常测算的总消费为4.75亿元，因省内企业不会因地域优势而存在较大支出差异，则无须调整。

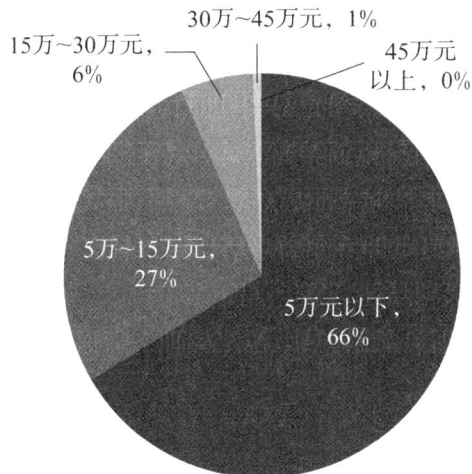

图3.20　企业参展费用

综上，可以得出调整前专业观众保守测算的总消费为7.2亿元，正常估算的总消费为17亿元，调整后保守测算的总消费为4.9亿元，正常估算的总消费为11.7亿元。参展商调整前保守测算的总消费为3.6亿元，正常估算的总消费为8.7亿元，调整后保守测算的总消费为2.5亿元，正常估算的总消费为7.9亿元。对于普通观众，主要为南昌市区的市民，而第十七届中国国际农产品交易会为公开不收门票的展会，同时参观展会在展馆之外的因展消费较少，且存在日常消费转移的消费，故未将普通观众消费情况纳入调研当中。第十七届中国国际农产品交易会的经济效益总值为12.8亿～30.4亿元，若去除本省的参展商与专业观众，调整后的总效益为9.4亿～24.3亿元。根据一般的展会带动效应测算，带动系数为一场展会展馆收益与因展带动的消费总额的比值，可以得出第十七届中国国际农产品交易会的带动系数调整前的保守测算为175.8，正常估算的带动系数为418.4，调整后的保守测算系数为129.8，正常估算的带动系数为335.1。由此可知，大型会展项目对全省经济的带动效应异常显著。

表3.5　展会总带动效益与带动系数

		保守测算（亿元）	正常估算
调整前	专业观众	7.2	17.03
	参展商	3.6	8.67
	参展费用	2.0	4.75
	合　计	12.8	30.45
	带动系数	175.8	418.4
调整后	专业观众	4.96	11.75
	参展商	2.48	7.89
	参展费用	2.0	4.75
	合　计	9.45	24.39
	带动系数	129.8	335.1

第四章 江西省会展业战略研究

在对2019年国内外及省内会展业发展概况分析的基础上，本章将对会展业发展的国内与省内两个大环境进行具体的战略分析，从中总结现阶段江西省会展业发展的优势与不足、机遇与挑战。在全方位的战略环境分析后，结合全省"一圈引领、两轴驱动、三区协同"[1]区域发展新格局与江西内陆开放型经济实验区建设方案，制定出与之相配套的会展业发展模式及会展业战略实施八大路径。此外，突发的新冠肺炎疫情对江西省会展业发展造成的巨大冲击，本章特在战略实施路径中提出对应的疫情后会展业行业恢复对策建议。

一、环境分析

会展业的发展态势与区域会展业环境状况息息相关，会展业环境较大程度上奠定了区域会展业的发展格局和基础，良好的会展业环境有助于实现会展业高质量发展。会展业环境主要涵盖区域经济环境、贸易环境、政策环境、城市建设环境、会展基础设施等方面，一般用于对区域会展业外部环境的发展质量进行整体评价。对会展业环境进行多维度动态式数据分析，以便准确把握当前会展业发展环境，从而对未来会展业发展进行高精度预测，寻求正确的发展方向，为区域会展业持续健康发展提供科学高效的决策依据。

从全球层面来看，展览业经济效益显著，北美、欧洲等地区仍是展览业最大的市场，但中国展览业逐渐崛起，增长动力强劲。从国内层面来看，全国会展业保持稳定增长势头，全国展馆建设趋于大型化，一城多馆成常态。中国力争实现建设会展强国目

1　江西省十三届人大三次会议的政府工作报告提出，2019年江西要优化区域发展格局，提高全域发展整体效能。按照"一圈引领、两轴驱动、三区协同"要求，加快构建层次清晰、各显优势、融合互动的区域发展新格局。

标，不断发挥助推经济和城市发展的积极作用，持续追求高质量发展。从省域层面来看，江西省会展业发展前景广阔，着力营造健康的经贸环境，拥有相关优惠政策等良性的制度环境，各地市会展潜力巨大，展现出特色化、品牌化的办展趋势。以下将分国内、省内两个维度，从经济环境、政策环境、城市环境、会展竞争力四个层面入手，对江西省会展业发展环境进行分析。[1]

（一）国内外会展环境 [2]

当前国内经济大环境发展运行较为平稳，产业结构进一步优化。2019年国内生产总值990 865亿元，按可比价格计算，较上年增长6.1%，符合6% ～ 6.5%的预期目标，三大产业结构由7.2 ： 40.7 ： 52.2调整为7.1 ： 39 ： 53.9。在宏观经济下行压力增大的背景下，中国展览业虽保持住增长态势，但增速低于2018年全国生产总值（GDP）6.6%的水平。中国正处于从展览大国进入建设展览强国的新时代，而经贸展览作为服务贸易的窗口和平台，在进一步扩大改革开放等方面发挥着积极而独特的作用。2018年经贸类展览[3]总数达10 889场，展览总面积达14 456.17万平方米，其增长幅度为2013年以来最低纪录。这显示出宏观经济下行对展览业产生了直接影响，面临经济下行压力，展览业在不断调整中保持增长。

1. 经济环境

地区经济发展水平直接影响会展业发展。会展业是第三产业的重要组成部分，其发展与区域经济存在互动关系。高质量的地区经济发展水平能够为会展业发展奠定良好的经济基础，影响区域会展硬件设施建设、会展接待能力、展会质量等。图4.1主要反映全国四大区域的产业结构和经贸发展现状。由图4.1可知，四大区域之间形成层次有序、联系密切的经贸体系，东部地区在全国处于经济领头羊地位，以增强东部发展核心和战略增长极的向心集聚力为先导，着力培育其对周边省市和广阔腹地的辐射带动力。中部地区经济异军突起，经济增长动力不断加码，随着全国高铁网络形成，加上国家"一带一路"倡议的推进，中部地区承东启西，物流优势凸显，带动了地区制造业和服务业发展。国家深入实施区域协调发展战略，国内经贸环境保持良好态势，为推进会展业高质量发展注入新动力。

地区生产总值指标显著影响会展旅游业。区域经济发展为会展旅游业的兴起提供了物质基础，成为会展旅游业发展的稳定器。在会展旅游业体量与质量增长的同时，能反向促进经济繁荣，形成良性互动。2016—2018年，江西省在中部地区中的GDP排位位

1　本部分未作特殊说明的数据均截至2018年年末。
2　本小节数据来自2016—2018年《中国统计年鉴》、各省份统计年鉴。
3　指以促进贸易成交、技术交流、经济合作、项目投资、服务推广等商贸性目标为主的展览会，即为经贸类展览会。

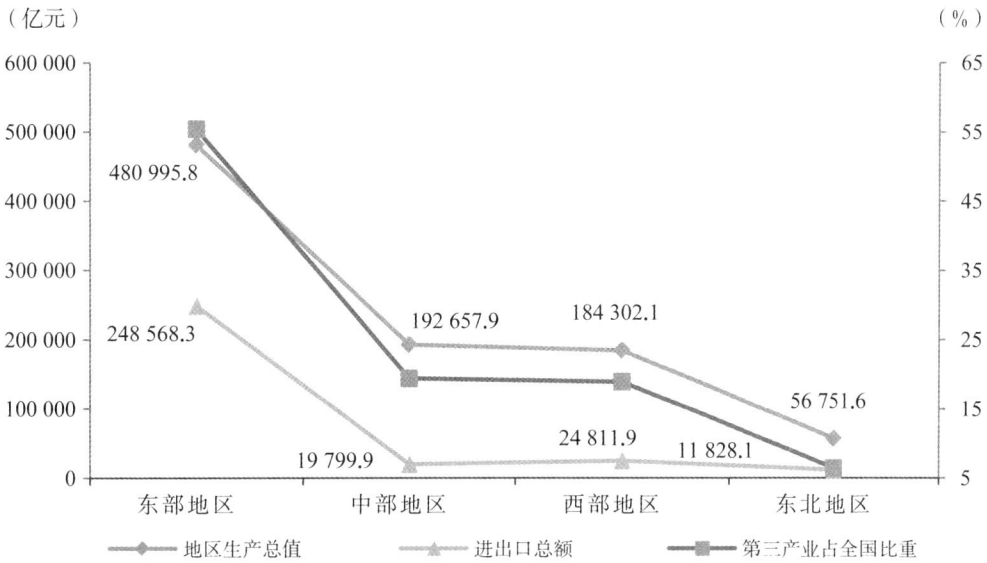

图4.1 2018年全国四大区域经贸指标

置靠后，但其每年增长幅度不断加大，与周边省份的差距正逐步缩小。会展旅游业的发展有利于培育新的经济增长极，引领全省经济高质量跨越式发展，为推动中部地区崛起和长江经济带发展提供新的支撑。

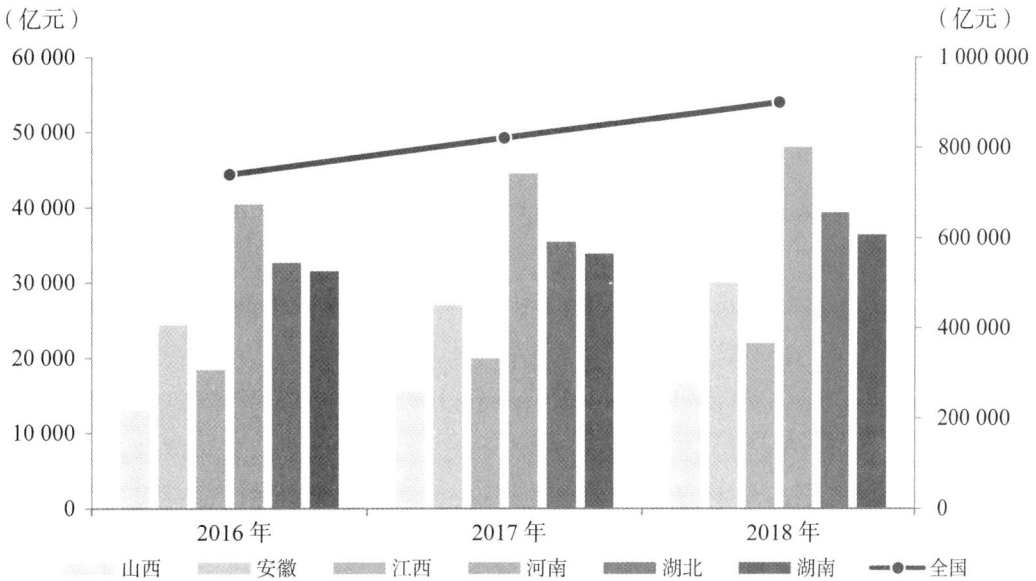

图4.2 2016—2018年全国和中部地区GDP值

国家对外贸易坚挺，新兴市场份额不断扩大。中国会展业强调进出口贸易作用，会展业的发展在一定程度上与进出口贸易状况相辅相成。从发达国家服务业发展轨迹来看，市场贸易的活跃程度、外商投资水平的增长对服务业综合水平的提升具有带动效应。我国对欧盟、东盟、"一带一路"沿线国家进出口总额增势良好，中部地区6省份在外贸板块表现不凡，均呈现出增长之势。江西省在中部地区的贸易活跃度较高，保持较高的进出口额和外商投资增长率。江西良好的商贸氛围能提升会展业的发展活力，激发各地市开展会展活动的潜力。

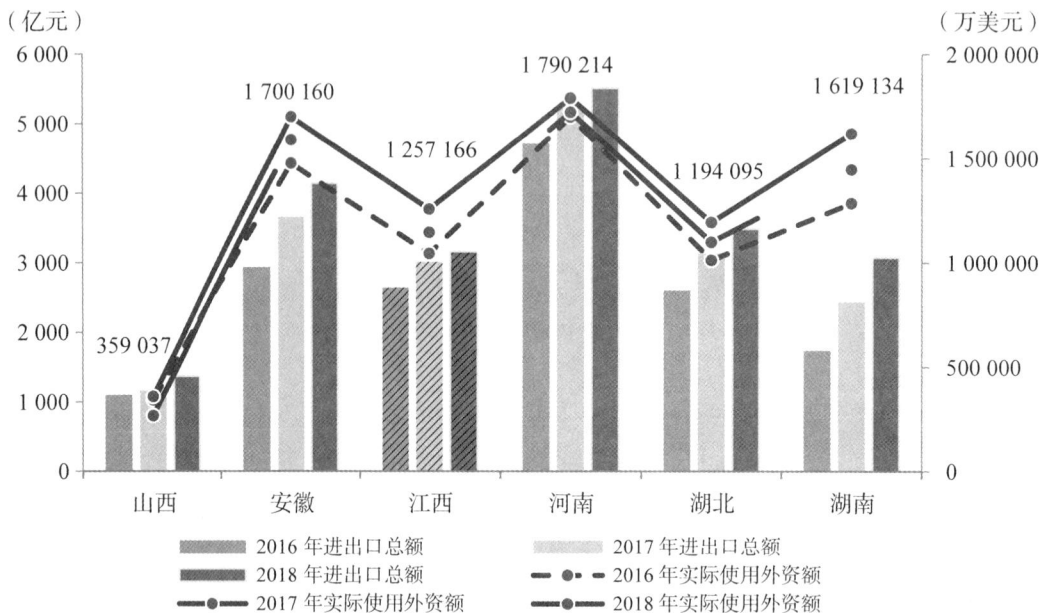

图4.3　2016—2018年中部地区进出口总额和实际使用外资

2. 政策环境

国家大力实施区域协调发展战略。党的十六届三中全会提出，积极推进西部大开发，振兴东北地区，促进中部地区崛起，鼓励东部地区率先发展，继续发挥各个地区的优势和积极性。通过健全市场机制、合作机制、互助机制、扶持机制，形成东中西相互促进、优势互补、共同发展的新格局。加大力度支持革命老区、民族地区、边疆地区、贫困地区发展，建立更加有效的区域协调发展新机制。高标准建设雄安新区，落实粤港澳大湾区建设规划，长三角区域一体化发展上升为国家战略，长江经济带协同发展成高质量发展经济带。江西省抓住新一轮高水平对外开放的机遇，融入一带一路建设、长江经济带发展等重大战略，进一步扶持瑞金等革命老区的建设，改善营商环境，达成更多互利共赢的合作。

企业减税降费与优化融资环境工作稳步推进。全国范围内实施更大规模的减税，普惠性减税与结构性减税[1]并举，重点降低制造业和小微企业税收负担。制造业等行业现

---

[1]　普惠性税收免除是指普遍性减免税收。结构性减就是"有增有减，结构性调整"的一种税制改革方案，是为了达成特定目标而针对特定群体、特定税种来削减税负。

行16%的税率降至13%，交通运输业、建筑业等行业现行10%的税率降至9%。全年减轻企业税收和社保缴费负担近2万亿元。针对企业融资难问题，完善货币信贷投放机制，适时运用存款准备金率、利率等手段精准有效支持实体经济，其中国有大型商业银行小微企业贷款要增长30%以上。改革推动降低涉企收费，加快收费清单"一张网"建设。不断优化企业融资环境，释放会展企业融资风险，营建产业培育环境，建立健全会展企业风险释放机制，从而形成会展业良性发展的聚落环境。

政府投资与重点项目建设不断落实。2019年，地方政府专项债券2.15万亿元，较上年增加8 000亿元，为重点项目建设提供资金支持。合理扩大有效投资，完成铁路投资8 000亿元、公路水运投资1.8万亿元，中央预算内投资安排5 776亿元，比去年增加400亿元。开工一批重大水利工程，加快川藏铁路规划建设，加大城际交通、物流、市政、灾害防治、民用和通用航空等基础设施投资力度，加强新一代信息基础设施建设。创新项目融资方式，落实民间投资支持政策，吸引更多民间资本参与重点领域项目建设。大型交通运输建设的深入推进，为江西省会展业布局全国运输网络，提升货运、客运效率发挥重要作用。

会展业助推文化交流持续深入。《中华人民共和国国民经济和社会发展第十三个五年规划纲要（2016—2020年）》指出，要推进"一带一路"建设，办好"一带一路"国际高峰论坛，发挥丝绸之路（敦煌）国际文化博览会的作用。构建官民并举、多方参与的人文交流机制，举办文化年、艺术节、电影节、博览会等活动，鼓励丰富多样的民间文化交流。江西积极响应国家政策，发挥江右商帮[1]精神、"千年瓷都"景德镇品牌、江西中医药文化等资源禀赋、文化底蕴深厚的优势，通过发展具有广泛影响力的会展业，融入"一带一路"建设，推进文化业态创新，广泛促进教育、科技、文化、体育、旅游、环保、卫生及中医药等领域的合作。

科技进步与产业发展实现品质提升。为制造业转型升级赋能，打造工业互联网平台，促进新兴产业发展，深化大数据、人工智能等研发应用，培育新一代信息技术、高端装备、生物医药、新能源汽车、新材料等新兴产业集群，壮大数字经济。促进平台经济、共享经济健康成长，加快在各行业各领域推进"互联网+"。[2]加大基础研究和应用基础研究支持力度，健全以企业为主体的产学研一体化创新机制。江西省组建了江西中科先进制造产业技术研究院、江西省通用航空研究院、江西稀土功能材料研究院等一批产业研究院，连续两年举办世界VR产业大会，积累丰富的"会展+"科技创新经验。

3.城市环境

会展业与酒店、金融、餐饮、旅游等行业之间具有紧密的联系，通过分工、协作、合理

1　赣商在历史上被称为"江右商帮"，是我国历史上十大商帮之一，与晋商、徽商等鼎足而立。
2　"互联网+"是指创新2.0下的互联网发展新业态，简单而言就是"互联网+传统行业"。

配置资源，产生外部经济，有利于降低展会举办成本，提高展会服务水平。2018年江苏省以13 158.9亿元旅游总收入位列全国第一，江西省旅游总收入突破8 000亿元，位居全国第9位。

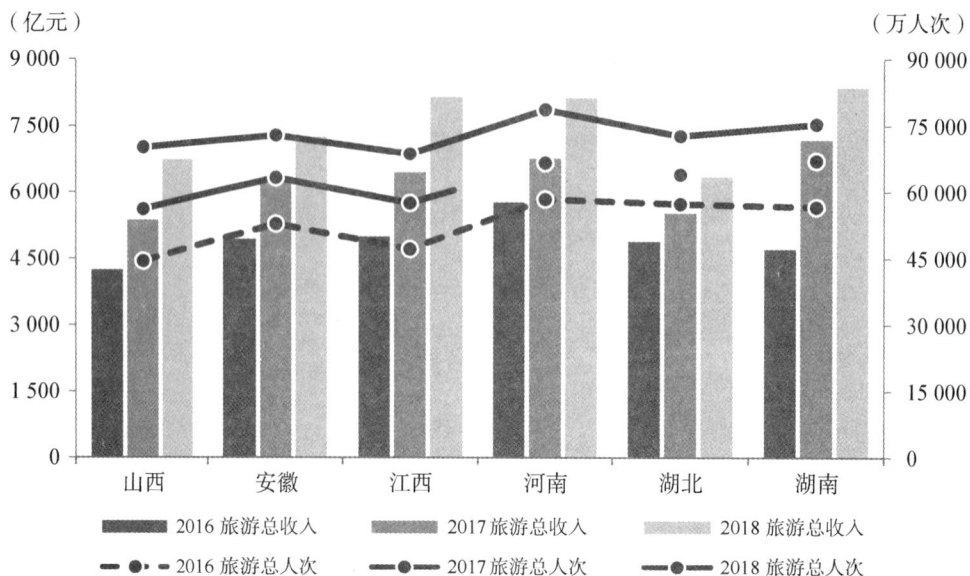

图4.4　2016—2018年中部地区旅游经济指标

　　住宿业坚定不移地走内涵式发展道路，产业结构优化、质量提高、实力增强，实现实质性的跨越式发展。星级酒店数量自2016年以来全国各省份均有所减少，民宿产业

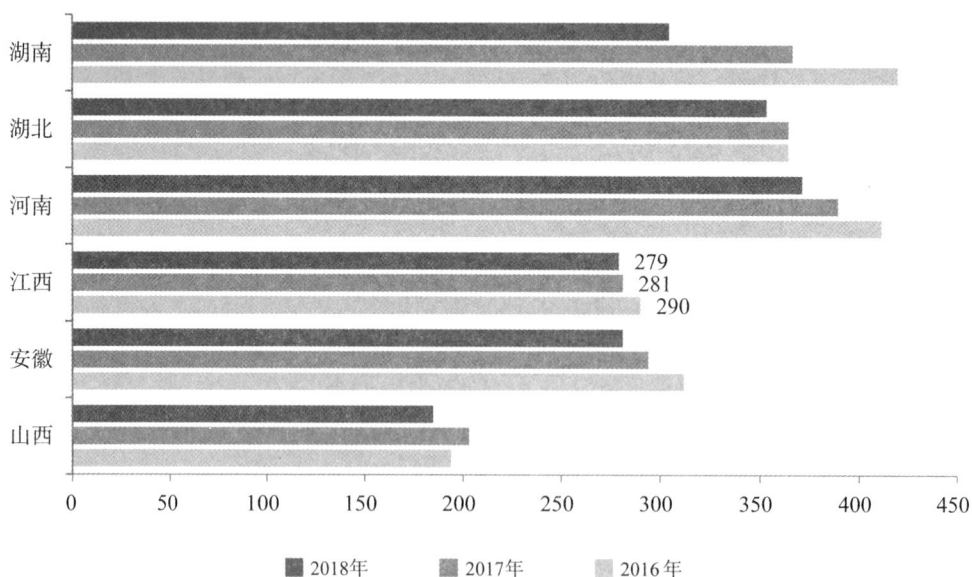

图4.5　2016—2018年中部地区星级酒店数量（个）[1]

—————————
1　数据源自文旅部发布2016—2018年度《全国星级酒店统计报告》。

崛起、加大酒店管理力度等因素影响着星级酒店数量，这体现出社会盲目追求酒店数量增长的状况有所改变，日益重视酒店的高品质、安全性。2018年广东省拥有598家星级酒店，位列全国第一；江西以279家星级酒店排在第18位。从整体而言，江西旅游接待能力与服务业水平处于全国中游，与会展业相关的外部企业、产业和省域综合服务能力能够为会展生态系统的构建创造一定的空间，但仍需加强对相关要素的整合，提升协同效应，从而提升会展业的综合发展水平。

在信息基础设施建设方面，信息系统的完善为会展业的发展提供技术支持，从而提升办展效率。随着"互联网+"、5G时代的到来，云平台等网络通信技术应用到展会中的必要性日渐凸显。2018年全国电信业务收入最高的省份是广东省，共计7 798.43亿元，江西省自2017年以来有大幅提升，位居中部地区第5位，具有广阔的发展前景与空间。

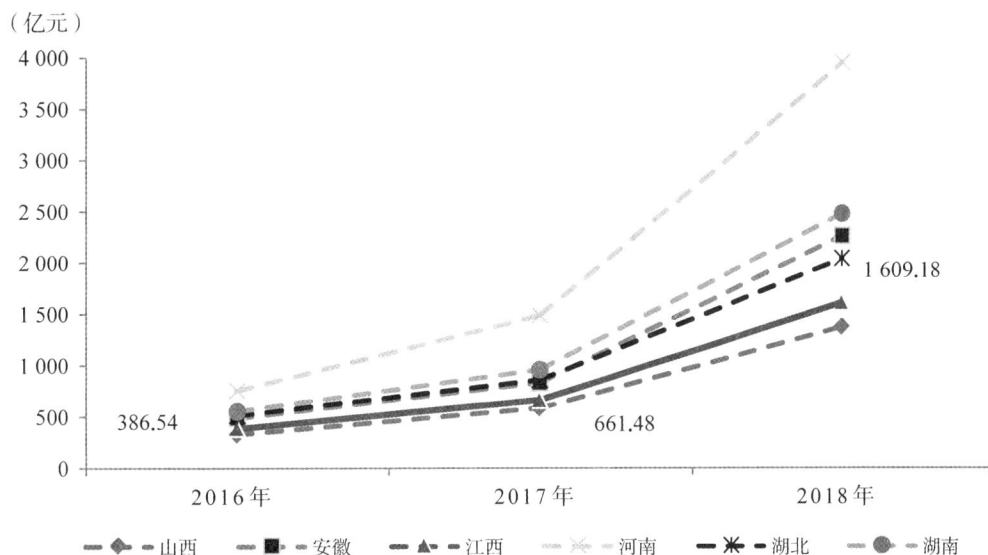

图4.6　2016—2018年中部地区电信业务收入

在城市交通方面，便捷的交通是服务业发展的基础条件之一，区位交通的通达性有利于缓解展期"聚峰效应"的人流、物流压力，也有助于展馆的建设和空间布局的延伸。人均城市道路面积最能综合反映一个城市交通的拥挤程度，中国大城市目前的人均占有率较低，远低于国外发达城市20平方米/人的水平。2018年该指标最高的省份为江苏省，达到25.37平方米/人，江西省近3年来人均城市道路面积不断增加，达到19.37平方米/人，城市道路基础设施的发达程度较高，城市化建设取得进展。江西2018年每万人拥有公共汽电车辆数低于10，处于中部地区甚至全国的末位，说明江西城市公共交通发展水平和交通结构有待完善，打造完善的交通设施，构建稠密的道路网，从而提高地区的通达性与便利性，为会展旅游者提供更多便利。

在城市绿化方面，江西省45.9%的建成区绿化覆盖率在中部地区6省市中最高，仅次于北京市，位居全国第二。江西省环境建设工作落实到位，环境质量较好，宜居程度高，为进一步促进省域内会展业发展奠定了良好的生态环境基础。

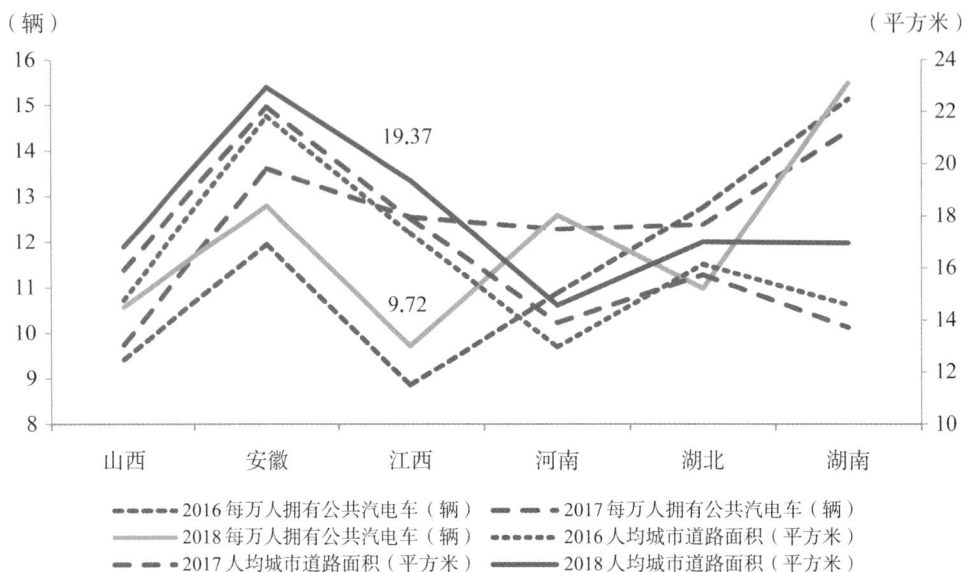

图4.7　2016—2018年中部地区每万人拥有公共汽电车数量和人均城市道路面积

4. 会展竞争力[1]

就全国整体情况而言，上海、深圳等大型城市在中国展览业中的影响力继续增强，行业集中度稳步提高。城市展览业保持平稳发展，一二线展览城市是支撑中国展览业长期发展的基础性力量。全国展馆建设依然保持上升态势，大型城市单个展馆大型化[2]和一城多馆已成普遍趋势。小型展览在中国展览业中仍居多数，特大型展览数量虽少，但在展览业中举足轻重。

上海以994场展览、1 906.31万平方米展览总面积高居全国之首，分别占全国的9.13%和13.19%，2018年较2017年分别提高1.73%和1.37%。在习近平总书记"办好一个会，搞活一座城"的思想指导下，各地政府展再度掀起兴办热潮。上海、河北、湖南、江西等地政府围绕新兴产业举办展览会，展览主题涉及智能制造、数字技术、消费电子、大健康、"一带一路"等方面，展现了地方政府利用经贸展览促进经济动能转换、扩大对外开放、扶持新兴产业尤其是高科技产业发展的战略意图。全国展馆建设进入建新汰旧阶段，上海市凭借9个展馆跻身全国前三，展馆大型化趋势明显。在展馆数量和可供展览面积两项指标评估中，中部地区仅有河南省上榜，会展重心仍在东部地区。

1　本节数据源自《2018年度中国展览数据统计报告》。
2　展馆大型化：指展馆的室内可供展览面积在10万平方米以上。

（万平方米）　　　　　　　　　　　　　　　　　　　　　　　　　　　　　（个）

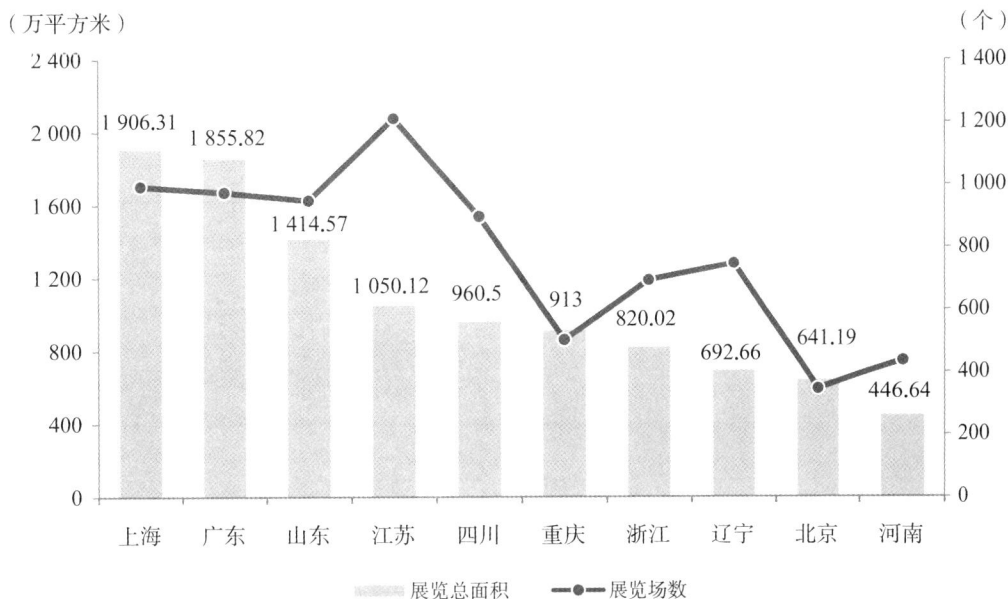

图4.8　2018年展览总面积（万平方米）、TOP10省份展览数量（个）

（万平方米）　　　　　　　　　　　　　　　　　　　　　　　　　　　　　（个）

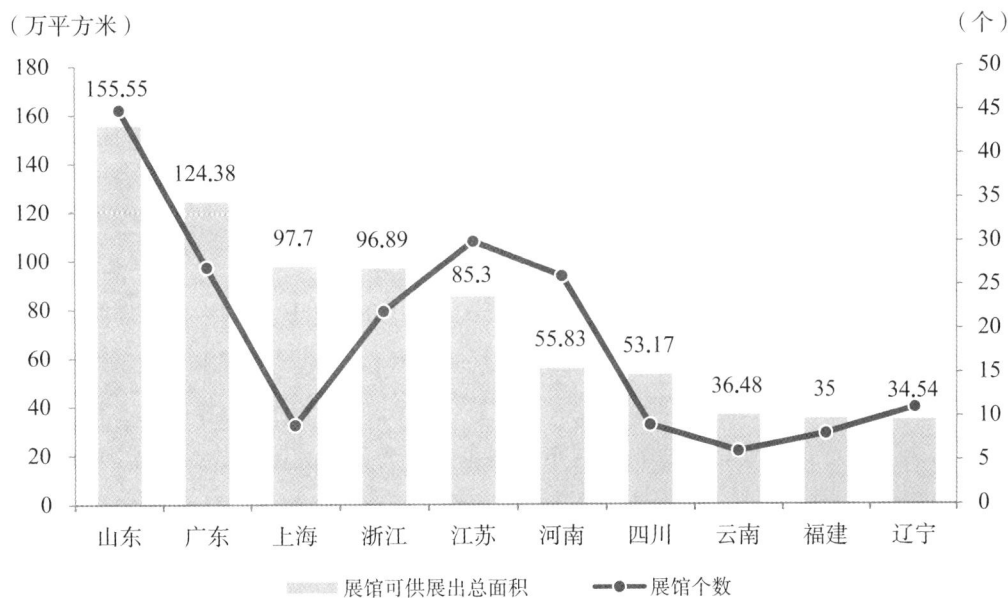

图4.9　2018年展馆可供展览总面积（万平方米）、TOP10省份展馆数量（个）

2018年，中国共有118个展览项目通过UFI认证，同比2017年增加19个，增幅19.2%。其中，境内通过UFI认证的展览项目100个，比2017年增加17个，增幅20.5%；境外通过UFI认证的展览项目18个，比2017年增加2个，增幅12.5%。在境内通过UFI认证的展览项目中，上海、北京、深圳三个城市居前三位。UFI中国会员达到了140个，较2017年增加24个，增幅20.7%。北京、上海、广州和深圳的会员数量占总数的65%。

表4.1 2018年全国UFI境内认证展览与会员数[1]   单位：个

省　份	UFI认证展览数量	UFI会员数	省　份	UFI认证展览数量	UFI会员数
北　京	15	32	河　南	1	3
天　津	3	0	湖　北	1	2
河　北	1	1	湖　南	2	2
辽　宁	0	1	广　东	19	29
黑龙江	0	2	海　南	1	1
上　海	20	26	重　庆	1	2
江　苏	3	6	四　川	5	4
浙　江	7	9	贵　州	1	2
福　建	2	1	陕　西	1	3
山　东	13	12	青　海	1	1
			新疆维吾尔自治区	3	1

中国境内展会的专业性与国际影响力逐步提升，不断在国际舞台上唱响中国会展品牌。

（二）省内会展环境

江西省会展业起步较晚，未来发展前景广阔，需牢牢把握国际国内的会展发展机遇期，发挥本土优势，实现弯道超车。江西具有优越的经济贸易环境氛围，城市建设活力充足，出台了一系列会展业发展扶持政策，会展业生态系统健全且运作高效。省内形成以南昌为会展重心的产业增长极，各城市会展竞争潜力尚未充分释放，仍需因地制宜，推进城市特色、会展定位、基础建设等方面的工作。

1. 经济环境

江西经济运行"总体平稳、稳中有进、稳中提质"，主要指标增速高于全国平均水平，持续位居全国"第一方阵"，结构不断优化、动能有序转换、质量效益提高、民生保障加强。江西省委、省政府积极落实国家"六稳"[2]政策要求，及时出台针对性措施，把稳预期放在关键位置，利用倒逼制度，加快政策调整和改革，推动经济高质量发展。

1　无UFI认证展览和会员的省份不再展示。

2　六稳：中央在深刻洞察国际国内形势的背景下，做出稳就业、稳金融、稳外贸、稳外资、稳投资、稳预期的重大经济政策部署。

江西省内经贸环境呈现出以南昌为发展核心和战略增长极、其余地市齐手并进的特点。2018年，南昌市以GDP值5 274.67亿元领先全省，在外贸领域同样处于全省领先地位，九江、赣州紧随其后。整体而言，11个地市的经贸水平发展稍显不均，直接影响省内会展业的发展格局，高经贸水平的城市为会展业积累经济基础，会展业发展如火如荼。而GDP值、外贸指标、总体经贸环境不够理想的地市，孕育出高品质、广影响的展会项目则较为吃力。南昌市应充分发挥空间溢出效应，与周边地市联动发展展览业，优势互补，增强区域发展的协同性、联动性和整体性。

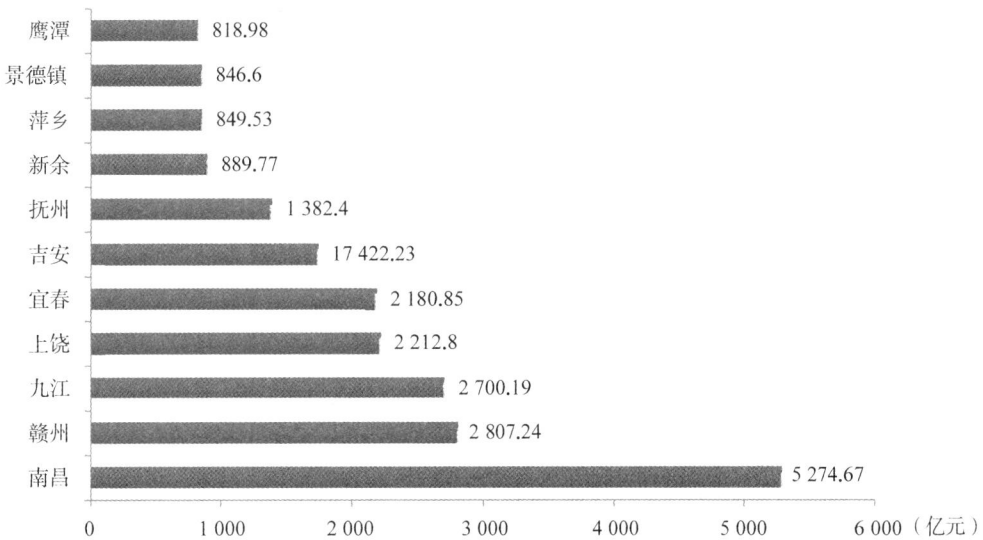

图4.10　2018年江西省各地市GDP值

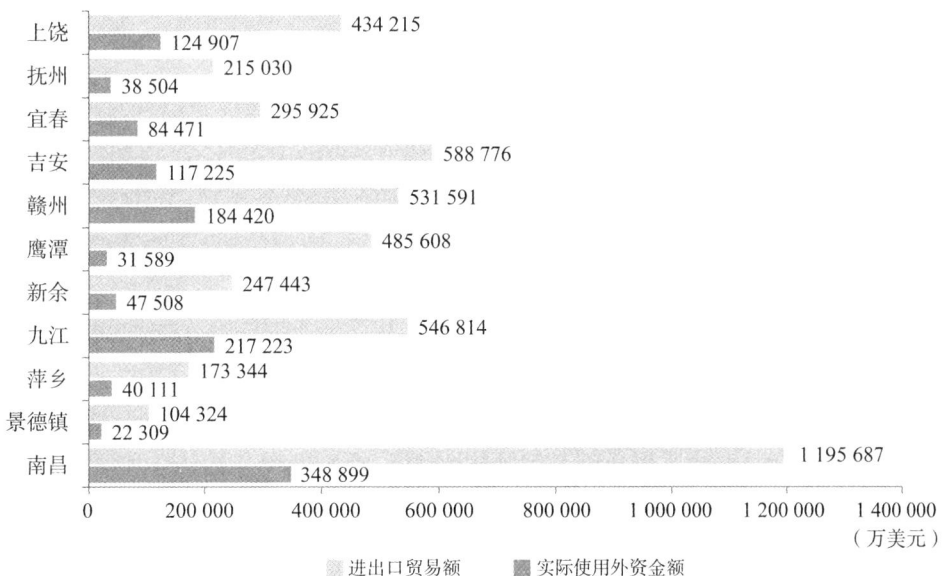

图4.11　2018年江西省各地市实际使用外资金额和进出口贸易额

2. 政策环境

江西省重点产业与项目建设陆续推进。江西重点实施"2+6+N"[1]产业高质量跨越式发展行动，航空、电子信息、中医药、新材料等产业营业收入实现两位数增长，鹰潭下一代信息网络、赣州新型功能材料入选国家首批战略性新兴产业集群。推动出台开发区条例，实施"节地增效"[2]行动，"5020"项目覆盖率95.1%。推进科技型企业梯次培育行动，培育独角兽企业2家、瞪羚企业60家。加快创新升级步伐，两个创新示范区获批，"03专项"试点示范扎实推进，5G商用启动。建设"百日攻坚"，昌赣高铁、浩吉铁路、昌九高速四改八、井冈山机场改扩建、昌西南500千伏输变电工程等重大基础设施项目投运，赣江三级航道基本具备通航条件，新钢优特钢带加工配送中心等重大产业项目投产。

政府服务优化与企业减税降费力度增大。江西省政府服务持续优化，"放管服"[3]改革成效明显，取消和调整省本级行政权力事项39项，116个省级"信息孤岛"全部打通，省本级依申请类政务服务事项"最多跑一次"比例达95.3%。"赣服通"市县分厅全部上线，"掌上办"事项数量和电子证照种类居全国首位，与浙江、福建签署跨省数据共享应用合作协议。落实减税降费政策，出台30条惠企新政，开展优化提升营商环境十大行动，全年为企业减负1 450亿元。

区域协调发展效能日益提升。赣江新区、庐山、武功山、庐山西海管理体制改革取得突破，财税金融改革继续深化，在全国率先推动重点单位成立审计委员会。在全国发行首支航空科创城专项债券、高标准农田建设专项债券，制定首个绿色票据标准。更大力度扩大开放，推进"三请三回"和"三企入赣"，[4]成功举办多个国际性、全国性的展览、会议等；实施口岸"三同"试点，开行赣欧班列553列，增长173.8%。出台大南昌都市圈发展规划、高铁经济带发展规划和新一轮支持赣东北开放合作、赣西转型升级的政策措施。南昌入选中国快递示范城市，中国（赣州）跨境电商综合试验区获批，景德镇成为中部地区首个创建全国版权的示范城市，萍乡成为国家产业转型升级示范区。"一圈引领、两轴驱动、三区协同"区域格局加快构建，打造产业发展廊道和都市圈发展轴，构建极核化、组群化、网络化发展格局。

3. 城市环境

会展业发展过程中，城市资源环境与行业支持发挥着显著作用。区域的通达性、信

1　中共江西省委十四届七次全体（扩大）会议上提出，江西将实施"2+6+N"产业跨越式发展五年行动计划，打造2个亿万级、6个五千亿元级、若干个千亿元级产业，推动产业上规模、提层次、增效益。

2　江西省政府印发《关于实施"节地增效"行动的指导意见》，将通过开展"节地增效"行动，着力提升节约集约用地质量和效益，全力助推全省高质量跨越式发展。

3　放管服，就是简政放权、放管结合、优化服务的简称。"放"即简政放权，降低准入门槛；"管"即创新监管，促进公平竞争；"服"即高效服务，营造便利环境。

4　江西省把"三请三回""三企入赣"工作作为全省扩大高水平对外开放的有力抓手、重要载体和具体路径，抓紧抓实抓出成效，进一步提升招商引资、招才引智的质量和水平，助推江西高质量跨越式发展。

息基础设施的完善、相关行业的支撑等因素一定程度上保障着省市会展业的发展，并对吸引大型展览项目落地以及塑造会展目的地形象起关键作用。旅游业的发展与成就在一定程度上为会展业的发展铺垫了产业基础与宏观背景，旅游接待能力与水平可侧面印证会展接待能力与质量。2018年，九江市以1 823.4亿元的旅游总收入、18 632.72万人次的旅游总人次问鼎江西省榜首，上饶市以微小差距紧随其后。江西省内多个旅游资源丰富的城市具有良好的会展发展潜力与实力，为会展业的"走出去"和"引进来"创造了良好条件。

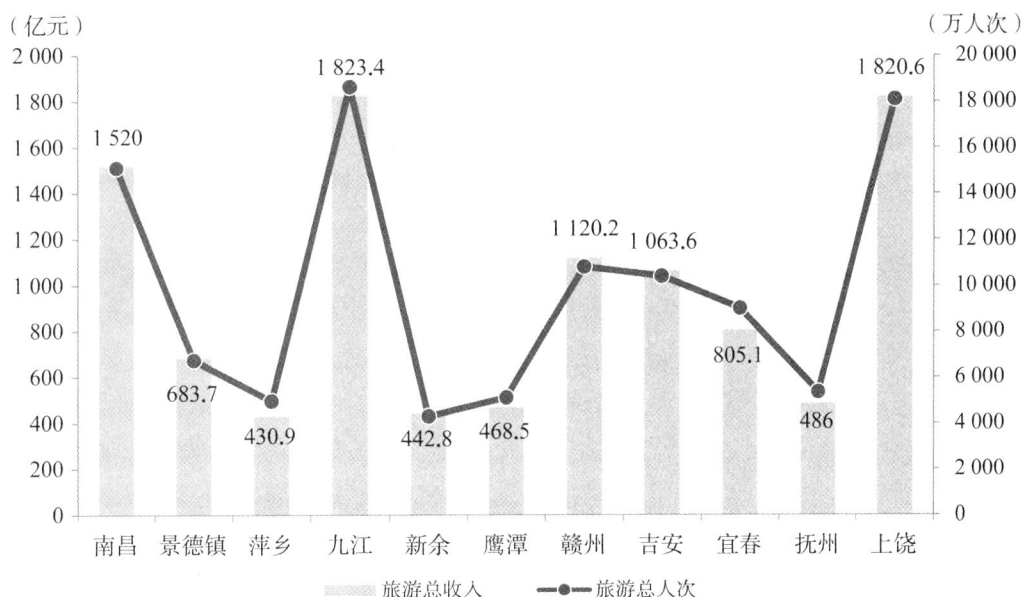

图4.12 2018年江西省各地市旅游总收入和总人次

会展对建筑装潢、交通运输、仓储邮政、住宿餐饮和广告设计等部门提出了新的投入要求。会展发展带动旅游业、环保业和市政建设的发展，同时也对城市的制度、绿化、基建等环境提出了更加严格的要求，促进了整个城市制度体系的健全与完善。2018年江西省整体城市绿化覆盖率较高，各地市均达到40%以上，城市绿化环境向好，南昌PM2.5数值降到30，空气质量转好。城市公共交通运力仍是南昌保持前列，上饶位居末位。

4. 会展竞争力[1]

江西省内目前暂无UFI认证展览项目及UFI会员，在国内展览总面积TOP100展览项目里仅2017年、2018年上榜，分别为2017第5届江南HUI车展、第75届中国教育装备展示会，均在南昌市举办。[2]2019年度江西省全省展览共152场，展览总面积达366万

1　本节数据来源2019年实地调研。

2　数据出自《2018年度中国展览数据统计报告》。

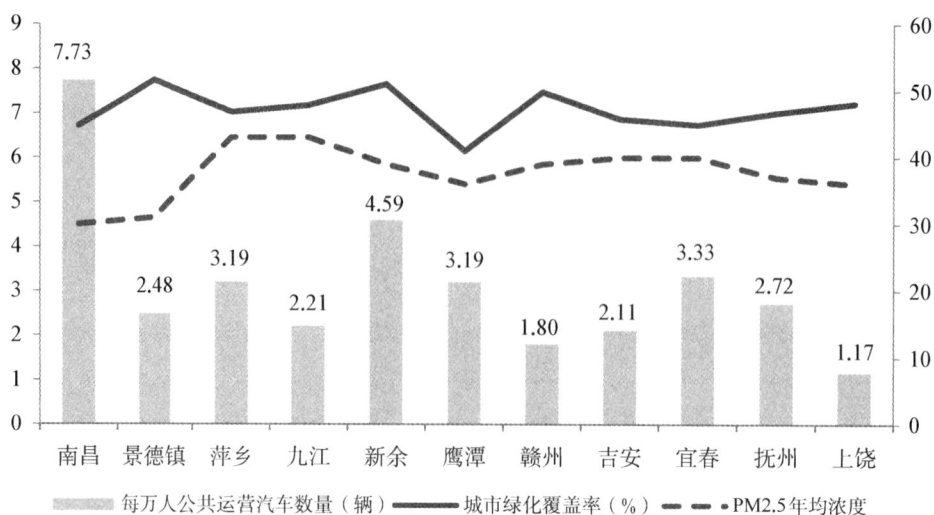

图4.13 2018年江西省城市环境相关指标

平方米，市场化、专业化、品牌化展会数量明显增多，基本建成基础扎实、布局合理、特色鲜明、功能完善的展览业体系。各地出台了会展业促进政策措施，开展"一城一展一会"等系列活动，拓展了江西省会展业发展的新空间。

参考2018年中国城市展览业发展综合指数评价指标，并结合江西省会展业发展实际情况，对全省11个地市的会展发展指数进行测算，相关指标说明见表4.2。通过对各地市会展发展现状的测算与评估，可以清晰了解各城市会展业综合发展竞争力，以便对各城市采取更有针对性的会展发展对策。

表4.2 会展发展指数测算指标

编 号	内 容	备 注
①	展览数量	每1场展览计0.1分
②	展览面积	展览面积每1万平方米计0.1分
③	展览展馆数量	每1座展馆计0.1分
④	展览展馆室内可供展览面积	每1万平方米计0.1分
⑤	展览管理机构	每1个计0.1分
⑥	单展览面积在省内TOP10数量	第一名1分，第二名0.9分，以此类推，第10名0.1分
⑦	高等院校会展专业设置数量	每个本科院校计0.3分，专科院校计0.2分

根据表4.2及各城市实地调研统计并计分，得到表4.3。

据表4.3可知，南昌以38.89分远超其余地市，其次为赣州，吉安排名最末。江西

表4.3　江西11个地市会展发展指数测算

题项	备注	南昌	赣州	九江	鹰潭	宜春	景德镇	上饶	新余	萍乡	抚州	吉安
①	数量	69	13	11	8	10	9	9	5	8	6	4
	得分	6.9	1.3	1.1	0.8	1	0.9	0.9	0.5	0.8	0.6	0.4
②	数量	213.1	34.2	23.1	25.4	12.9	15.4	11.1	10.6	7.6	5.2	7.1
	得分	21.31	3.42	2.31	2.54	1.29	1.54	1.11	1.06	0.76	0.52	0.71
③	数量	5	2	1	1	3	1	1	1	0	0	0
	得分	0.5	0.2	0.1	0.1	0.3	0.1	0.1	0.1	0	0	0
④	数量	32.834	2.9	1.4	1	4.3	3	2.5	1.6	0	0	0
	得分	3.2834	0.29	0.14	0.1	0.43	0.3	0.25	0.16	0	0	0
⑤	数量	2	1	1	1	1	1	1	1	1	1	1
	得分	0.2	0.1	0.1	0.1	0.1	0.1	0.1	0.1	0.1	0.1	0.1
⑥	数量	前9	0	0	0	0	第10	0	0	0	0	0
	得分	5.4	0	0	0	0	0.1	0	0	0	0	0
⑦	数量	5	0	0	0	0	0	0	0	0	0	0
	得分	1.3	0	0	0	0	0	0	0	0	0	0
总分		38.89	5.31	3.75	3.64	3.12	3.04	2.46	1.92	1.66	1.22	1.21

省内会展业发展水平差异性较大，断层明显，区域之间融合互补不足，会展发展环境短板显著。各市展览数量和面积呈现区域分布不均衡的特征，省会南昌的展会数量和面积均处于全省领先位置，且举办了多场质量较高、规模较大的全国流动展，拥有全省最集中、最权威的会展教育院校基地。其余十个地市会展发展水平接近，主要受专业展馆数量和面积限制，以及展会数量及面积的影响，总体实力和南昌相比差距较大。未来可以结合本地区发展实际，通过完善以专业展馆为代表的会展基础设施，引进培养大型展会，提升会展业发展水平。

（三）江西省会展业发展的优势与不足

1.江西省会展业发展优势

根据对江西省会展业发展现状的分析，将江西省会展经济发展的优势具体分为六个评价指标，分别为区位优势、经济优势、产业优势、资源优势、成本优势、专业化优势。

1）区位优势——地理位置得天独厚

江西区位独特，古称"吴头楚尾、粤户闽庭"，是全国唯一同时与"长珠闽"毗邻的内陆省份，属于中部城市发展群，位于全国最富裕的珠三角和长三角区域之间，京九铁路贯通，拥有北通首都、南连港澳的铁路大动脉，到2020年将形成沪昆高铁（江西段）和京九高铁（江西段）一纵一横高铁主骨架，全面进入高铁时代。省会南昌是国家"一带一路"倡议重要节点城市、长江中游城市群重要中心城市、中部崛起[1]的重要支撑城市。得天独厚的区位优势使江西具有发展会展经济的巨大潜力。

2）经济优势——经济总量稳步增加

江西经济增长势头强劲，持续运行在中高速增长区间，经济增速高于全国平均水平约2个百分点，连续多年位居全国"第一方阵"，保持全国前五、中部第一的发展态势。2019年地区生产总值（GDP）达24 757.5亿元，比去年增长8%，增速高于全国1.9个百分点，居全国第四、中部第一。经济结构持续优化，第三产业增长9%，三次产业结构比为8.3∶44.2∶47.5。第三产业的快速发展反映江西省会展业服务综合保障能力有所提高。

3）产业优势——产业发展强力支撑

新技术、新产业的发展能够促进新的会展活动的举办，江西正全力推进制造业高质量发展，建设电子信息、有色金属、装备制造、汽车、航空制造五大产业联动发展的优势产业集群，培育移动物联网、VR、大数据及云计算、生物医药、新能源、节能环保六大新兴先导产业，推进石化、建材、纺织服装、钢铁、食品五大传统优势产业转型升级，推动旅游、陶瓷产业高质量发展。江西在推动优势产业发展的过程中，培育或引进一批规模大、吸引力强、影响力深远的产业展会，汇集产业发展的要素，带动新的项目投资，促进会展业的发展。

4）资源优势——环境优美资源富集

江西素有"物华天宝、人杰地灵"的美誉，是"红色摇篮、绿色家园"，旅游资源十分丰富。江西名人辈出、文化璀璨，陶渊明、欧阳修、曾巩、王安石等文学家、政治家、科学家若群星灿烂，光耀史册。良好的自然环境和深厚的历史文化积淀可以吸引更多的展览组织者和会议组织者选择江西作为会展目的地。此外，江西有"世界钨都""稀土王国""中国铜都""有色金属之乡"的美誉，矿产资源富集。景德镇的瓷器源远流长，樟树药材在国内享有盛誉。优质的旅游资源促使江西成为国内优质的会展旅游目的地，丰富多样的自然和人文资源使得江西具有举办不同题材展会的可能。

1　中部崛起是指促进中国中部经济区（河南、湖北、湖南、江西、安徽和山西6省）共同崛起的一项中国中央政策，2004年3月5日首先由温家宝总理提出。

5）成本优势——成本梯度下降显著

与长三角、珠三角和粤港澳大湾区等地相比，江西具有成本梯度下降的优势，而组展单位的主要成本来自展馆租金和人力成本。江西省在会展配套尤其是专业展馆、会议酒店等方面具有明显的组展成本优势。此外，会展业入行门槛较低，除少部分高岗要求高层次会展人才，大部分会展从业者只需具备一般服务业人员的素质即可，江西服务业从业人员总数超过50万，2019年服务业人员年平均工资为49 468元，低于周边经济发达地区，较低的人力成本有利于吸引更多会展企业或项目落地江西。

6）专业化优势——组织接待能力提升

近年来，江西举办了多场规模层次较高的会展活动，如世界绿色发展投资贸易博览会、第十一届中国中部投资贸易博览会、世界赣商大会等，展会在招展招商、宣传推广、展会服务等方面积累了宝贵的办展经验，在实践中培养了一批专业素养较高的会展实践型人才。在接待能力方面，大型展会短期内聚集数十万观众参加，极大锻炼了组织者的接待服务能力，加速了接待地基础设施的升级。组织接待能力的提升和办展经验的积累，为未来承办更多高层次、大型会展活动奠定了基础。

2. 江西省发展会展业的不足

江西省发展会展经济有多方面优势，但与周边省份和会展经济发达的北京、上海、广东等城市相比，受多种不利因素制约。

1）缺乏龙头企业带动，组展企业力量薄弱

江西会展公司规模较小，UFI会员与认证项目方面仍呈空白状态，领头会展企业处于空缺状态。全省会展企业中专一开展组展业务的公司数量较少，部分企业不仅开展组展招商活动，还从事展台设计、搭建等业务。此外，部分展馆企业同时也开展组展招商活动，这表明江西会展企业正处于单一发展向多元化发展的过渡阶段，尚未形成较为成熟的组展、招展、办展"一条龙"服务平台。此外，从企业规模来看，江西会展企业主要为中小型企业，企业规模的局限性限制了会展企业的成长，组展公司力量薄弱的弊端在遇到国际性展会时必定会暴露出来，可能会出现供给不足的状况。

2）金融造血能力不足，主体活力表现欠佳

金融作为现代经济的核心和血脉，会展产业的发展离不开资本助力，更离不开金融赋能。但长期以来，江西省内大多数会展企业依靠自身资本积累进而实现企业规模扩张，独立融资能力是短板。因此，作为会展产业的主体，全省会展企业整体活力表现欠佳，金融造血能力不足。且由于会展公司缺少资金，活性较差，缺乏可调用的雄厚资本与其他产业的合作，尤其体现在文旅产业中，由于缺乏资金而导致动能衰弱，只会造成恶性循环，使得会展公司的金融造血能力越来越弱。因此，近年来部分会展公司逐渐将目光转向资本市场，想借助上市等举措不断拓宽资金融通渠道，但是仍处于起步阶段，江西省内会展公司在新三板、主板层面上依然呈空白状态。

3）专业展馆数量不足，结构不合理，建设水平低

截至2019年年底，江西省共有15个专业展馆，室内展览面积共计40余万平方米，大型专业展馆有2家，小型场馆共12家，微型场馆仅有1家，除南昌外，其他地市专业展馆均属于小型展馆，面积不超过4万平方米。从整体来看，一是全省展馆区域分布不均，两家大型专业展馆均坐落于南，且吉安、抚州、萍乡三市目前尚无专业展馆。二是全省展馆梯队尚未形成，大型展馆与中小型展馆之间呈现断层，缺少中型展馆板块，现有中型展会皆由大型展馆承办，对于中型展会市场而言针对性不强，因此，在承接大型展会期间，中型展会市场会受到冲击。三是在展馆配套实施方面，除省会南昌外，其他市区现有展馆普遍存在建设水平低、展厅面积小、结构设计不合理、设施不完善等问题，难以满足各类展会对场地的要求。由于江西省内缺少大型物流分拨中心，大型展会需依靠其他省的分拨中心转运，耗时长、费用高、大型设备转运不便利，严重影响本地区大型活动的承接和举办。

4）会展人才匮乏，接待服务发展滞后

会展专业人才是指具有一定会展知识和操作技能，能够进行创造性工作的综合性人才。会展行业对从业人员知识的专业性和全面性要求较高，除了会展专业知识以外，从业人员应具备较好的外语水平、良好的沟通能力、高效的组织能力和强烈的服务意识。江西省会展从业者中的中高层管理者数量较少，专业队伍建设滞后。随着江西省会展业加速发展，会展专业人才匮乏的问题逐步显现，制约了江西省会展业的发展，从业人员在专业技能和管理水平方面与会展业发达省份有较大差距。由于江西省会展经济总量不大，行业薪酬待遇偏低，从事会展工作的高级专业人才客观上存在引进难和留不住的问题。

5）区域发展不均，产业优势尚未凸显

全省会展业区域发展水平不均，省会南昌的会展项目在数量、面积、质量和影响力等方面遥遥领先于其他地市，龙头地位显著，其余十地市中除赣州的会展发展水平略高外，各地市间的发展差距小。全省会展业发展水平断层现象严重，会展发展梯队尚未建立、区域格局有待进一步优化。此外，江西省会展业与产业结合度较低，各地市支柱产业、优势产业、战略产业等与会展业联系不够紧密。近年来"产业+会展"模式逐渐成为江西省会展业发展的主流趋势，未来通过开展多样化的会展活动，以展促产，产业优势将会进一步凸显。

6）品牌活动不足，引领带动效果较弱

经过多年的培育建设，全省已形成一批传统品牌会展活动，如世界绿色发展投资贸易博览会、第十一届中国中部投资贸易博览会、世界赣商大会等，但整体数量不够、对产业带动效果不显著，无法形成规模效应。近年来一批新的会展项目正在逐步发展壮大，如世界VR产业大会等，未来将会与传统品牌展会形成合力，共同为全省会展业发

展助力。全省会展项目数量偏少、层次较低、定位模糊、特色不足、缺乏品牌意识和市场不聚焦等问题，阻碍了本土特色会展项目的培育和会展品牌化建设，影响了全省会展跨越式发展进程。

（四）江西省会展业发展机遇与挑战

1. 江西省会展业发展的机遇

江西省会展业发展同高速增长的经济以及政府层面的高度重视息息相关。江西省会展业要有敏锐的嗅觉，把握时代机遇，攻坚克难，占领经济转型新高地，成为江西省经济增长的重要一极。

1）战略驱动

"一带一路"倡议的提出是国家在新时期结合国际局势和时代背景做出的重要战略部署。随着"一带一路"的逐步推进，因地制宜地制定与"一带一路"发展倡议相符合的产业发展规划成为各个地区的首要选择。为了加大会展业的创新与发展，建立与产业协调的发展战略，会展业紧紧跟随"一带一路"的脚步，进行了大胆创新，推出了许多面向"一带一路"的大型展会。从"一带一路"沿线走向看，江西处于连南接北、横贯东西的枢纽区域，具有沟通内陆与海洋的天然优势。"一带一路"倡议对加大江西会展业的对外开放力度，完善会展服务体系，促使会展业转型升级，具有积极意义。

在中部崛起这一科学战略的带动下，中部六省有了翻天覆地的变化。交通、物流、通信等基础设施的改善，为本区域会展业的发展提供了良好的环境。随着环渤海、长三角、珠三角等区域会展业发展的饱和，很多大型的展会开始向内陆二、三线中小城市转移，中部六省恰好处于东西部交界地带，具备各方面的有利条件来承接从一线城市转移而来的大型展会。江西省作为中部发展势头较好省份之一，同时还是唯一毗邻长三角、珠三角以及福建省等经济较发达区域的省份，区位优势更加突显，充足的地方资本和广阔的市场对江西省会展经济发展而言至关重要。

长江中游城市群是以武汉城市圈、环长株潭城市群、环鄱阳湖城市群为主体的特大型城市群，是长江经济带三大跨区域城市群的支撑之一，也是实施促进中部地区崛起战略、全方位深化改革开放和推进新型城镇化的重点区域，在我国区域发展格局中占有重要地位。南昌作为长江中游城市群重要的"中三角"之一，会展业城市网络中的"轴心"作用开始显现，将带动周边"辐条"城市的发展，在江西省会展业之间建立起"桥梁"和"纽带"，以点带线，以线促面，促进江西地区会展业全面发展，逐步形成同武汉、长沙等"中三角"会展经济区域的大合作格局。

2）产业转型

面对全球性的产业发展热潮，中国产业发展压力进一步上升，传统产业的比较优势明显削弱。在党的十八大报告中，现代服务业已成为中国经济战略结构调整的重要组成部分。服务业作为江西省吸引投资的主要领域、新增企业的主力军和吸纳就业的主渠道，在经济总量中所占份额持续上升，对经济增长的贡献进一步提高，成为江西经济高质量跨越式发展的"稳定器"和"助推器"。江西省产业结构正在由"工业型经济"向"服务型"转型，政府和市场的焦点将会向服务产业聚集，这是作为现代服务业重要支柱的会展业在全球经济形势风云激荡的背景下迎来的一个新发展机遇。

产业结构调整对江西省会展业的影响主要表现在以下几个方面：一是会展业在现代服务业中的重要地位，以及在转变经济发展方式中的显著作用，使江西各地市政府更加重视会展业的发展；二是经济转型背景下，加工贸易转型升级，服务贸易发展繁荣，作为生产性服务业的会展业，在服务贸易发展的大潮中商机无限；三是产业结构转型升级为江西省环保类展会的发展提供了广阔空间。

3）经济提升

区域经济发展水平是会展业发展的基础。一个地区的会展业实力和发展水平是与该地区综合经济实力和发展水平相适应的。经济的发展必然带动会展业的发展，而会展业的发展则会进一步促进经济的更快增长。2018年江西省GDP为21 984.8亿元，增长率为8.7%，2019年GDP为24 757.5亿元，增长率为8%，两年增长率均位于中部省份之首。根据江西省政府《江西省2020国民经济和社会发展计划》制定的小康社会发展目标，2020年江西省经济至少要保持8%的增长速度。高铁经济带建设将更广范围、更高效率整合要素资源，促进人才、技术、信息、资金等要素在高铁经济带充分流动，促进沿线经济要素互补共享。同时南昌都市圈的打造，有利于培育新的经济增长极，引领全省高质量跨越式发展。

未来江西省的会展经济将在全省经济快速发展的机遇期迎来新一轮发展和提升，主要表现为以下两个方面：一是经济稳步增长有利于加大对全省基础设施建设的投入力度，交通网络、物流体系的完善和各类接待服务设施的提升将为会展业发展创造良好的基础条件；二是经济发展将会产生更大的会展需求。除了产业发展和专业性质的会展需求外，经济发展水平和人民生活水平的提高，会进一步激发居民娱乐消费的市场需求。

4）政策推动

江西省委、省政府明确提出打造忠诚型、创新型、担当型、服务型、过硬型的"五型"政府，着力打造"四最"[1]发展环境的要求。同时，江西省各地市将设立会展业专项资金，用于扶持会展业发展。南昌市政府设定会展具体的发展战略目标，保证每年至少3 000万元资金对会展业进行扶持，同时对企业进行相应补贴，积极改善办展环境，规范市场，促进多方合作，建立长效发展机制。赣州市政府以培育一批具有赣州特色的会展活动为会展业发展的首要目标。宜春市政府强调市域内各县区加强会展与其他产业联

1　"四最"指：政策最优、成本最低、服务最好、办事最快。

动，区域错位发展，避免无序竞争。吉安市政府积极组织特色企业参展，提高企业参展率。九江市政府设置会展业发展科，负责全市会展业的行业管理工作，积极推进九江会展业提质扩容。鹰潭市政府通过扩大开发，强化同长三角合作，支持会展业全面发展。其余地市均出台相关文件，加大对会展业的扶持力度。

江西省"五型"政府建设和"四最"营商环境的打造为建立健全会展业发展部门协调机制，推动会展业与其他产业的融合发展提供了政策加成。在"五型"政府建设的文件里着重提及大幅缩减政府会议数量和规模，这将会是江西省会议市场化发展的重要契机。各地市结合本地实际情况，针对性出台相关政策措施，为未来江西省会展业发展提供有力政策保障。

2. 江西省会展业发展的挑战

迈入"十四五"全面建设小康社会新时代，江西省会展业迎来了崭新的机遇，同时也将面对更多的挑战。国际局势纷纭变幻、国家经济转型升级、新技术不断应用变化、突发事件影响，为江西会展业的未来发展带来一系列挑战。

1）国际局势变化

国际局势对江西省会展业发展的影响主要表现在两个层面。

首先，表现在市场前景的不乐观对会展业的负面影响。伴随着全球经济不确定风险的逐渐加剧，全球会展业发展也深受影响，且呈现规模不断扩大趋势、区域差异化显著的发展趋势。江西省会展业的国际化处于起步阶段，随着中国同有关国家贸易摩擦的不断加剧，一定程度上制约着江西会展业国际业务可持续增长的势头。江西的会展市场，尤其在涉外展览方面，其规模和融资水平都将出现不同程度的缩水。

其次，表现在不乐观的宏观局势对江西省的支柱产业造成较大影响。根据中国进出口贸易相关统计，贸易摩擦主要聚集在航空航天、信息及通信技术、机械、农业产品等领域，这些产业大部分是江西省的支柱产业。外部环境恶化给江西省特色制造企业造成了一定影响，如欧盟政府对江西省光伏产业的多次反倾销调查，引导民众形成针对中国产品（包括大量江西产品）的"民间壁垒"，美国在人民币汇率、对华投资、技术出口等领域全面施压，都间接对江西会展业的发展产生或多或少的消极影响。同时，反倾销案件在一定程度上减弱了江西企业发展商务会展业的潜力，如受"主动配额制"的约束，纺织品与鞋业企业，每年要蒙受巨额损失，这使得大量企业不得不缩减参加相关题材展会的预算。

2）经济发展增长势头放缓

全国经济增长放缓使得许多产业的制度缺陷不断暴露，很多苗头性问题会被质疑并且可能引起行业投资者的恐慌情绪。江西区域性产业的政策面临调整，产业转型的阵痛将无法避免，市场很难再次承受刺激性政策带来的后果。受大环境影响，实体经济企业特别是制造业企业经营发展有限，出于经营需要会砍掉一部分参展预算，从而影响会展招商效果，小型企业则完全有可能取消相应参展安排，这对会展业的影响巨大。江西省内展会大多依托于各地市的优势产业，这些优势主要集中于旅游业和制造业，经济增长放缓势必会对江西省优势产业产生重要影响，投资市场的不确定性增加。江西会展业发展时间较短，品牌优势还不够明显，投资者的信心尚未完全建立，这对会展企业的融资将造成一定影响。

3）大数据应用的冲击

在数字经济时代，数据已成为生产性服务业核心竞争力的重要组成部分。2017年，江西省政府下发全省大数据发展规划，江西开启大数据时代。目前大数据应用已成为会展业发展新方向，但大数据技术是一把"双刃剑"，其在驱动产业优化升级的同时，也带来了一系列问题。江西省大数据的价值挖掘与应用尚处于起步阶段，同时不同企业、不同部门间利益的不一致，以及各自占有信息的异质性，使大数据技术形成了"数据壁垒"，增加了数据传递与解读的成本。会展业因专业性强、行业信息封闭以及数据资源离散化，导致金融资本进入风险高，会展主办方"自掏腰包"、企业自费参展成为常态。

目前，会展业大数据风险主要包括数据泄露风险、数据依赖风险和数据道德风险。首先，数据泄露风险主要是由于现有大数据信息技术不够成熟，数据储存及传送存在一定的风险，同时加上会展企业的数据极具商业价值，往往成为许多黑客的攻击目标。其次，数据依赖风险主要是因为新兴技术所带来的便利会增加会展企业、政府机构等对大数据的依赖。以金融业为例，会展数据空白点较多，会展企业、金融机构之间存在信息不对称，影响金融资本进行评估和投资。最后，数据道德风险主要表现在技术先入者在行业中构成技术优势，从而形成行业的"数据壁垒"，然而由此形成的"数据托拉斯"会导致会展市场向着两极分化的形式发展，这对于会展行业的繁荣发展是极为不利的。数据信息的不对称、金融机构投资积极性不高，已经制约了会展经济的深层次发展。

4）大型突发事件影响

目前江西省的会展企业多为中小型企业，抗风险能力较差，突发事件的应对机制尚不完善，承受的损失也较大。据中国会展业联盟不完全统计，受新冠疫情影响，2020年2—4月，国内展会、论坛等聚集性活动全面叫停。江西省共有15个展览馆因疫情暂停举办展览会，据估算，涉及展会近35个，展览总面积达75万平方米，约占全省展览总量的20%。行业的停摆使得会展产业链的上下游企业遭受严重损失，同时人才储备流失、法律纠纷等问题不断发生。受世卫组织裁定等因素影响，中国会展业与国外的业务往来受到严重波及，江西省会展业国际业务基本处于停滞阶段。

从市场经济本质分析，新冠疫情结束后，会展市场将面临报复式增长，展馆、服务商等资源将极度紧缺，部分主办单位将因为缺少场地、成本提升而难以开展业务，这一情况将成为压垮部分企业的最后一根稻草。行业组织自救、提高抗风险能力表现出严重不足。此次新冠疫情给江西省会展业敲响了警钟，建立相关危机应对机制，加强江西会展经济抗风险能力已经迫在眉睫。

5）周边地区竞争加剧

江西省地处长江中下游，东邻浙闽，南连珠粤，西接湘鄂，北毗皖南，地理位置优越，同时竞争对手林立。除东部会展业发展较好的城市外，中部地区江西省的主要竞争省份为安徽省、湖北省以及湖南省。在《2018年度中国城市会展业竞争力指数报告》中，这三个省份的省会城市武汉、长沙、合肥分别位于综合竞争力排行榜的第10位、第20位、第24位。作为江西省主要会展城市的南昌仅位居第30位。鄂湘皖赣四省会展业发展相似，均处于发展阶段。在国家定位上，合肥是国家重要的科研教育基地、现代制造业基地和综合交通枢纽；武汉是中部地区的中心城市，全国重要的工业基地、科教基地和综合交通枢纽；南昌仅作为历史文化名城，定位相对较低。

鄂湘皖赣四省均开始加大产业扶持力度，而江西在经济总量、高等教育资源、国家资金投入等方面不占优势，会展业竞争压力较大。作为中部崛起战略以及长江中下游城市群建设的四个重要省份，鄂湘皖赣四省在会展业竞争要素上各有特色。在生产要素方面，四省均具有良好的区位条件，但四地会展人员的培养均跟不上产业的发展速度，再加上江西省高等教育资源同其他三省相比较为匮乏，人力资源对江西会展业发展的短板效应愈发凸显。在需求要素方面，鄂湘皖GDP总量均高于江西，经济总量与会展发展呈正相关，因而在会展市场的争夺中，江西的吸引力存在不足。从会展展馆设施看，湖南的展馆面积具有绝对优势，江西展馆面积高于安徽，位列第三，会展供应不足极易导致会展需求流失。从发展现状看，鄂湘的国际化展览数和面积均高于江西，江西在开拓国际化会展领域仍任重道远。此外，四省兴盛的关联产业和政府扶持都为会展业的发展提供了保障，而四省的会展支持产业存在相似的部分，所以，四省的会展经济同质化竞争将会日趋激烈。

二、发展定位与模式

在对国内外及省内会展业发展环境、优势与不足、机遇与挑战进行整体战略环境分析的基础上，结合全省产业优势、区域经济发展新格局等会展业发展背景，对未来江西省会展发展定位与发展模式进行探究。

（一）发展定位

根据江西会展的外部环境和产业特征，江西会展的定位是利用长三角和泛珠三角的地域优势，依托汽车、电子信息、生物医药、航空装备、绿色食品、现代轻纺、新型材料、机电装备制造八大战略产业和旅游、陶瓷两大优势产业，把握江西内陆开放型经济试验区建设机遇，打造"全国绿色会展标杆、建设中部智慧会展强省"，建成"中一北一南"三大会展"中心"，将南昌（中）打造成融入长江经济带与长三角一体化发展的会展名城，景德镇（北）打造成"世界陶瓷会展中心城市"，赣州（南）打造成"对接粤港澳大湾区建设的会展名城"。

（二）发展模式

2018年7月30日，中共江西省委十四届六次全会在"龙头昂起、两翼齐飞、苏区振兴、绿色崛起"基础上，提出打造"一圈引领、两轴驱动、三区协同"的区域发展新格局。以融合一体的大南昌都市圈为引领，以沪昆、京九高铁经济带为驱动轴，以赣南等原中央苏区振兴发展、赣东北开放合作、赣西转型升级为三大协同发展区，形成层次清晰、各显优势、融合互动、高质量发展新格局。为进一步贯彻江西省委、省政府会议精神，促进区域协调发展，加速重构区域经济空间版图，在紧密结合省内会展业发展现状基础上，制定与江西省区域发展新格局相配套的"一圈两轴三区"会展经济发展模式，加速会展资源集聚、要素流动、动能积蓄。

为实现江西省会展业战略定位目标，要依托区位优势、八大战略产业和两大优势产业，结合"一圈两轴三区"的发展模式，实施两步走计划。第一阶段，通过完善会展基础设施和加大政策扶持力度，形成以南昌为龙头，景德镇、赣州为支撑的全省会展业发展梯队；第二阶段，通过软硬件设施的升级和多领域的区域协同联动发展，实现会展战略目标。

1. 一圈——大南昌都市圈：高端会展，三线联动

大南昌都市圈包括南昌市、九江市和抚州市临川区、东乡区，宜春市的丰城市、樟树市、高安市和靖安县、奉新县，上饶市的鄱阳县、余干县、万年县，含国家级新区赣江新区。都市圈会展业发展优势显著，体现在完善的水陆空立体交通网络；高端产业集群发展，工业增加值占全省比重超过40%，航空制造、中医药、虚拟现实、LED照明、新能源、新材料等产业发展迅猛；创新资源密集，汇聚全省70%以上的科研工作者和超过全省一半的创新创业平台；全省金融中心地位稳固，汇聚全省80%以上的省级金融机构；城镇化水平高、城镇体系层次分明；绿色生态优势和文化优势突出。

通过"高端会展，三线联动"（即"大型展览+高端会议+品牌节事"）的方式，将大南昌都市圈打造成全省会展业高质量发展引领区，充分发挥其对全省会展业发展的核心引领和辐射带动作用。第一，巩固、提升现有展览活动，围绕世界VR产业大会、南昌飞行大会和世界赣商大会等重点项目，全面提升接待能力与水平；第二，结合市场需求和行业发展趋势，打造新展会或承办流动展，为都市圈会展发展注入新动力；第三，凭借人才优势、产业优势、平台优势和接待优势，推进高端会议产业集群化发展；第四，加快培育南昌国际马拉松、南昌国际军乐节等品牌节事活动，以点带面提升都市圈活力。

2. 两轴

1）京九高铁会展经济发展驱动轴

京九高铁北向积极对接京津冀协同发展和长江经济带战略，南向纵深推进赣南等原中央苏区振兴发展，全面对接粤港澳大湾区，成为江西融入海上丝绸之路、粤港澳大湾区的主通道，也是省内会展经济发展的重要走廊。

2）"沪昆高铁＋昌景城际"会展经济发展驱动轴

沪昆高铁向内加快区域融合和同城化步伐，向东对接长三角，向西对接长株潭，强化与沿线城市群的开放合作，成为江西融入长三角一体化、全面参与"一带一路"建设的主通道，也是省内会展经济发展的重要走廊。建设中的昌景城际将省内重要会展城市南昌、景德镇紧密连接，加快全省会展新格局的形成。

3. 三区

1）赣南等原中央苏区会展创新发展示范区："品牌展会＋红客节事"

赣南等原中央苏区包括赣州、吉安两市和抚州市苏区县。区域内会展发展优势主要体现在交通便利、区位优势显著，毗邻粤港澳大湾区、海西经济区；国家战略支持，具有苏区振兴的特殊政策优势；产业基础良好，赣州钨和稀土新材料、新能源汽车、现代家具等产业、吉安电子信息、抚州生物医药等特色产业在全省乃至国内占有重要比例；红色文化底蕴深厚，井冈山是中国革命的摇篮，瑞金是共和国的摇篮；传统农业、绿色产业、丰富的土特产品享誉全国；以客家文化为代表的特色文化具有独特的吸引力。

通过"品牌展会，红客节事"即"品牌展会＋红色节事＋客家节事"的方式，将赣南等原中央苏区打造成全省会展创新发展示范区，为实现苏区振兴提供新路径。第一，做大做强现有的品牌展会，提升展会水平与影响力，如中国赣州国际脐橙节、中国（赣州）家具产业博览会；第二，依托地域优势，政府引导孵化本土展会，培育会展经济新增长点，如吉安的根石、井冈山土特产品等；第三，紧密围绕苏区红色文化精神，开展系列节事活动，持续提升已有的节事活动品牌，培育文化认同；第四，鼓励通过节事活动的打造，弘扬传播优秀传统文化，展现客家风情。

2）赣东北会展国际化建设先行区："瓷铜展会＋文旅节事"

赣东北地区包括上饶市、景德镇市和鹰潭市。区域内会展业发展优势主要体现在地理区位上毗邻长三角，便于承接东部沿海地区产业转移和要素聚集，是全省对接长三角的前沿阵地；产业发展态势良好，上饶"两光一车"和大数据产业、景德镇航空和文化创意产业、鹰潭铜精深加工及物联网产业发展前景广阔；瓷都与铜都品牌效应显著，景德镇是世界瓷都，有完整的瓷器产业链和中国景德镇国际陶瓷博览会展览基础，鹰潭依托江铜集团目标打造世界铜都和国家智慧新城；旅游资源禀赋，中国最美乡村享誉海内外，清景婺精品旅游线路备受国际国内市场好评。

通过"瓷铜展会，文旅节事"即"瓷博会＋铜博会＋文旅节事"的方式，将赣东北地区打造成全省会展国际化建设先行区，持续巩固赣东北地区资源优势、文化优势和品牌优势。第一，围绕中国景德镇国际陶瓷博览会开展多样的会展、经济、文化活动，持续提升大会的经济带动效益和综合影响力；第二，配合鹰潭市"世界铜都"建设步伐，借鉴中国景德镇国际陶瓷博览会的办展经验，策划举办铜产业相关论坛、展会和系列经贸活动，力争打造"国际铜博会"；第三，创新节事娱乐活动，打造系列品牌化、精品化、大众化的节事活动，实现由借势向造势转变。

3）赣西高端会议产业发展区："产业会议＋幸福节事"

赣西地区包括宜春市、萍乡市和新余市。区域内会展业发展优势主要体现在产业基础扎实，作为全省重要的老工业基地，钢铁、煤炭、建材、盐化等传统产业逐步转型升级，锂电新能源、新材料、生物医药、节能环保、大健康等绿色产业快速发展；城镇化水平较高，中心城市紧密相连，同城化趋势明显；会展基础较好，宜春作为全国药材药品交易会的举办地，办展经验丰富；生态康养宜居，自然环境优美，"生态＋大健康"产业发展迅猛。

通过"产业会议，幸福节事"即"高端产业会议＋幸福产业节事"的方式，将赣西地区打造成全省高端会议产业发展区，实现产业优势、生态优势向会展经济优势的转变。第一，把握中医药产业提升机遇期，突破全国药材药品交易会发展桎梏，全面提升办展层次、水平和影响力；第二，鼓励优势产业和企业，通过"产业＋会议"的方式，引导创新资源和高端要素集聚，实现行业有机更新，重塑竞争新优势；第三，以"生态＋大健康"产业为抓手，以建设幸福产业高地为契机，开展系列节事活动，提升居民生活幸福指数，丰富"幸福"内涵。

三、战略实施路径

在我国进入经济新常态的时代背景下，江西全面实施大开放主战略，全力打造内陆双向开放高地，着力推进战略性新兴产业和现代服务业的培育及发展工作，会展业在这一进程中将担当历史性重任。江西会展业要沿着生态化主线、市场化转型、智慧化应用、国际化发展、品牌化提升、专业化运营的发展方向实施战略路径。

（一）构建绿色会展生态系统

江西省各级政府积极响应打造"美丽中国·江西样板"和实施"绿色崛起"的区域发展战略，通过办绿色展、绿色办展、发展绿色会展经济，大力提升江西会展业品牌形象与核心竞争力，实现会展业生态化。

1. 打造绿色品牌会展

全省应紧密围绕绿色发展主题，深耕各地生态优势和LED、陶瓷、新能源汽车、锂电池、生物医药、绿色旅游等特色产业基础，构建多层次、多样化的绿色主题品牌会展体系，凝聚绿色发展共识，打造一批知名度高、影响力大、综合效益好的绿色品牌会展项目，树立江西会展绿色环保新形象，建设"中国绿色会展高地"。例如，南昌借势硅衬底LED照明技术和产业基地，培育国际LED照明产品博览会；新余以新材料、新能源、新技术为依托，开展新材料、新能源、新技术博览会和光伏产业高峰论坛。

2. 建设节能会展展馆

各展馆在凸显地方文化特色的同时，加强现有展馆节能改造，新增展馆绿色建设，鼓励会展展馆广泛应用环保科技、生态材料、清洁能源和信息化手段，提高建筑的低碳科技含量和节能环保功能，打造一批绿色会展示范展馆。推进物流、餐饮、住宿等会展展馆配套服务产业主体生态化、服务过程清洁化、消费模式绿色化，充分体现江西绿色会展经济特色和"绿色崛起"的发展理念。

3. 倡导举办低碳会展

在会展活动中积极推广应用各种节能降耗的器材设备，推行绿色采购制度，选取绿色原材料和绿色包装物，实现参展物料的可持续性，注重物料的回收循环利用，避免不必要浪费。通过"减少用量、重复利用、循环再生、合理替代"等方式扩大"绿色会展项目"和"绿色会展工程"的比例。通过表彰、奖励等具体措施支持会展业中介组织、会展活动举办单位、参展商、会展展馆、会展工程服务商、会展其他服务商、会展器材制造商的"绿色办展"行为。

（二）推进会展市场结构性改革

充分发挥市场在资源配置中的决定作用，加快推进江西会展市场化改革，培育壮大市场主体，打造完整的市场化产业链，形成竞争有序、充满活力的会展业市场格局。

1. 强化会展市场主体活力

引入市场化竞争，放宽市场准入条件，着力培育市场主体，调动市场活力和积极性。重点培育在国内有影响力的本地会展企业以及产业龙头企业，鼓励会展企业通过收购、兼并、控股、参股、联合等市场化途径，组建竞争力强的会展企业集团，大力推动本土会展企业上规模、提档次，增强竞争力，发挥示范和带头作用。引进国际知名会展企业落户江西，鼓励其他行业有实力的企业集团投资会展业。探索建立政府办展退出机制，加大政府向企业购买服务的力度，推动会展业市场化进程。

2. 提升会展产业链要素发展

科学配比产业要素的投入，补齐短板，加强专业化分工，协同推进整体会展产业链发展，拓展会展业市场空间。一是健全会展业供需链。重点提升会展企业的组展、策划和品牌创建、运营水平，以多元化、高水平会展项目带动会展产业链发展。着力提升物流、广告、搭建安装、保税仓储等会展产业链下游企业的供给能力和服务水平。二是拓展会展业协作链。加速推动以会展业为核心的产业融合与协同创新发展，构建会展业与文化、旅游、餐饮、住宿、交通、保险、金融、租赁、印刷、教育等行业间的横向协作产业链，为会展业提供多形式、全方位的优质服务。

3. 优化会展企业发展环境

建立符合市场机制的竞争环境，引导会展业健康有序发展。加强信息共享，建设全省会展业公共信息服务平台，为参展商、服务企业、会展观众构筑畅通的展会信息桥梁。进一步完善会展业管理体系，制定全省会展活动管理办法，逐步建立展览业标准体系，推广展馆管理、经营服务、节能环保、安全运营等行业标准，建立信用档案和违法违规单位信息披露制度。加强展会知识产权保护，展会现场可设立举报投诉站，提供维权援助服务，建立健全包括展前排查、展中查处、展后追踪等在内的展会知识产权行政执法机制。进一步优化展品出入境监管方式方法，引导、培育展览业重点企业成为海关高信用企业，提高展品出入境通关效率。

（三）加强会展展馆建设与运营

构建层次合理、梯度明晰的会展展馆建设体系，完善展馆周边地区功能配套，做好展馆市场化营运管理，优化城市会展功能。

1. 实施展馆梯度化建设

统筹协调全省会展展馆的规划建设。以南昌绿地国际博览中心为龙头，将其打造成具有国际水准的现代化会展中心。支持地市依据自身经济基础和产业特色，进一步优化会展展馆布局，坚持"量体裁衣""适度超前"的原则，着眼长远发展要求，合理布局专业展馆和特色化场地建设，防止会展展馆的重复建设与资源浪费。鼓励对现有展馆进行改造升级，支持有条件的地市规划建设专业会展中心、会展综合体等会展展馆，突出展馆展览功能与配套服务功能的统一规划和有机整合，实现大型、中型、小型、微型四级展馆层次合理的规模布局。

2. 完善周边配套设施

兼顾公益性和市场原则，对在规划区域内选址建设的会展展馆，按城市基础设施和公益性项目优先优惠供地。已启动建设的主题展馆，其周边区域的供水、供电、道路、交通、通信等基础设施规划建设，优先列入固定资产投资计划。根据各市会展展馆的发展特色，加强对主要会展展馆周边地区功能配套的规划引导，扶持周边配套服务设施建设，按照会展商务区或会展服务区的具体要求构建宾馆、物流、金融、旅游、餐饮、商住、停车场等功能设施网络，提高会展配套服务质量。

3. 做好展馆市场化运营

设立管理机构或委托专业管理公司开展日常管理工作，进一步接轨市场，创新经营理念和运营机制，最大限度地提高展馆及配套设施的利用率和经济效益。充分发挥自身优势，依托现有会展展馆以及各类文化创意园区，社会化运作展馆，打造会展创新创业基地，为会展企业孵化、项目培育和人才培养服务。建立健全相关的业务考核量化标准，制订合理的收费标准，努力提高展馆服务的经济效益与社会效益，实现企业化、市场化、多元化经营。注重展馆品牌建设，提升配套服务水平，实现从展馆运营到品牌运营的转变。

（四）创新会展新兴业态

深刻把握会展业与新兴业态融合发展的机理，提升会展业智慧化水平，激发会展文化创意效能，重点培育"旅游+会展"新模式，提高会展产品的让渡价值，为参展商、采购商和专业观众提供增值服务。

1. 互联网+会展

乘数字经济之东风，大力促进"互联网+会展"的深度融合发展。一是开展线上会展，支持、鼓励行业协会和会展企业以互联网为基础建立新型立体化展览和服务模式，扶持网络会展软件的研发，创新电子商务和网络会展项目的开发，积极探索"互联网+江西制造+跨境电商"发展模式；二是建设智慧会展，加快会展服务由传统服务向智能展馆运营服务、信息化组展服务以及展会增值信息服务转变，提供展会信息的发布与浏览、个人参展信息的推送及沉淀、现场商务社交、产品发布等功能。

2. 文创+会展

以文化创意提升会展能力，拓展配套服务。一是国际视角下的跨文化会展趋势需要研究各国会展业的发展背景，定制个性化的文化创意宣传与推广方案；二是挖掘区域文化底蕴，培育庐山问茶会、南丰傩舞文化节、新余仙女湖爱情文化旅游节等特色文化节事活动，并在打造文化创意品牌和会展品牌的基础上探索品牌IP，使其发挥出更强大的文化力量；三是积极举办陶瓷、戏曲等展览、会议和节事，大力发展高端文化产业，建设文化创意产业集群。

3. 旅游+会展

紧密结合旅游强省战略，培育"旅游+会展"新业态，以会展促进旅游，以旅游带动会展，推动两大产业的增效提质，实现"1+1>2"。一是推动城市与景区一体化发展，建立会展与旅游融合发展的利益引导机制；二是依托大型旅游景区完善的旅游接待设施，组织策划特色会展和节事活动，繁荣会展经济；三是加大市场营销创新力度，赴重点会展和旅游市场举办联合推介会。

（五）深化国际国内合作

响应"一带一路"等发展战略，拓展对外开放路径，深化国内外交流合作，着力提升会展企业办展水平和服务能力，培育会展航空母舰，积极实施"走出去"战略，推进江西会展国际化发展。

1. 加大会展引进力度

加强与国家部委、国际组织和相关行业协会的联系，争取更多国际性、全国性展览和会议到江西举办。借助国内外知名品牌展会、高端会议论坛等平台开展宣传推介活动，培育和引进品牌会展项目。加强与长珠闽地区会展经济的交流合作，积极开展招会引展工作。组队赴北京、上海、广州、深圳等地，主动与全国性行业协会、国内一线城市的大型会展公司联系洽谈，推介江西会展政策措施，吸引全国图书交易博览会、全国糖酒交易会等一批国际性、全国性大型品牌展会项目落户江西。积极引进国内外专业会议服务公司、目的地管理公司、展台设计和搭建公司等会展服务机构，促使更多高水平会展相关配套机构集聚江西，提升举办会展的服务能力。

2. 加快会展国际输出

科学制定年度境内外展会计划，支持省内企业积极参加"一带一路"沿线国家、地区重点展会，培育境外自办展览项目，开拓境内外市场，改善境外办展结构，构建多元化、宽领域、高层次的境外参展办展新格局，宣传赣鄱制造、江西文化。提升会展业"走出去"相关配套服务水平，提供国际化业务的政策与信息咨询、市场调查、政企关系沟通等中介服务，在境外投资、海关通关、人员出入境、税收等方面予以支持，加大对会展企业境外开展重点会展项目的支持力度。

3. 拓展国际合作渠道

参加国际知名展览机构及其组织的活动，把握国际会展行业发展前沿动态，进行会展业行业发展研究。增强国际合作意识，鼓励国内企业积极与国际展览业协会（UFI）、国际展览与项目协会（IAEE）、独立组展商协会（SISO）、国际大会和会议协会（ICCA）等国际知名会展机构开展交流与合作，建立长效合作机制，鼓励会展项目进行国际认证。同时，鼓励企业将自有展会品牌与国际展会嫁接，或整合国外展览品牌资源，打造中外合作的展览品牌。

（六）实施精品创建工程

依托汽车、电子信息、生物医药、航空装备、绿色食品、现代轻纺、新型材料、机电装备制造等八大战略产业和陶瓷、旅游两大优势产业，着力培育新的会展增长点，实施精品创建工程，提升江西会展的品牌影响力与核心竞争力。

1. 做强拳头会展品牌

集中优质资源，融入新理念，运用新技术，依托世界VR产业大会、世界绿色发展投资贸易博览会、中国景德镇国际陶瓷博览会、中国绿色食品博览会、樟树全国药材药品交易会、南昌国际汽车博览会、中国（赣州）家具产业博览会和江西国际麻纺博览会等本地优势会展平台，加大政策、人才、资金、宣传等投入力度，重点培育一批拳头品牌，实施品牌带动战略，扩大会展规模，提高国际影响力，提升会展综合效益，助推江西会展整体质量的提升。

2. 做优新兴会展品牌

立足江西历史人文、旅游休闲、稀有金属等特色元素，借鉴龙头会展的举办经验，提高展会的专业化程度，发挥专业会展对产业的凝聚力和带动力。依托蓝光LED、C919大飞机制造、新能源汽车、锂电池、绿色食品，绿色金融，绿色旅游等龙头产业品牌，做精南昌LED照明产品博览会暨技术创新论坛、中部旅游产业博览会、赣州稀有金属投资贸易博览会、中国景德镇国际陶瓷博览会、宜春锂电新能源产品博览会、新余南方农业（工程）机械展销会、鹰潭眼镜产业博览会、武功山国际户外运动用品博览会等专业展会。

3. 做优会议节事品牌

依托各地基础和文化特色，树立"大会展"理念，进一步挖掘会议节事活动内涵，丰富会展形式。着眼于区域合作，积极寻求国家部委的关心和支持，办好央企入赣洽谈会、赣台经贸文化合作交流大会、赣港经贸活动等会议。充分发挥赣商群体在资本、人才等方面的优势，定期召开企业家论坛、赣商大会和投资峰会。积极开发地域特色鲜明、产业优势突出、群众参与性强的节事活动，打响宜春明月山月亮文化旅游节、赣州世界客家文化节、鹰潭龙虎山道教文化旅游节、萍乡武功山国际帐篷节和婺源乡村文化旅游节等节事品牌。

（七）组建会展人才队伍

加快组建江西会展行业人才队伍，健全会展人才培养机制和体系，满足江西在会展策划、会展项目管理和会展工程管理等方面的人才需求，为行业发展提供"智囊"支持。

1. 引进国际高端人才

协同会展主体企业在全球范围内引进会展策划师、会展营销和管理人才、高级翻译人才等核心人才，建立和完善公平、公正、公开的人才选拔机制，缓解人才短缺问题，使江西会展业沿着规范和健康的方向发展。创新会展人才开发机制，吸引、聚集一批会展领军人才、高级管理人才和专业从业人员落户江西，为江西会展业注入活力，激励其他从业人员迅速提高专业素养。

2. 培育会展本土人才

健全以"在职培训、境外培训、校企合作"为主的会展人才培育机制。依托江西高等院校，设立本科及硕士研究生教育层次的会展经济与管理相关专业，实现"会展人才本土化"。鼓励高校开展对外交流、海外培训项目，培育具有国际化视野的会展业高级应用型人才。创办大学生会展实训基地，实现理论和实践循环互动的良好机制。探索会展职业培训机制，积极开展多层次会展职业教育和会展从业人员在职培训。组织业内专家、学者和项目主办方等开展"会展人沙龙""会议管家培训班""策展人精英培训班"等项目，培育行业精英。

3. 加强会展智库建设

成立江西会展经济研究会，加强会展智库建设。一是建立会展业统计监测分析体系，采用统一的科学指标和程序，加强对会展大数据的统计监测，定期发布行业发展报告，协助主管部门开展行业管理监测，引导会展企业明确发展定位、拓展发展空间；二是通过发布课题，吸引国内外学者开展各种专题研究，以准确把握会展业发展趋势，及时解决会展业发展中遇到的难题。

（八）建立风险预警和应对机制

2020年爆发的新冠肺炎疫情是一次突发性的重大公共危机，对全国乃至全球的经济、贸易等方面产生较大影响。会展业作为服务贸易行业中的重要组成部分，常涉及人流规模性聚集的大型活动事件，此次受到不可抗力风险的打击，虽在疫期特殊时刻的产业相对停摆属于正常现象，但对整个会展产业链来说损失无疑是巨大的，产业发展滑进了波谷期。这更加反映出对后危机时代会展业破局策略的思考是十分必要的。

1. 强化法律服务，降低风险

相关部门、行业协会要为会展企业和会展项目实施主体服务，无偿出具因疫情导致未能按时履约的不可抗力证明。同时协调国内外组展机构，帮助因疫情无法出国参展的企业妥善处理已付费用等问题，协调中介机构为受影响的国际会展企业提供法律等咨询服务、提供法律援助，帮助企业解决疫情对会展业案件的影响。

2. 做好"会展反弹"的调整

疫情一旦结束，会展活动可能会呈现"井喷"式爆发，延期举办的各类展会极大可能会集中办展。各地的展馆、搭建、广告等会展企业应该做好充足的准备工作，调整好各自会展活动的档期，避免展会扎堆现象。与此同时，要把握会展业恢复调整过程中的市场竞争机遇，实现优胜劣汰，淘汰一批差异化低、同质化高的会展活动，促进会展业内涵式发展和市场竞争机制的完善。

3. 线下会展向线上会展发展

新冠疫情蔓延以来，各行业从开拓新市场的角度，开辟网上信息化的市场空间，如旅游、汽车、娱乐、影视等。伴随着互联网技术的发展，网上会展的做法已持续了多年，目前不少品牌展具有"双线展"功能，即线上展和线下展并行。会展企业和会展项目要积极开发线上会展服务，以降低大型突发事件对会展活动的冲击，在惯常环境下通过"线上+线下"的方式丰富展会活动，在非惯常环境下通过线上展会弥补线下无法办展的损失。

4.拓展会议和节事活动的空间

展览、会议和节事活动是会展的"三大模块",其中展览业受专业展馆的限制最大,其他两个行业受场地制约较小,因此展览业受疫情影响最大、需要的恢复时间最长。要适当增加会议、赛事、节事活动的比例,以降低整个会展业受疫情的影响。疫情后的恢复期,政府出台大量政策助推旅游业复苏,要充分利用旅游振兴的系列举措,在保证疫情防控安全的同时,各地结合本地旅游发展优势,开展相关会议、赛事和节事活动。

第五章　江西省会展业发展专题研究

本章分别对江西省会展业发展的政策规划、产业、企业与协会、专业展馆、人才培养和国际化发展这六大专题进行研究。政策规划部分从国家、江西省、地级市三个层面出发，对政府出台的相关政策规章进行分析，列举了部分会展业发达城市的政策经验，提出了江西省会展业未来的政策方向。产业、企业与协会这两个专题均从现状、不足及未来发展策略三方面对会展业发展专题进行分析。专业展馆部分对全省十五个会展展馆的分布与运营情况进行分析，简单介绍了全省主要展馆，并对展馆发展与未来建设趋势进行简要分析。人才培养部分对全省开设会展专业的三所本科院校和两所高职院校进行简述，并提出现阶段省内人才培养的不足与发展策略。对江西省商务厅、江西省教育厅联合举办的全国大学生绿色会展创新创意挑战赛进行简要介绍，并分析未来发展策略。国际化发展部分则对2019年全省赴境外参展的现状和政策环境进行概述，由此提出未来发展对策。

一、政策规划

我国会展业近年来快速发展，已成为构建现代市场体系和开放型经济体系的重要平台，在全国经济社会发展中的作用日益凸显。为进一步促进会展业改革发展，更好发挥其在稳增长、促改革、调结构、惠民生中的作用，国家、省域、地市等层面相继出台各类政策文件，为会展业的可持续发展提供良好的制度环境。

（一）国家相关政策规章

2015年3月，国务院出台《关于进一步促进展览业改革发展的若干意见》，从总体要求、改革管理体制、推动创新发展、优化市场环境、强化政策引导五个方面提出相关意见，并指出到2020年，基本建成结构优化、功能完善、基础扎实、布局合理、发展均衡的展览业体系的发展目标。坚持专业化、国际化、品牌化、信息化方向，倡导低碳、环保、绿色理念，配合实施国家"一带一路"等重大战略及多双边和区域经贸合作，用好世博会等国际展览平台，逐步构建多元化、宽领域、高层次的境外参展、办展新格局，努力推动我国从展览业大国向展览业强国发展。

2016年6月，国家标准委办公室、商务部办公厅印发《关于加强展览业标准化工作的指导意见》，指出要遵循政府引导、突出重点、市场驱动、注重实效的基本原则；主要任务是要加强展览业标准化体系规划，加大"互联网＋展览业"、产业链融合发展、资源配置及运行等标准化工作力度，强化标准贯彻实施，并大力推动展览业国际标准化。

（二）江西省及各地市相关政策规章

1. 江西省相关政策规章

江西省为进一步提升省内会展业整体水平，促进会展业健康发展，近年来出台了多项政策文件，规范会展行业秩序，如成立江西省会议展览业协会、颁布会展业"十三五"发展规划、实施全省"一城一展一会"活动方案等，逐步吹响了江西会展业发展的集结号，是省内会展业发展进程中的重要一环。

表5.1　江西省内会展业部分政策规章及其主要内容

出台时间	出台部门	政策法规	主要内容
2015年10月	中共江西省委办公厅、江西省人民政府办公厅	《江西省党政机关境内举办展会活动管理实施细则》	党政机关在我国境内举办的各类展览的标准及申报工作
2016年5月	江西省人民政府	《关于促进展览业改革发展的实施意见》	明确江西会展业发展的指导思想、发展方向、基本原则，并在服务、资金、法律和人才等方面给予政策支持
2016年1月	江西省商务厅	《促进江西省展览业改革发展联席会议制度》	确立展览业改革发展联席会议制度，明确职责与定位
2016年8月	江西省商务厅	《江西省会展"十三五"发展规划》	指出江西省会展的优势与短板，并为地市板块五年规划订立目标，对会展经济链提出改建意见
2019年1月	江西省人民政府办公厅	《江西省进一步激发商贸消费潜力促进商贸消费升级三年行动方案》	全面推动商贸消费升级三年行动，力争实现"一年大改观、两年大提升、三年大跨越"
2019年3月	江西省商务厅	《江西省"一城一展一会"活动的实施方案》	引导和促进会展业与当地特色产业的融合发展，发挥会展业对消费的拉动作用，努力实现会展业高质量、高效益和可持续发展

江西全省各地市高度重视会展经济，把会展业作为带动经济增长的重要动力，高度重视对会展业的引领。例如，南昌市出台了《南昌市会展业发展专项资金使用管理办法》《南昌市人民政府关于进一步促进南昌市会展业健康快速发展的实施意见》等相关政策和法律规范文件。

2. 江西省内部分会展政策、规章、规划概要

《江西省人民政府关于促进展览业改革发展的实施意见》（赣府发［2016］23号）由江西省人民政府办公厅于2016年5月颁布，旨在实施全省服务业发展提速三年行动计划，推进全省会展经济发展。《江西省会展业"十三五"发展规划》是为了深入贯彻落实《国务院关于进一步促进展览业改革发展的若干意见》《江西省人民政府关于促进全省展览业改革发展的实施意见》《江西省商务经济发展第十三个五年规划》《江西省服务业发展"十三五"规划》等文件精神，促进江西省会展业在未来五年中快速健康发展，更好地发挥会展业在推动经济社会发展中的功能作用。确定了指导思想，立下了发展原则，指明了发展目标，建立了空间格局，包括打造"一个龙头"，构造"四个板块"；主要任务有构建绿色会展体系、实施精品创建工程、培育会展市场主体、延伸会展产业链条、创新会展新兴业态、拓展国际国内合作、建设智慧会展平台、开展多元立体营销；配套建设涉及三个方面，分别为交通基础设施建设、餐饮住宿设施提升、主题商业街区开发。

《江西省进一步激发商贸消费潜力促进商贸消费升级三年行动方案》由江西省人民政府办公厅于2019年1月颁布，是为贯彻落实党中央、国务院和江西省委、省政府有关促进消费升级的决策部署，进一步激发消费潜力，提升消费水平，增强消费对经济发展的基础性作用，结合江西实际，制定的行动方案。内容主要包括实施"优品"行动、"兴市"行动、"强商"行动、"旺客"行动和"捷运"行动，全面推动商贸消费升级三年行动，力争实现"一年大改观、两年大提升、三年大跨越"。鼓励做大会展经济；重点打造世界绿色发展投资贸易博览会、世界VR产业大会、中国绿色食品博览会、中国景德镇国际陶瓷博览会等江西省举办的4个国家级重大经贸会展活动，提升国际化邀商招展水平，提高江西知名度、吸引力；吸引全国相应行业客商到江西参会参展；大力引进国内外优质品牌展会到江西举办，鼓励全国各地各种商协会、行业组织，围绕江西省产业发展情况和消费热点，开展高品质家电、智能家居、"她经济""童经济"、家具、汽车、酒业等N个全领域全行业展销、展会活动，在全省形成"季季有博览、月月有展销"的会展格局。

《全省"一城一展一会"活动的实施方案》是由江西省商务厅于2019年3月，为贯彻落实省政府关于《江西省进一步激发商贸消费潜力促进商贸消费升级三年行动方案》的决策部署，做大会展经济而制定的实施方案。"一城一展一会"活动是指各设区市、县（市、区）为推动产业发展、拉动消费，结合当地产业实际和消费热点，举办的展

览、展销、会议等一系列活动。通过举办"一城一展一会"活动，推动各地加快会展发展，引导和促进会展业与当地特色产业的融合发展，发挥会展业对消费的拉动作用，努力实现会展业高质量、高效益和可持续发展。要求各市县摸清当地会展业现状，制定2019年展会计划，开展相关展会活动，打造全省优秀品牌。

（三）其他城市政策经验借鉴

北京市人民政府分别于2017年12月和2019年6月颁布《关于进一步促进展览业创新发展的实施意见》《关于促进我市商业会展业高质量发展的若干措施（暂行）》。《关于进一步促进展览业创新发展的实施意见》通过优化空间布局、强化品牌建设、培育市场主体、创新发展模式、提高国际化水平、优化发展环境等举措，深入推进实施京津冀协同发展战略，推动展览业创新发展、转型升级，促进展览业品牌化、专业化、国际化、信息化发展。不断提升现有展会水平，适应展览项目并购的"新常态"趋势，形成以京交会为龙头，以科博会、文博会及各类专业性展会为支撑的服务业领域会展格局，更好地服务于北京"四个中心"建设和北京市国民经济与社会发展。《关于促进我市商业会展业高质量发展的若干措施（暂行）》将促进北京市商业会展业高质量发展，分为重点提升会展品牌影响力、推动品牌展会提质升级、促进会展创新发展三方面。鼓励展览与会议融合，支持关联展会整合，引进境内外国际大型专业展会等，对符合奖励要求的展会主办方给予相应的资金扶持。

上海市人民政府2016年5月出台《关于促进本市展览业改革发展的实施意见》，提出到2020年，基本建成要素集聚、配置合理、制度健全、服务完善、生态优化的展览业促进体系；通过进一步简政放权，理顺管理体制，推进地方立法，鼓励贸促机构、行业协会等单位构建互动平台，以此建设高水平的公共服务体系；打造透明、公平、高效的市场环境，健全财税、金融保险、行业统计等政策扶持体系。着力打造有国际竞争力的展览业集团、扩大展会平台效应等以增强展览业核心竞争力。此外，2017年12月出台《关于加快本市文化创意产业创新发展的若干意见》，强调巩固重大节展活动国际领先地位，对重大节展活动加大投入力度，实施"一会一策、一展一策"，打造重点领域的全球交易平台，为境内外供应商和采购商提供便捷服务，提升对国内外文化资源和要素的配置能力；引进国际顶级文物艺术品展会，鼓励社会力量举办特色艺术节庆活动；鼓励本市展馆通过输出品牌、管理和资本等形式，完善运营机制，加强品牌管理，提高运营效率，发挥国家会展中心辐射带动作用。

南京市会展办、市财政局于2019年8月颁布《关于进一步加快会展业高质量发展的若干政策措施的通知》，指出要采取各类补助实施规定，引导会展企业做大做强并扶持其在宁发展；从展馆、展览、会议三方面入手，加快展馆提升改造、奖励高品质展览项目、鼓励举办国际会议；从全产业链服务水平、会展专业人才培养等会展业相关支撑环境方面提出要求，加快南京市会展业国际化、市场化、专业化发展，围绕主导产业特色与优势，打造南京国际知名会展品牌，全面促进会展业高质量发展。

武汉市人民政府于2019年2月颁布《市人民政府关于促进会展业高质量发展的意见》，指出全力打造和承办重大展会，建立重大展会推介机制，着力形成规范化、可复制的重大展会活动综合服务保障机制；提升品牌展会能级，打造优质展会集群，规划建设一批功能定位明确的专业展馆及相关配套设施，着力形成"1+3+N"会展展馆布局；扶持壮大市场主体，拓展会展平台功能，推动展会与招商引资、论坛、推介会协同发展，以展代会、以会促展；充分发挥会展业对全市经济和社会发展的引领、聚集、辐射作用，推动构建大会展产业体系。

长沙市人民政府于2018年2月出台《长沙市会展业发展三年行动计划（2018—2020年）》，根据三年行动计划，长沙将以"打造中部会展高地，建设国家会展名城"的总体目标，力争到2020年，成为设施一流、服务优质、管理规范、品牌汇集、功能彰显的区域性会展高地和国际国内重要会议目的地城市。未来三年，长沙会展工作将突出发挥高铁新城片区会展主导和引领作用，统筹规划、分步实施，通过品牌培育行动、基础建设行动、强化市场主体建设行动、深化对外交流行动这"四种"行动，完善平台、项目牵引、政策保障，形成会展发展的完整产业链，打造千亿元会展业，叫响"会展湘军"品牌。

西安市财政局、会展办于2018年8月印发《西安市会展业发展专项资金管理办法》，旨在进一步提高会展业发展专项资金使用效益，规范专项资金的使用和管理。从展览和会议两大主体阐述，对资金使用范围、扶持补贴条件和标准、申报、审批和拨付等相关事项作出具体要求，并提出对市内经济社会发展有突出影响和重大贡献的会展活动，实行"一事一议"方式扶持，充分发挥财政的激励和引导作用，更好、更健康发展会展业。

成都市人民政府办公厅于2019年12月印发《关于促进会展产业新经济形态发展的实施意见》，指出要围绕"三城三都"建设，促进"会展+"与文创、旅游、赛事、美食、音乐等发展，构建附加值高、成长性好的成都特色会展原创IP；促进会展制造智慧化，开发"模块化、积木式、个性化"会展智造快捷模式；构建生态化会展体系，支持展馆设施、项目运营、展示设计、展台搭建、仓储物流、垃圾处理等全产业价值链环节创新应用节能环保技术，可重复利用的标准化、模块化会展材料和产品；打造会展新经济生态圈，按照"一干多支，五区协同"[1]发展战略，大力推动会展产业与数字经济、智能经济、绿色经济、创意经济、流量经济和共享经济"六大形态"深度融合；推动会展

---

1 "一干多支"，指做强"一干"成都，发展"多支"，即推动环成都经济圈、川南经济区、川东北经济区、攀西经济区竞相发展，形成四川区域发展多个支点支撑的局面。"五区协同"，指推动成都平原经济区、川南经济区、川东北经济区、攀西经济区、川西北生态示范区协同发展。

运营数字化，采用人脸识别、智能车检、人流检测等数据监控，实现技防、物防、人防三位一体的安全防控体系。

（四）未来政策方向

1. 加强引领布局，特色规划未来

政府要做好顶层设计，进行宏观布局，大力支持会展业发展。通过简政放权、健全制度、构建体系、规范运作、保障权益等方式综合引领，支持会展业创新做大。各地市政府要依托当地产业、资源、文化，打造具有当地特色的龙头展会，培育知名度高、影响力大、服务范围广的品牌展会，加大对重大节展活动投入力度，实施"一会一策、一展一策"，具体节展具体部署，做精做强重点节展。构建多级政府用力、多方主体合力的会展支持格局，形成"百花齐放""亮点突出"的办展格局，培育叫得起、拿得出手的品牌展会。

2. 持续深化改革，吸引社会办展

政府应进一步积极鼓励社会办展，做到宏观调控与微观自主相结合，走政府主导、市场运作、专业办展的道路。践行"专业的事情让专业的人干"的原则，打破政府招展组展模式，从制度层面深化改革，鼓励市场介入，支持专业团队参与。采用公开招投标等方式引进专业公司，面向市场专业化招展招商，厘清政府和市场职能，广开办展门路，激发会展内生动力，充分发挥市场在资源配置中的决定性作用，让政府和市场"两只手"凝聚发展合力。加大政府向社会购买服务的力度，构建起地方政府、市场主体、行业协会等多方共享的大平台。

3. 强化服务设施，提高办展能力

鼓励、支持各地市根据当地办展需求建设专业会展展馆，或合理利用闲置的大型展馆，完善会展业发展所需的交通、住宿、仓储等基础设施。大力推动会展业与数字经济、智能经济、绿色经济、创意经济、流量经济和共享经济"六大形态"深度融合，推动会展运营数字化、智能化，把新技术、新手段融入办展的全过程。通过扶持服务设施的建设和完善，增强接待能力，提高办展能力。

4. 重视人才培养，壮大办展队伍

会展业发展离不开人才的推动和专业团队的建设。目前江西省内共有三所本科院校和两所高职院校开设会展专业，省内专业办展团队较少。要进一步通过政策和资金扶持，增强会展专业和会展方向的教育力量，增设教育点，扩大招生面，为会展业发展提供优质人才，更要积极引进会展专业人才来赣，加快省内会展人才梯队建设。节展活动采用公开招投标的方式引进专业团队，扩大办展需求，引导组建更多专业团队，为会展业发展提供技术和智力支持。要规范专项资金的使用，使专项资金发挥最大效益，设立办展团队奖励机制，充分发挥财政的激励和引导作用，鼓励专业团队和社会办展。

二、产业发展

（一）江西会展产业链

发达的会展业能够依托科技、交通、通信、服务业等产业的综合优势，在市场竞争中抢占先机，实现会展经济与其他经济门类相辅相成，在互动中良性循环。会展产业链将会展的主体方与相关方整合串联起来，从产业链上游、中游、下游三个环节中进行相关资源的组合。江西省会展产业发展势头迅猛，并逐步构建完善的会展产业链。

1. 会展业上游

上游环节涵盖会展项目开发、会展品牌策划、会展活动营销等环节，该角色通常为专业会展公司或会展组织企业，它们掌控的关键资源与技术是会展产业链的核心所在。作为江西省会展产业链的核心环节，会展组织企业为江西会展业提供了可观的效益。目前，共计有南昌尚格展览有限公司、江西万泰市场建设管理有限公司、江西九辰广告策划有限公司、江西亚细亚会议有限公司、江西旅游集团国际会展有限公司5家展览组织企业进入商务部两批展览业重点联系企业名单，为全省开发会展项目、运行会展活动、推广会展品牌等贡献智慧与力量。多数会展组织企业的规模偏小，缺乏大型企业，且以政府办展为主导，市场化特征尚未明显。因此在实际展会运行中，现有会展组织企业暂未具备独立承担大型、国际性的组展布展能力，常常出现主办者与承办者分离的状况。

2. 会展业中游

中游环节指会展项目的具体运作、组织和实施阶段，是连接上游和下游的桥梁，并与会展组织企业相配合，形成了专业化分工。会展展馆企业是中游环节的主要代表，按照主办方的要求具体执行会展设计等会展活动方案，为会展活动提供专业展馆以及相关的运作实施保障，是会展活动开展的重要平台。江西省展馆区域分布基本上与当地经济活力和会展需求相匹配。在商务部两批展览业重点联系企业名单中，江西省有赣州毅德商业运营管理有限公司、瑞昌市立信商业运营管理有限公司、南昌绿地博览中心运营有限公司、九江华汇展览展示有限公司4所会展展馆企业上榜。展馆数量分布以南昌、宜春为重心，而抚州、吉安和萍乡三地展馆数量为零，各区域间中游环节发展质量与实力相距甚远。现有15座展馆中，年利用率保持10%以上的有3座展馆，仅1座展馆超过15%。其中，南昌拥有两座省内大型展馆，垄断性特征日益明显，一定程度上造成失衡的市场竞争局面。

3. 会展业下游

下游环节是指会展活动的支撑行业或支持部门，包括直接或间接为各类会展企业、参展商和观众提供服务的行业或部门，如展台装修、展品运输、物品租赁、贸易中介、金融保险、商务旅游、媒体广告、信息数据等。从产业链的运行来看，下游环节连接会展相关产业和市场，为会展客体提供技术支撑与各种服务，并从整体上决定产业链的价值。江西省会展产业下游环节中参与主体众多，新兴势力强劲，行业支撑坚实，如江西省外贸广告赛维展示有限公司、南昌市朗迪威展览有限公司、南昌翔雁影视文化传播有限公司、江西中锐展创文化发展有限公司等9家商务部展览业重点联系企业，涉及广告、文创、旅游、邮电、物流多个行业与会展进行互动。但会展服务企业呈现小而散的特点，无龙头企业发挥引领作用，供给能力存在短板，在高度适配并衔接上中游环节、会展全产业链的高效运作方面存在一定阻力。

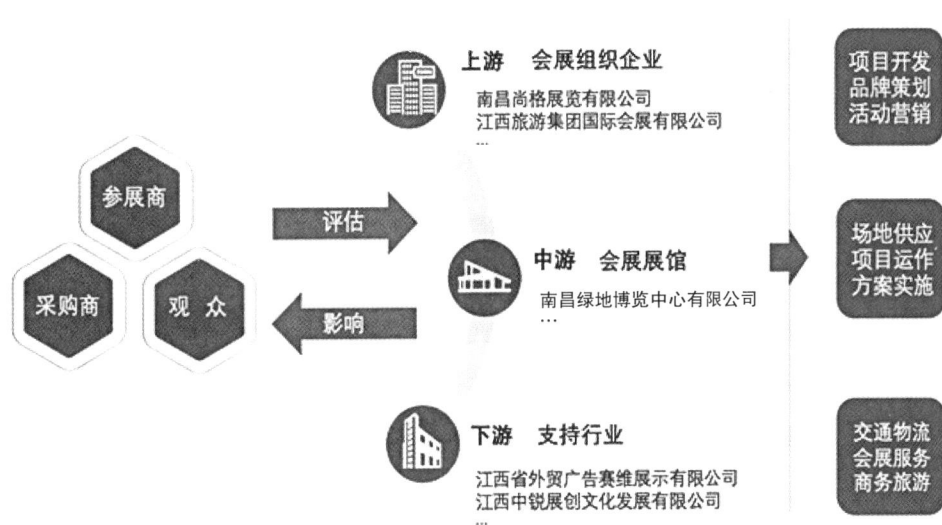

图5.1　会展产业链示意图

（二）会展产业链带动作用

会展产业与相关产业高度关联，会展产业的发展不仅在产业链内部实现关联效应，同时也通过产业链外延间的互动来共促发展。2019年2月，江西省人民政府印发的《江西省"2+6+N"产业高质量跨越式发展行动计划（2019—2023年左右）》（简称《"2+6+N"计划》）提到，要力争产业、集群、企业的高质量跨越式发展，推动重点产业规模迈上新台阶。其中，有色金属、电子信息2个产业主营业务收入迈上万亿元级，装备制造、石化、建材、纺织、食品、汽车6个产业迈上五千亿元级，航空、中医药、移动物联网、半导体照明、虚拟现实（VR）、节能环保等N个产业迈上千亿元级。实施"2+6+N"产业高质量跨越式发展行动，大力实施新兴产业倍增、传统产业优化升级和新经济新动能培育"三大工程"，瞄准优势产业链和新兴产业链，加大力度促进产业链延伸扩张，打造有竞争力的优势产业集群，实现产业链向高端跃升。把握鹰潭信息网络、赣州新型功能材料入选国家首批战略性新兴产业集群的机遇，依托电子信息、建材、农业、航空等产业开展世界VR产业大会、中国国际农产品交易会、中国绿色食品博览会、南昌飞行大会等相关展会，不仅通过产业内部要素配置与产业之间的互动产生了广泛的影响力和经济效益，也增强了江西会展的市场竞争力，充分实现了会展业的延伸效应。

《"2+6+N"计划》指出，要大力培育新兴产业链，重点打造半导体照明、中医药、通用航空、移动物联网、VR、人工智能、节能环保等高成长性、高技术含量的新兴产业链。2020年4月，江西省政府印发《江西省推动物流高质量发展促进形成强大国内市场三年行动计划（2020—2022年）》，在交通运输、物流等产业层面上为会展业提供便利。江西会展业背靠省内重点、优势产业发展，潜移默化地推进着会展产业链的运作与完善。其中，宜春市凭借中医药产业优势，现已举办了50届国家层面的高质量展会——全国药材药品交易会。江西特色农业技术和产品不但成为办展题材，也是会展活动中的各种消费原料，中医药的开发技术与产品不断吸引中外客商投资江西生态农业，促进中医药产业的发展，实现了会展与农业的互动。景德镇市具有独树一帜的陶瓷产业优势，以此为特色主题打造出国家级重大会展活动——中国景德镇国际陶瓷博览会，彰显出江西会展业典型的赣韵文化特性，在促进景德镇文化产业挖掘和保护的基础上，更通过陶瓷文化产业形成、促进和提高会展的档次与品位，实现会展与文化产业的良性互动。因此，江西省会展产业内部以及相关产业之间存在较强的延伸效应与带动作用，市场需求不断影响会展供给，同时将需求传导到上中下游环节，规范着会展产业链的可持续发展。

（三）存在的不足

1. 上游组展企业数量偏少，市场化程度需提升

会展产业链上游环节中，组展企业担当着掌舵者的角色，一定程度上决定着展会的层级与质量。作为产业链上游中的重要角色，省内会展组织企业数量仍远远低于市场需求水平线，仅有6家组展企业进入展览业重点联系企业名单，且多分布于省会南昌市，各区域间发展水平失衡。多数会展组织企业规模偏小、水平尚浅，暂未具备独立承担大型、国际性会展的组展布展能力，进一步限制着江西会展企业的邀商能力。江西省内以政府招展组展为主导，政府与市场之间的职能还需进一步厘清，市场化转型、改革迫在眉睫。

2. 中游大型展馆独占鳌头，竞争环境有待改善

展馆作为中游环节的主要代表企业，与上游会展组织企业、下游会展服务企业互相响应，构成会展专业化分工，进一步推动会展活动的运作。南昌、宜春的展馆数量较多，但抚州、吉安和萍乡三市仍存在展馆空缺状况，各地市间展览场馆发展水平相差较大。一方面，南昌拥有两座大型展馆，展馆垄断性特征突出，一定程度上加剧了市场竞争的失衡，在11个地市中形成绝对领先优势；另一方面，展馆优势直接影响展会的规

模与层级，部分展馆由于所在区域产业发展与自身体量的限制，无法承接大中型展会。

3.下游企业主体力量缺乏，龙头带领作用尚弱

在会展产业链下游环节的运作中，它衔接着会展配套产业与需求市场，贡献会展服务与技术能力，是会展产业链的后备军与价值转换器。一方面，江西省会展服务企业具有"小而散"的特点，下游相关企业或行业的经营活力不够，企业主体力量稍显弱小且零星分布，未形成会展产业集群综合体，会展产业链辐射作用有待增强；另一方面，省内目前暂无UFI会员与认证项目，会展企业品牌化、规模化进程相对落后，龙头会展企业处于空白状态，会展供给能力一定程度上存在短板，契合上中下游环节高效运作的会展产业链相对困难。因此，部分情况下不得不采用省外展务企业以匹配展会层级与质量要求，江西会展效益存在一定的溢出效应。

4.各环节间权责模糊，产业链条亟待完善

江西会展企业仍处于成长阶段，上中下游环节间的信息交互效率与渠道不够顺畅，与会展关联产业的互动效益不够圆满，尚未依据逻辑关系和时空布局，形成上下关联的会展组织结构，会展产业链条仍需不断规范、调整，构建成熟的组展、招展、办展"一条龙"体系任重道远。江西省内部分组展企业不仅从事单一的组展招商活动，同时开展组展招商、展台设计搭建、物流运输等业务，业务运营范围相对庞杂，导致各环节、各主体间的专业化分工特征较弱。

（四）行业未来与发展

1.落地高水平组展单位，引入市场竞争机制

第一，建构政府会展主管部门宏观调控、会展企业自主经营的会展业管理体制，积极引入并推广市场招标竞争机制。江西会展业目前处于快速发展阶段，政府推进是会展业加快发展和竞争力提升的关键和必要之举。不断创造有利于企业快速成长的环境，完善会展基础设施，制定会展发展规划和促进发展的相关政策、法规，着力培育会展精品。第二，政府应鼓励国际、国内知名会展企业入驻江西会展市场，大力引进国内外大型会展企业总部或分支机构落户江西，培育江西本土高水平的会展规模企业。

2.深入推进展馆建设，发挥中游核心作用

着力推进江西展馆深度建设，突出展馆在会展产业链中的核心桥梁作用。一方面，因地制宜地进行展馆建设，扭转当前展馆资源的失衡状态，建设重点由南昌逐步向区域副中心城市宜春和赣州等扩散、倾斜，实现展馆集聚化，以打造会展聚集区，串联共享跨区域会展资源，提升地区会展接待能力；另一方面，推进展馆建设升级换代，实现高质量运营。其余地市要灵活利用南昌"龙头展馆"的强大优势，运用差异化的竞争战略，可瞄准展馆特色设计、商业综合体等战略定位，中小型展馆间做好协作与联合，并逐步升级换代成为大型展馆。

3. 加大投资建设力度，培育龙头引领企业

第一，把握好世界赣商大会的顺势，响应"会展赣军"[1]计划。会展产业链的整合、互动发展需要相应的复合型专业技术人才。借鉴德国、美国等会展业强国的人才培养模式，发挥全球的赣商投资兴业力量，以政府为主导，高校和行业协会配合，加强会展策划师、会展设计师等会展行业核心人才的引培。第二，支持省内企业与国内外知名会展企业合资合作，增强会展企业市场竞争力。采取相应的税收优惠、财政补贴等措施，鼓励省内第一梯队会展企业积极申报加入国际会展组织，实行全球营销策略，培育省内会展龙头企业。

4. 构建产业互动体系，推进会展信息化步伐

针对不完善的会展产业链问题，一方面，着力建构产业链互动机制，融合会展关联产业业务，实现会展产业链联动经营与跨部门的战略重组和资本扩张，组建"会展舰队"，形成市场行为主体，扩张会展企业规模，参与江西会展业的发展与竞争；另一方面，着力打造会展服务一体化网络平台，采用虚拟云平台的模式对江西会展产业链进行资源整合，联合上中下游环节企业，提高会展业定位策划、造势传播、招展招商、设计执行和精准对接五个环节实施效率。鼓励和支持产业链内企业通过合理延伸自身的产业链条来促进企业间的资源共享、信息互通和人才互补等。

三、企业与协会

（一）会展企业

对江西会展业而言，近年来在展馆面积、展会数量、展会规模等方面呈现出强劲的发展势头，但其发展水平与北上广深等会展强市相比，仍然存在较大差距。可见，会展企业的发展水平至关重要，想要追赶这些会展强市，一批极具竞争力的会展公司不可或缺。以下将从发展现状、存在问题及未来发展对策三个方面对江西省会展企业进行分析探究。

1. 发展现状

江西登记注册的会展企业有2 000余家，但会展企业整体规模偏小，微型企业居多，缺乏会展龙头企业引领。按照具体职能划分，主要包括会展展馆企业、会展组展企业、会展搭建企业以及会展服务企业。

1）重点联系企业再创佳绩

2017年商务部公布的第一批337家展览业重点联系企业中，江西共有8家会展企业

1　该计划旨在全球范围内寻找会展赣商和赣籍优秀会展人才，以亲情、乡情、友情为纽带，积极引进赣籍会展业才俊来江西投资兴业，为江西会展业发展贡献才智；通过会展经济的转型升级，促进全省经济社会的高质量发展，目前已取得显著成效。

成功入选。其中以组织会务展览服务为主的会展企业有3家，这3家企业在2019年均举办了1万平方米以上的展览会；以展台设计搭建服务为主的会展企业有2家。此外，南昌翔雁影视文化传播有限公司是以提供展览服务为主的会展企业，赣州毅德商业营运管理有限公司和瑞昌市立信商业运营管理有限公司分别是以提供会展展馆为主和从事与会展业相关的其他经济活动的会展企业。2019年，江西会展企业再创佳绩，在商务部确定的270家第二批展览业重点联系企业中，10家企业成功入选，为江西省会展业的蓬勃发展增添新动能，其中展览组织单位3家、展览展馆2家、展览服务单位5家。

表5.2 江西省展览业重点联系企业名单

序号	单 位 名 称	类 型	备 注
1	南昌翔雁影视文化传播有限公司	展览服务单位	第一批
2	南昌尚格展览有限公司	展览组织单位	第一批
3	江西江南都市报传媒有限公司	展览服务单位	第一批
4	江西万泰市场建设管理有限公司	展览组织单位	第一批
5	江西省外贸广告赛维展示有限公司	展览服务单位	第一批
6	南昌市朗迪威展览有限公司	展览服务单位	第一批
7	赣州毅德商业营运管理有限公司	展览展馆	第一批
8	瑞昌市立信商业运营管理有限公司	展览展馆	第一批
9	南昌绿地博览中心运营有限公司	展览展馆	第二批
10	九江华汇展览展示有限公司	展览展馆	第二批
11	江西九辰广告策划有限公司	展览组织单位	第二批
12	江西亚细亚会议有限公司	展览组织单位	第二批
13	江西旅游集团国际会展有限公司	展览组织单位	第二批
14	南昌建业鑫瑞展览有限公司	展览服务单位	第二批
15	江西中锐展创文化发展有限公司	展览服务单位	第二批
16	南昌点触科技有限公司	展览服务单位	第二批
17	江西赣商展览有限公司	展览服务单位	第二批
18	南昌方向标展示展览服务有限公司	展览服务单位	第二批

2）42家专业会展企业分析

由于江西会展企业大多体量偏小，基数大但专业会展公司数量不多，故仅对重点调研的42家专业会展企业进行分析。从总体来看，被调研企业中开展组展会务展览业务的企业占比较大，但专业组展企业数量较少，且缺少组展龙头企业，与会展强省相比组展力量较为薄弱，大部分组展企业为私营性质，市场化特征较为明显。而提供会展展馆的企业数量相较中部其余省份而言较多，拥有室内可租用面积大于5 000平方米的专业展馆15家，主要集中在南昌、宜春等市，仍未实现专业展馆地市全覆盖，且除南昌外，拥有专业展馆的地市其展馆室内可租用面积均不超过3万平方米。就会展搭建企业而言，其在江西省所有会展企业总数中处于弱势地位，开展展台设计搭建业务的企业仅占会展企业总数的9%，相较于开展组展业务模块的差值较大，这一事实说明江西省在会展搭建企业需求方面存在缺口。另从企业规模来看，江西会展企业整体规模较小，大部分为微小型企业，缺少大型龙头会展企业。这种"头轻脚重"的现实局面使江西省在全国会展产业的竞争中处于劣势，省内仅有的微小型会展企业难以独立承担大型国际展的

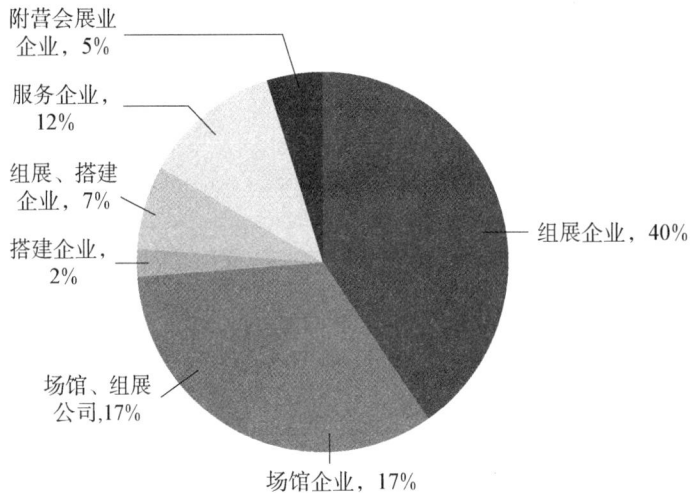

图5.2　2019年江西会展企业涉及业务类型分布（42家）

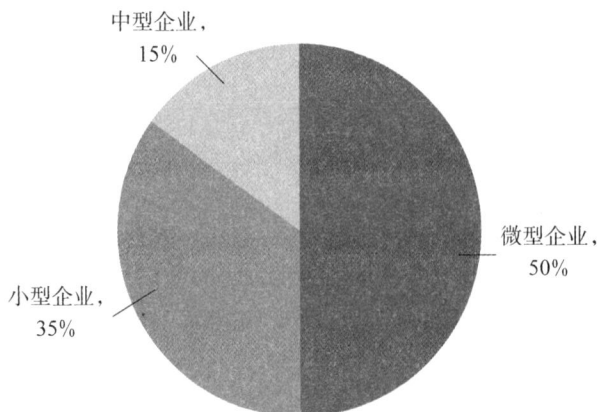

图5.3　2019年江西会展企业规模分布（42家）

组展、办展任务。

2. 存在的问题

随着江西省会展业的蓬勃发展，越来越多的国际性、全国性展会落地南昌，但与会展业飞速发展不相匹配的是江西会展企业的缓慢发展，主要存在以下问题。

1）组展企业招展存在短板

江西虽数次举办大型展会，但大型展会的招展任务都交由北上广深等地的大型组展公司负责，江西本土会展组展公司在大型展会招展方面经验较少、能力略显不足，组展水平提升空间较大。例如，江西举办的2019年世界VR产业大会吸引了215家企业参展，而无锡举办的世界物联网博览会吸引了526家企业参展，长沙举办的国际智能制造博览会吸引了506家企业参展。由此可见，在招展办展方面，江西与其他会展强省之间存在着一定差距。

2）展馆企业办展频次较低

就江西会展展馆企业而言，在办展频次和运营方面普遍存在展馆年利用率较低的问题。例如，南昌绿地国际博览中心作为全省规模最大、地理位置最优、配套设施最全的会展中心，据统计其2019年展馆年利用率仅为11%，低于15%的国际公认标准；高安瓷都商贸运营管理有限公司运营管理的瓷都国际·江西建陶会展中心，由于所承办展会的专业性较强、地理位置优势不足、配套设施较为缺失等，其2019年展馆年利用率仅为1%。

3）搭建企业专业能力欠佳

江西登记注册的会展搭建企业数量较少且规模不大，缺少大型专业会展搭建企业，多数是从广告、旅行社、公关咨询公司转型而来，专业性明显不足，缺乏协助组展企业运作全国性及国际性展会的能力，会展从业人员素质参差不齐且流动性大，尚未形成成熟的与项目策划、布展设计、设备租赁等相配套的专业队伍。综合来看，江西省会展搭建企业主体能力略显单薄，存在较大发展提升空间。

4）龙头会展企业仍待培育

江西办展主体单位规模较小，UFI会员与认证项目空白，会展企业品牌化、规模化进程较为缓慢，领头会展企业处于空缺状态。2019年，中国UFI会员数量达到120家，就中部地区而言，河南郑州有2家公司，分别为励展宏达（河南）有限公司和郑州国际会议展览中心（会展中心）；湖北武汉有1家，为湖北浩博塔苏斯成都分公司。

3. 未来发展策略

江西建设成为会展强省的必要条件除了品牌展的培育外，会展企业的经营发展能否满足江西会展业发展的强劲势头也占重要一环。会展企业的服务水平与江西会展业发展前景息息相关，针对会展企业目前存在的问题，提出相应的未来发展策略。

1）提高会展企业服务水平以维系参展商应邀率

会展企业全面提高服务水平为参展商提供优质的产品和服务，增加参展商的满意度及忠诚度，维系好参展商的应邀率是实现江西会展业又好又快发展的必要条件。首先，会展企业要善于捕捉、分析参展商的偏好，全面而深入地了解参展商的参展需求、产品定位、寻求合作的贸易方式及目标顾客情况，做好有针对性的服务。其次，积极响应参展商的需求，主动提供个性化服务。根据所了解的参展商的具体需求，组展企业才能对展会进行科学定位，有针对性地组织专业观众，在会展现场提供一系列高效服务，最终提升参展商与专业观众的数量及质量。

2）打造会展服务一体化平台，提升各方对接效率

应着力打造会展服务一体化平台，联合上中下游环节企业，加强会展组展企业、会展展馆企业、会展搭建企业之间的联系，减少信息传播过程中的效益折损，提高会展业定位策划、造势传播、招展招商、设计执行和精准对接五个环节实施效率。此外，还应鼓励规模较小的单环节会展企业之间加强合作，建立小规模会展企业联盟，增强小规模企业竞争力，不断促使其全方位、全过程发展，提升组会、展馆、搭建等各环节的对接效率。

3）借力国内外领头企业培育江西会展龙头企业

优秀的展览公司能提供更高质量的服务。政府应该鼓励国际知名展览集团进入江西会展市场，大力引进国内外大型会展企业总部或分支机构落户江西，支持省内会展企业与励展博览集团、博闻集团、振威展览集团以及博华国际展览公司等国内外知名会展企业建立合资或合作关系，不断增强市场竞争力。鼓励本地会展企业吸引国内外会展公司参股和投资，培育规模化的会展公司，采取一些优惠措施，如税收优惠、展会财政补贴等，提高江西会展招展实力。另外，支持省内成熟会展企业加入国际会展组织，开展国际营销战略，力争更多会展企业加入国际展览联盟（UFI）、美国国际展览协会（IAEM）、英国展业联合会（EIF）等知名国际会展专业组织，支持会展企业努力获取ISO国际质量体系认证，提升国际竞争力。

4）以骨干企业引培一批"专精特新"企业

数据表明，目前江西多数会展企业处于中小规模，对于资金、行业资源、专业人才有非常迫切的需求。要持续推进国投公司按照国际化、专业化的要求经营运作，不断提升综合竞争力。加大鼓励、支持中小型会展企业通过收购、兼并、联合、参股、控股等方式，进行跨地区、跨部门的战略重组。推动省内组建大型展览集团，不断提升专业化运作水平。引导中小型会展企业利用多层次资本市场整合优质资源，加快向专业化、品牌化方向发展，在展览策划、工程设计、展品物流、广告宣传及会务接待等会展服务各个环节，对标国际会展标杆企业，引入新经营理念、新管理方法、新行业技术、新商业模式和新盈利模式等，培育一批"专精特新"企业。

（二）行业协会

江西省会议展览业协会（简称协会）成立于2016年11月26日，由江西省内从事会

议、展览及相关节事活动的企事业单位、社会团体以及个人自愿组成，为从事行业服务和自律管理的跨部门、跨所有制的非营利性社会组织。作为行业性的"中间组织"，江西省会议展览业协会在制定行业规范、协调会展行业行为、维护办展秩序、促进和提高会展业整体发展水平等方面发挥着重要作用。

1. 协会在行业发展中的作用

1）事务协调和处理

协会作为政府和行业企业之间沟通的桥梁，一是协助省、市各级商务主管部门推进、实施《江西省会展业发展十三五发展规划》以及相关行业条例；二是引导符合条件的企业做好商务部展览业重点联系企业（单位）推荐申报工作，在优惠政策上给予倾斜，支持企业做大做强，推动展览业转型升级；三是牵头起草《江西省展览展示工程企业资质等级评定规范》《展览展示设计企业资质等级评定规范》，制定会展行业地方标准；四是成立江西省展览展示工程企业资质等级评定委员会办公室，开展江西省展览展示工程企业资质等级评定工作；五是通过召开各类型专门会议和走访会员企业，加强与会员单位的联谊和沟通，收集会员的需求和建议，解决协会工作遇到的实际问题，更好地为会员服务。

2）信息统计和分析

协会通过会展活动举办时间、地点、规模的统计，以及相关数据和指标的采集、统计工作，掌握全省近年来所有会展活动的举办情况。大部分数据经过处理加工，结合其他相关统计结果，一并作为江西省商务厅等部门和机构发布行业资讯、调整产业政策和制定发展规划的重要参考。

3）对外宣传和推介

一是建立了"江西会展之窗"、"江西省会展业公共服务平台"（www.mice-jx.org）行业网站及微信公众号平台，统一进行江西会展环境、政策、品牌展会的国际国内推广，提升江西省会议展览行业的知名度和吸引力，实现信息资源共享；二是编辑出版《江西会展》会刊（内部发行），为政府各部门决策提供参考；三是在"江西会展业公共服务平台"网站上开辟窗口，每季度一份电子行业简报，推进行业信息服务电子化；四是多次组织行业企业赴省外举办相关江西会展推介活动，介绍江西会展政策，推介江西会展项目，提升江西会展影响力。

4）合作交流与联络

一是组织企业外出考察，举办相关行业交流活动。2017—2019年，协会共组织对外、对内行业交流活动40余场。参加活动的会员企业累计达67家，一系列交流活动，树立了江西会展品牌，拓宽了企业合作发展空间；二是逐步扩大城市会展合作交流圈，举办2018泛珠城市会展发展论坛。2018年11月，泛珠城市会展发展论坛在南昌成功举办，正值改革开放40周年之际，论坛以"改革开放再出发，共创会展新未来"为主题，南昌市人民政府和省直有关部门负责同志，港澳、泛珠三角城市会展联盟协会代表，江西会展企业、会展院校代表近300人参加此次论坛。论坛的成功举办，推动了泛珠三角城市的会展合作与交流。

5）人才储备与培养

一是建立"江西首批会展行业专家智库"，构建跨界智慧平台。2018年1月，江西省商务厅主导建立了江西省会展行业专家智库。首批会展行业智库专家共20人，其中省外专家11人、省内专家9人。依托资深的专家学者队伍，江西省会展行业专家智库成为推动行业可持续发展的智慧动力和中坚力量。二是协助省商务厅开办多期江西省会展业务培训班，邀请国内会展行业著名专家、知名企业家等就会展政策、绿色展装、展会数字化、人才培养、产业创兴等诸多方面进行培训，提升会展行业从业人员的专业知识和素养。三是配合江西省商务厅，连续两届协助承办"全国大学生绿色会展创新创意挑战赛"。通过大赛推进人才培养与会展业的融合发展，以赛促学、以赛促练，为江西会展业发展储备人才，推动会展人才培养。

2. 协会发展过程中存在的问题

1）权责模糊，工作开展受限

江西省会议展览业协会名义上是由行业企业自下而上为维护共同利益而自发组建并取得社团法人资格的民办协会，但由于受传统体制和认识的惯性影响，协会权利与职责的区分和界定出现混淆，治理结构和管理制度在一定程度上处于"虚化"状态。首先，现有机制体制制约着行业协会功能的完整实现，无法真正开展行业企业资质认证与评估、完善市场准入机制、促进行业又好又快发展等工作。其次，在政策制定、发展战略筹划等关键问题上存在思维定式，难以反映行业会员的利益并为会员提供应有的服务。最后，信息报送、关系协调和工作联络三项工作几乎构成了协会工作的全部内容，缺乏真正的服务意识、完善的服务措施以及具体的服务标准，导致协会影响力低。

2）造血功能不足，缺少持续驱动

协会自身面临人财物的资源短缺，对履行社会责任带来不利影响。单一的经费来源导致协会业务范围受到限制。协会是会展企业组织的再生组织，其次生性决定了它必须依附于会员企业，经济来源有限。同时，"专业人才缺乏"也是影响协会发展的主要障碍之一。一方面，由于行业协会工作人员职业声望和社会地位不高，从业人员普遍感到缺乏职业保障，发展空间不足，"老人"有近忧，"新人"有远虑；另一方面，行业协会商会的薪酬待遇不高，对年轻的高学历人才缺乏足够的吸引力。目前协会自立能力较差，没有稳定的造血机制，严重阻碍了其开展工作和发展。由于缺乏激励机制，难以留住大量专业的优秀人才，工作人员的责任意识和能力培养有待强化，协会发展后劲不足。

3）会员数量少，行业代表性不强

从目前情况来看，江西会展企业有2 000余家，而协会拥有的会员为93家（会长单位1家、名誉会长单位1家、副会长单位13家、常务理事单位6家、会员单位72家），总占比不到5%，而且拥有的会员企业类型也不够全面，难以代表整个行业的利益，很难形成行业自律、全行业联动的局面。协会地位和作用的社会认知度总体上还不高，客观上存在着"政府不放心、企业不信任、公众不了解"的情况。会展行业协会提供的行业信息和服务要具有一定的科学性和权威性，能代表一定的水平和档次。如国际展览联盟（UFI）、美国展览管理协会（IAEM）、新加坡会议展览协会（SACEOS）和香港展览会议协会（HKECOSA）发布的相关会展统计数据，以及对某一会展的评估就被世界会展行业广泛认可，这样会展行业协会的作用自然也被认可。但目前，江西省会议展览业协会还达不到这一要求。

3. 协会进一步发展的策略

1）明确自身功能定位

协会要发展，首先要明确自己是服务型而不是权利型组织。协会服务的第一对象是会展企业，为加入协会的企业提供周到的服务，这是会展协会应履行的职责，也是协会存在的前提和发展基础。要切实地帮助会展企业解决一些实际问题，提供全面的行业信息和服务，包括法律援助、教育培训、调解纠纷、对外交流、协调产品（服务）价格或产量、企业的规划与发展环境、信誉共享等。再者要处理好协会与政府的关系。加强协会自身能力和水平建设，促进政府职能良性转变，力求建立协会与政府部门的新型合作关系——"双向服务"关系，按照"政府宏观调控—行业协会发挥作用—企业微观管理"的市场经济构架建设要求，促进政府部门主动退出直接管理企业的领域，勇于承担适合自身开展的职能。

2）建立准入、退出机制

加快行业协会立法的进程。建立健全行业协会准入、退出机制，明确行业协会的性质、职能、权益，规范行业协会的行为等。同时，协会设定的入会标准，应当对不同区域、部门、所有制、经营规模的企业或其他经济组织平等对待，保障其平等权利。另外，要把发展新会员作为一项重点工作，并制订切实可行的计划和目标。协会一方面要加强自我宣传，宣传行业组织的职责和作用；另一方面，通过与企业进行全面深入的沟通和交流，使企业进一步了解行业协会。

3）增加自身造血机制

充分的经费保障是解决协会生存问题的关键。充分发挥会员、理事、会长单位的作用，通过承接政府委托的职能和项目，争取财政资金的支持；通过积极深入开展社会服务，如认证、培训、考试等获取收入；通过募集社会资金，获取社会捐赠；通过提高对会员的吸引力，获取会费收入；通过创办经济实体、承接展会博览会等项目，实现市场化运营；部分项目可以采用市场化运作方式，公开招标、服务外包。总之，要通过有效途径，增加协会自身造血机制，发挥各方积极性，更好地为行业和企业服务。

4）建立健全统计体系

建立展馆统计指标体系，提高统计指标的科学性，完善展馆指标的细分和统计采样的准确性。完善统计采样操作规程，提高现场采样人员的专业技能，提高数据准确率。加强统计结果应用，定期发布行业发展报告，协助主管部门开展行业管理监测，指导地市开展招展引会、招展引商等工作，引导会展企业明确发展定位、拓展发展空间。

5）提高信息化服务能力

协会网站的规范化、标准化建设应围绕协会的行业代表、行业服务、行业管理、行业协调等基本职能，并以此为出发点进行分解、细化，提供相关具体内容和信息。通过比较已有的会展行业协会网站可以发现，上海会展行业协会的官方网站内容全面、信息量大且更新及时，语言方面中英并用，可以作为协会网站建设的参考。

四、专业展馆[1]

参照国际展览协会（UFI）对展览展馆市场统计的标准，将2019年江西省室内可租用面积大于5 000平方米的展览馆定义为专业展馆。据此对全省11个地市的展览馆进行统计调查，符合要求的有15个，室内可租用总面积达495 340平方米。在对展览会数量进行统计时，对同一组展单位、同一时间、同一地点举办的多个近似展会且未发布相互独立展览数据的执行合并统计。

（一）发展概况

1. 规模与区域分布

1）规模分布

区域经济发展的多元化催生出区域内会展经济多元化发展的需求。2019年江西省展览馆的数量与面积均保持增势。据统计，2019年江西省专业展馆数量达到15个，与2017年相比增加5个，增幅达50%；室内可租用总面积为495 340平方米，与2017相比增加185 340平方米，增幅约为61%，体现出新经济形势下，全省展馆总供应量持续增长的趋势。[2]

参照我国展馆规模层级划分标准，将上述15个专业展览馆分别按照室内可租用展览面积划分为四个规模层级，如表5.3所示，分别为大型展馆（10万平方米以上）、中型展馆（5万～10万平方米）、小型展馆（1万～5万平方米）和微型展馆（1万平方米以下）。2019年江西省专业展馆以小型展馆为主，共12个，总占比80%，大型专业展馆

1　2019年展馆数据和资料来自企业上交材料和企业官网。
2　数据来自《2017年江西省会展业发展报告》。

有南昌绿地国际博览中心和江西国际汽车会展中心2个。展馆规模在地区分布上来看，大型专业展馆只分布在南昌，中型展馆全省空缺，其他地市只有小型和微型展馆。

表5.3　展馆规模层级分类

规模层级（万平方米）	城　市	展　馆　名　称	室内可租用展览面积（平方米）
大型＞10	南　昌	南昌绿地国际博览中心	140 000
	南　昌	江西国际汽车会展中心	130 000
小型1～5	南　昌	中国（安义）建材门窗博览中心	38 000
	景德镇	景德镇国际会展中心	30 000
	上　饶	广丰木雕城会展中心	25 000
	宜　春	岐黄小镇会展中心	20 000
	赣　州	南康品牌家居会展中心	17 000
	新　余	新余市会展中心	16 000
	宜　春	瓷都国际·江西建陶会展中心	15 000
	九　江	九江国际会展中心	14 000
	赣　州	毅德城·赣州国际会展中心	12 000
	南　昌	江西省展览中心	10 340
	南　昌	中部（安义）铝材城会展中心	10 000
	鹰　潭	鹰潭国际眼镜城展览中心	10 000
微型＜1	宜　春	宜春南氏国际商贸城会展中心	8 000

2）区域分布

2019年江西省专业展览展馆在区域分布上呈现出不均衡的特点。南昌的展馆建设数量在全省领先，拥有5个专业展馆，这与其作为省会城市的会展需求相符合。宜春和赣州紧随其后，分别拥有3个和2个专业会展展馆。而抚州、吉安和萍乡三地专业展馆数量空白，一定程度上制约了当地会展经济的发展。

表5.4　展馆数量区域分布

地区/市	展馆数量（个）
南　昌	5
宜　春	3

（续表）

地区/市	展馆数量（个）
赣 州	2
九 江	1
景德镇	1
上 饶	1
鹰 潭	1
新 余	1

2.市场与运营情况

展馆建设反映各地展览基础设施的供应水平，而专业展览场地举办经贸类展览会的数量与规模（面积）则直接反映出展馆建设对当地展览经济的促进与支撑作用。本节将统计全省展馆举办经贸类展览会的数量和面积，对各地展馆运营现状作对比分析。同时也应注意到，随着会展经济的发展，部分展馆会开展其他非展览类活动作为展览场馆运营的重要补充，如举办会议、庆典、发布会，或者是演唱会、运动会等其他大型文体活动，提高展馆运营效率。由于以上非展览活动占比较小，也无法与其他主营展览业务的展馆进行对比分析，因此暂不涉及该部分内容。

1）展览会数量

2019年江西在专业展馆内共举办101场展览会，[1]占全省展览数量的66.4%。南昌绿地国际博览中心2019年共举办43场展览会，位居全省第一，占总比42.6%。毅德城·赣州国际会展中心共举办10场展览会，占总比9.9%。

表5.5　2019年展馆办展数量一览表

展 馆 名 称	城 市	办展数量（个）	占比（%）
南昌绿地国际博览中心	南 昌	43	42.6
毅德城·赣州国际会展中心	赣 州	10	9.9
江西省展览中心	南 昌	8	7.9
九江国际会展中心	九 江	8	7.9
景德镇国际会展中心	景德镇	7	6.9

1　第六届江西（安义）铝型材及门窗博览会在中国（安义）建材门窗博览中心和中部（安义）铝材城会展中心同时举办，总展览会场次将其算作1场。

展　馆　名　称	城　　市	办展数量（个）	占比（%）
宜春南氏国际商贸城会展中心	宜　春	7	6.9
鹰潭国际眼镜城展览中心	鹰　潭	5	5.0
新余市会展中心	新　余	5	5.0
广丰木雕城会展中心	上　饶	2	2.0
瓷都国际·江西建陶会展中心	宜　春	2	2.0
南康品牌家居会展中心	赣　州	1	1.0
中国（安义）建材门窗博览中心	南　昌	1	1.0
中部（安义）铝材城会展中心	南　昌	1	1.0
岐黄小镇会展中心	宜　春	1	1.0
江西国际汽车会展中心	南　昌	1	1.0

　　2019年江西只有南昌绿地国际博览中心1个展馆举办了40个以上展览会；全省暂无举办20～40个展览会区间的展馆，出现断层；绝大部分展馆举办展览会的数量都在10个以内。由于所在地域产业发展的限制，一些展馆只能承接内容单一的展会，且仍有少数展馆受自身体量的限制，无法承接大中型展会。

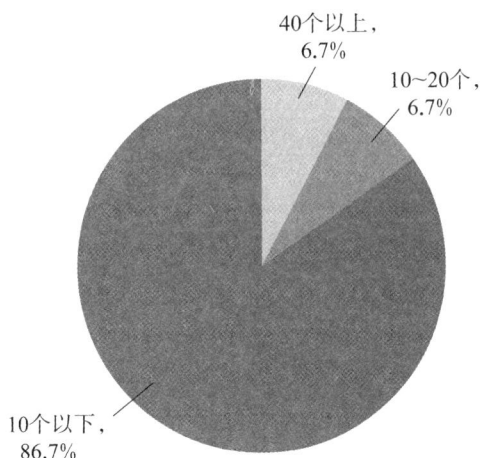

图5.4　2019年江西展馆经营分布（展览会数量）

2）展览会面积

　　展览活动规模构成展览总面积，展览总面积是指展览组织单位租赁展览展馆室内及室外并实际用于展览活动的所有场地面积，不含单独租赁的会议室、办公区、仓储区的面积。

展览活动规模是衡量展览活动影响力的重要指标。2019年江西在专业展馆内累计举办展览面积为1 785 540平方米，占全省展览面积的48.8%。从各个展览馆举办的展览会总面积看，2019年江西展览馆市场呈现一家独大的竞争态势，且各个细分市场内竞争日趋加剧。

表5.6　2019年展馆举办展览面积一览表

展 馆 名 称	城　市	展览面积（平方米）	占比（%）
南昌绿地国际博览中心	南　昌	1 030 000	44.7
毅德城·赣州国际会展中心	赣　州	152 500	6.6
江西国际汽车会展中心	南　昌	100 000	4.3
江西省展览中心	南　昌	84 040	3.6
景德镇国际会展中心	景德镇	78 000	3.4
九江国际会展中心	九　江	73 000	3.2
新余市会展中心	新　余	60 000	2.6
宜春南氏国际商贸城会展中心	宜　春	40 000	1.7
鹰潭国际眼镜城展览中心	鹰　潭	30 000	1.3
瓷都国际·江西建陶会展中心	宜　春	30 000	1.3
岐黄小镇会展中心	宜　春	30 000	1.3
中国（安义）建材门窗博览中心	南　昌	26 000	1.1
广丰木雕城会展中心	上　饶	25 000	1.1
南康品牌家居会展中心	赣　州	20 000	0.9
中部（安义）铝材城会展中心	南　昌	7 000	0.3

2019年江西只有南昌绿地国际博览中心1个展馆展览面积在100万平方米以上，以高出第二近6倍的体量位于金字塔顶端，形成绝对领先优势。第二梯队竞争加剧，有2个展馆的展览面积在10万～20万平方米之间，约占总比13%。大部分展馆的展览面积在第三梯队10万平方米以下。

3）年利用率[1]

"年利用率"通常用来描述展览馆的经营概况，展馆年利用率计算公式：

$$展馆年利用率 = \frac{\sum（各次展览租用面积 \times 租用天数）}{展览馆可供展览面积 \times 365}$$

1　本书只对各展览馆举办的经贸类展览会进行汇总统计，因此汇总统计的"年利用率"不包括各展览馆举办的各类人才招聘会、展销会、书画展、庆典活动、文体活动等其他类型展览与非展览社会活动，因而下文的"年利用率"并不等同于各展览馆实际经营情况，而只是以经贸类展览会的视角定性分析各展览馆展览会分布密度。特此说明。

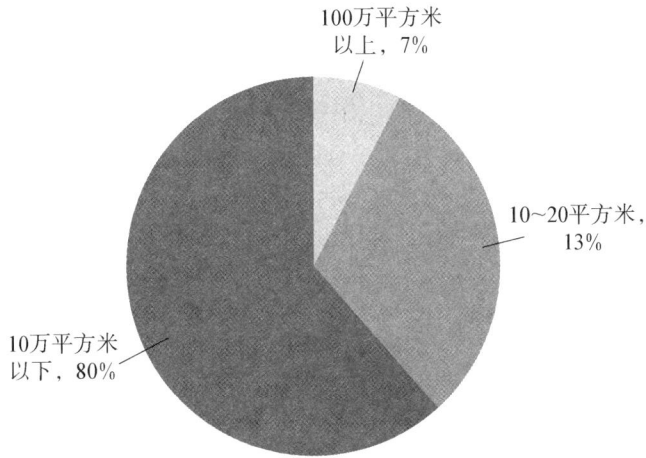

图5.5　2019年江西展馆经营分布（展览会面积）

表5.7　2019年展馆年利用率一览表

展　馆　名　称	城　　市	年利用率（%）
江西省展览中心	南　昌	18
九江国际会展中心	九　江	14
南昌绿地国际博览中心	南　昌	11
鹰潭国际眼镜城展览中心	鹰　潭	9
景德镇国际会展中心	景德镇	9
毅德城·赣州国际会展中心	赣　州	9
新余市会展中心	新　余	7
南康品牌家居会展中心	赣　州	6
宜春南氏国际商贸城会展中心	宜　春	2
瓷都国际·江西建陶会展中心	宜　春	2
江西国际汽车会展中心	南　昌	1
中国（安义）建材门窗博览中心	南　昌	1
中部（安义）铝材城会展中心	南　昌	1
广丰木雕城会展中心	上　饶	1
岐黄小镇会展中心	宜　春	1

　　2019年江西省展览中心年利用率居全省第一，达18%；九江国际会展中心以14%的年利用率位居第二；南昌绿地国际博览中心以11%的年利用率位居第三。会展展馆

的年利用率直接决定展馆的收益，也决定着展馆的生存与发展。总体来说，2019年江西省展馆年利用率普遍处于较低水平，平均年利用率只有6%，造成了资源的浪费。这不仅制约了全省会展经济的发展步伐，也阻碍了会展相关产业的繁荣。

3. 主要展览馆介绍

1）南昌绿地国际博览中心

南昌绿地国际博览中心位于南昌市红谷滩新区九龙湖新城，2014年3月启动建设，2016年11月22日正式投入运营。总建筑面积近45万平方米，其中30万平方米的会展中心拥有14万平方米的室内展厅，可承接世界级大型展会；5万平方米的会议中心可同时容纳5 000人举行大型国际会议；拥有400余间客房的五星级酒店，是我国中部地区规模大、功能全、规格高，集会议、展览、酒店、商业、写字楼等多元业态于一体的国际综合会展中心，并已通过美国"绿色建筑LEED银级认证"及"国家绿色三星建筑认证"。南昌绿地国际博览中心由世界500强企业绿地集团投资建设。

2019年南昌绿地国际博览中心共举办43场展览会，累计展览面积为1 030 000平方米，均居全省第一，展馆年利用率达11%，先后举办了第二届世界VR产业大会、第十七届中国国际农产品交易会、第十二届中国绿色食品博览会等有影响力的大型展览会。

图5.6　南昌绿地国际博览中心

2）江西省展览中心

江西省展览中心位于南昌市中心——八一广场，交通便利，始建于1968年，1992年由原省展览馆、省农业展览馆、省工业展览馆三馆合并组建成立，总建筑面积3.8万平方米，中心现有展厅10 000平方米，外展场地5 000平方米，设有接待室、签约厅和新闻发布中心。现隶属于江西省出版集团公司，是江西省政治、经济、文化的重要展示窗口，先后举办"中国红色旅游产品推介会""中国绿色无公害食品博览会""建国60周年江西成就展""中央苏区革命传统主题展览""鄱阳湖档案图片展"等多场政府大型展会，为推动江西的经济建设与精神文明建设作出了积极贡献。

2019年江西省展览中心共举办8场展览会，居全省第三，全年累计展览面积为84 040平方米，位于全省第四，展馆年利用率达18%，在省内处于领先地位。其先后举办了"春风行动"名企巡回大型综合招聘会、第九届中国南昌国际孕婴童博览会和江西文化巡礼展等大型展览会。

图5.7　江西省展览中心

3）江西国际汽车会展中心

江西国际汽车会展中心作为中部新崛起的标杆型汽车服务园区，是江西省重大重点项目。会展中心位于南昌小蓝汽车城富山五路168号，项目紧邻南外环高速和迎宾大道，为泛珠江三角洲、长江三角洲、闽东南三角区经济辐射的结合点。会展中心作为新车、平行进口车、豪华进口车、房车销售及展示中心，引进了众多国内外知名汽车房车品牌及服务商，致力于打造南昌高级别的汽车展销中心。它的成功开业势将带动江西旅游、生态、文化产业的发展，激活整个汽车房车市场的活力，推动江西乃至中部地区经济的发展。

江西国际汽车会展中心于2019年下半年投入使用，共举办首届中部（南昌）国际

图5.8　江西国际汽车会展中心

汽车房车露营旅游博览会1场展览会，累计展览面积为100 000平方米，展馆年利用率为1%。除了汽车行业，江西国际汽车会展中心也将积极拓展展会举办题材，实现互利共赢的新局面。

4）中部（安义）铝材城会展中心

中部（安义）铝材城会展中心于2017年12月27日开馆，位于中部（安义）铝材城项目内，由香港宏润集团开发运营。中部（安义）铝材城项目总建筑面积20万平方米，总投资约8亿元。该项目由体验式展示中心、会展中心、批发交易中心、电商中心、仓

图5.9　中部（安义）铝材城会展中心

储物流中心、商业配套六大板块构成,经营范围涉及型材、不锈钢、型材原辅材料、型材加工设备、家居建材等,集行业会展、电商平台、批发零售、仓储物流、金融服务等。中部(安义)铝材城会展中心建筑面积1万平方米,内部设有8部扶梯、1部货梯和自动消防喷淋系统,硬件和设施配套齐全,是安义第一个专业的会展中心。安义的铝型材产业正在经历转型与升级,中部(安义)铝材城会展中心的落成,极大推动安义铝型材产业的发展。

2019年中部(安义)铝材城会展中心共举办第六届江西(安义)铝型材及门窗博览会1场展览会,展会期间利用了7 000平方米的室内展览面积。

5)景德镇国际会展中心

景德镇国际会展中心坐落在景德镇市西北方向,位于景德镇市赣东北物流园区(原景西罗家滩高速路口),距市区有7公里,距九景高速出入口2公里。景德镇会展中心自成立以来一直都是中国景德镇国际陶瓷博览会的举办场地,由景德镇市国信南强会展有限公司运营管理。会展中心总建筑面积7万平方米,由A、B、C三个展馆组成,设有一个可容纳500人左右会议需求的会议室、一个能停放400辆小型车辆的地下停车场。在展馆南面配有餐厅、陶瓷烧制坊、制陶室和拉坯凉坯房4栋附属建筑物。

2019年景德镇国际会展中心共举办了第16届中国景德镇国际陶瓷博览会、中国(景德镇)国际茶器产业博览会等7场展览会,累计展览面积达78 000平方米,展馆年利用率达9%。

图5.10 景德镇国际会展中心

6)毅德城·赣州国际会展中心

毅德城·赣州国际会展中心位于赣州市赣州开发区,紧邻赣州综合商贸物流园,于2014年10月投入运营,该会展中心室内建筑面积共计16 534平方米,可搭建标准展位560个,另建设23 000平方米的室外展场。展馆内设前后展厅、多功能厅、会议室、休息室等功能区,配备中央空调、现代消防系统、电话、宽带、供水供电设备等基础配套设施，并配备停车场。它是赣州承载能力较强、设施设备较为完善、建设较为现代化的会展平台，填补了赣州专业综合性室内会展场馆的空白。毅德城·赣州国际会展中心还联手《赣南日报》、赣州电视台全面合作会展中心的展会筹划、筹备、推广等。

2019年毅德城·赣州国际会展中心先后共举办了新中国工业档案文献展、第九届江西·南康智能木工机械及家具辅料博览会、第十三届惠民团车节等10场展览会，全年累计展览面积为152 500平方米，展馆年利用率达9%。

图5.11　毅德城·赣州国际会展中心

7）岐黄小镇会展中心

中国药都·樟树岐黄小镇项目位于樟树市阁山镇西侧，北靠葛玄路，南邻现代农业两区。阁山镇为江西省首批百强中心镇，离樟树市区约12公里，是樟帮的发源地。"樟树岐黄小镇"是振兴中国药都工程中的重大重点建设项目。岐黄小镇会展中心2019年正式投入使用，建筑面积约为46 000平方米，是樟树市每年举办全国药材药品交易会的场所，成为宣传中国药都樟树、扩大医药招商引资的重要平台。

2019年岐黄小镇会展中心共举办1场展览会，展览面积为30 000平方米。由于其是今年下半年才落成的新展馆，目前仅举办了第50届全国药材药品交易会一场展会活动，所以展馆年利用率仅有1%。

图5.12　岐黄小镇会展中心

8）南康品牌家具会展中心

南康品牌家具会展中心选址于赣州向南，南康向北发展的中心——龙岭，是南康千亿家具产业的核心区。项目位于105国道和绕城高速的交汇处，地理位置十分优越，是客商入康首先看到的地标建筑。会展中心是南康首个集会展、批发、零售于一体的高端家具卖场，投资35亿元，建筑面积17万方，共有5层，其中地下一层是停车场，有1 500多个停车位，满足采购商和入驻商家的停车需求。首层、一层充分利用了105国道和48米机场快速干道的落差，是双首层设计，让商铺的价值最大化。三层作为每年家具产业博览会的会展平台，吸引广大客商来会展中心，带动销售。周边家具上下游产业配套齐全，有赣州港、五千亩家具产业园、鱼珠木材城、板材城、中部物流园、南康物流枢纽中心、赣南汽车城。全业态的优势辐射到整个东南亚，引领南康家具产业发展。

2019年南康品牌家具会展中心共举办中国（赣州）第六届家居产业博览会1场展

图5.13　南康品牌家具会展中心

会，由于其利用了室外场地，累计展览面积达20 000平方米，展馆年利用率6%。

9）九江国际会展中心

九江国际会展中心位于江西省九江经济开发区，是九江国际汽车城主体建筑，于2012年投入运营。室内展览面积14 000平方米，室外展览面积11 000平方米。通讯、网络设施全面到位，水、电、电梯、照明、中央空调、餐饮配套齐全。会展中心周边云集了近30个品牌的汽车4S店，20多个品牌的3S店及众多货车经销商，是九江重要的汽车贸易聚集地。

2019年九江国际会展中心共举办8场展览会，全年累计展览面积为73 000平方米，展馆年利用率达14%，相继举办了第六届家装建材文化节、2019年九江首届孕婴童博览会和2019九江特色产品展览展示会等活动。

图5.14　九江国际会展中心

10）瓷都国际·江西建陶会展中心

瓷都国际·江西建陶会展中心位于华中地区核心地域，东北方向连"昌九"（昌九工业走廊），东南方向接"京九"（京九铁路），立体化交通网络发达，依托高安，作为全国汽运业四强县市之一的强大物流平台，实现产业链间的无痕相接。截至2019年，瓷都国际·江西建陶会展中心已成功举办了5届高安陶瓷采购节，邀请南昌、长沙、合肥、南京、武汉等知名卖场的品牌企业和批发商进驻瓷都国际，建立华中陶瓷营销联盟，为高安陶瓷在核心区域的销售和渠道开拓、整合资源。从2018年举办首届华中建陶春季精品荟开始，其形成了"春有精品荟，秋有采购节"的常态化专业陶瓷会展中心。此外，瓷都国际每年会承办高安论坛、陶瓷技术装备论坛、陶瓷出口论坛等大型高端峰会，引进全国知名国际贸易公司来高安实地考察参观，并洽谈合作，以凝聚行业营销精英智慧，为开拓产区营销渠道传经送宝。

图5.15 瓷都国际·江西建陶会展中心

11）鹰潭国际眼镜城展览中心

鹰潭国际眼镜城展览中心地处鹰潭市西北角，北接杭南长高铁路和沪昆（济广）高速、南毗鹰潭市中心、市政府、火车站，东临鹰西大道和西侧毗邻的206国道，是连接城市和外部的主要交通要道，是中童工业园区的核心地段。鹰潭国际眼镜城展览中心紧紧围绕市政府"四大一新"的发展战略目标（"四大一新"：大铜业、大旅游、大物流、大框架、新农村建设）全力打造集配套商住、眼镜商贸中心、文化广场、学校、配套商业街、酒店、旅游区等为一体的配套设施齐全的多功能立体商业城。同时它也是中国最具创新型的、独有的山水园林式景观商业园区之一，是一个环境优雅的综合园区。

2019年鹰潭国际眼镜城展览中心举办了第四届鹰潭眼镜旅游文化节及鹰潭眼镜产

图5.16 鹰潭国际眼镜城展览中心

业发展高峰论坛、2020年新品品鉴会等5场展览会，累计展览面积达30 000平方米，展馆年利用率达9%。

12）宜春南氏国际商贸城会展中心

宜春南氏国际商贸城会展中心位于宜春市高士北路与锦绣大道交会处，所在地为宜阳新区，北湖公园西面，宜春三纵四横的中轴线高士北路。宜阳新区作为"生态宜春、魅力宜春"的城市名片，形成功能综合、绿色生态、现代与自然和谐发展、富有活力的城市宜人新区，为宜春中心城集行政、文化、商务、贸易、体育、休闲、居住等为一体的活力之城，辐射袁州新老城区、经济开发区、教体新区、明月风景区。项目背靠集展览展示、直销采购、物流配送、电子商务、信息交流、美食娱乐、休闲购物、高端居住等为一体的综合性现代化国际商贸城。

2019年宜春南氏国际商贸城会展中心共举办7场展览会，由于自身体量限制，全年累计展览面积为40 000平方米，展馆年利用率达5%，以举办小型展览会为主，如宜春失恋博物展等。

图5.17　宜春南氏国际商贸城会展中心

13）广丰木雕城会展中心

广丰红木文化创意产业园位于洋口镇昆山上厂公路边，是全国首个以红木文化创意为主题的国家4A级旅游景区。其地理位置优越，交通便利（距城区10千米），周边配套设施齐全。整个产业园以"广丰木雕城"作为核心区，构筑"一心三区"（"一心"即游客服务中心，也称会展中心；"三区"即红木文化游赏区、木雕文化休闲区、奇石书画体验区）的旅游空间，突出红木文化、木雕文化及书画文化特色。会展中心在建筑上融合了上海世博会中国馆建筑风格，气魄宏大，格局开阔，配套星级精装展厅和完善的服务设施。这里常设展位200多个，是一个集红木家具、木雕和橱柜展览、展示、销售及电子商务等综合功能于一体的现代化专业展览展馆。走进展示厅高大的铜门，宽阔的通道两旁，鸡翅、金丝楠、紫檀、檀香、海南黄花梨等名贵的12根原木柱依次排开，像12个挺拔的哨兵，守卫着展示厅；两边墙上是红木知识和广丰木雕艺术历史的详细介绍，一联联本地书法家的草书条幅，让通道陡然增添了浓郁的文化气息。整个展示厅建筑面积2.6万平方米，现已开辟广丰红木家具生活体验馆，及木雕大师们的艺术作品展示馆。展馆大厅的左右两侧分别矗立着两座用千年普文楠雕刻的广丰籍历史人物——唐代诗人王贞白和宋代抗金名将张叔夜，为本土国家级木雕大师刘兴丰创作，属镇馆之宝。

2019年广丰木雕城会展中心共举办第三届上饶文化创意产业博览会暨2019上饶茶文化博览会等2场展览会，累计展览面积达2.5万平方米，展馆年利率为1%。

图5.18 广丰木雕城会展中心

（二）展馆发展与建设趋势

2019年我国经济已由高速增长阶段转向高质量发展阶段，展馆建设发展方向也出现显著变化。江西会展业发展的内在驱动力是展馆建设的主引擎。产业结构的调整有助于挤干水分、抑制过热的需求，为展馆建设打下更坚实的基础。

1.展馆区域分布呈新趋势

2019年展馆分布从省会南昌逐步向区域副中心城市宜春和赣州扩散，有利于改变目前全省展馆资源分布不均衡的状态。未来一段时间，将呈现南昌会展展馆"大型化+阶梯式"、宜春和赣州会展展馆"一大+多小"、其余地市会展展馆"均衡分布+查缺补漏"的特征。

2. 会展展馆实现升级换代

随着江西省展览中心"退商还文"以及南昌国际展览中心转型为商业综合体，江西会展展馆成功实现升级换代，南昌绿地国际博览中心正在成为江西会展业发展的新引擎和新名片，为会展业向规模化、国际化发展提供了良好的硬件设施基础。

3. 展馆运营向高质量发展

"头部展馆"南昌绿地国际博览中心因规模大、设施先进、配套完备、服务优质更易于吸引展会资源，在竞争中更显强势。对于"中部"或"底部"的展馆来说，竞争加剧，高质量发展成为展馆运营新方向。它们运用差异化竞争手段，突出产业集聚优势，通过提升服务、提升科技创造独特竞争优势。

4. 展馆发展理念紧抓新方向

2019年数字技术、5G网络、人工智能、人脸识别等先进技术都已经或正在融入江西省各展馆的建设与运营中。比如，南昌绿地国际博览中心在第十七届中国国际农产品交易会中首次建设展会现场导览及信息检索系统，用户可以快速定位参展商的展位号、参展产品所在区域和所属展商等关键信息。

5. 展馆定位日益多元化

市场需求的多样化推动展馆必须在经营方向与策略上做出改变。面对展馆利用率普遍偏低的情况，各个展馆开始充分利用展馆空置期开展多元化运营，接待企业年会、主题活动、赛事、演艺活动等。部分展馆在建设时与超大型商业综合体结合，以期打通商业、文化、旅游等多种业态，通过多种功能协同，提升展馆服务品质。

五、人才培养

会展业作为新兴产业，以其令人瞩目的经济效益和社会效益使之成为一个新的经济增长点。为适应会展业发展对人才的需求，会展教育蓬勃发展。会展业具有一定的综合性和广泛的产业关联性，同时，会展经济又是一种体验经济，实践性和操作性强，因此对会展人才的素质提出了更高要求，包括具有较强的团队意识和服务意识；具备较为全面的知识；有较强的组织协调能力和人际沟通能力；熟悉展会流程，具有熟练的项目运作和实施能力；等等。

江西省内共有三所本科院校和两所高职院校开设会展专业或会展专业方向：2019年南昌大学正式获批会展专业，2017年南昌师范学院开设会展经济与管理专业，2016年江西科技师范大学在酒店管理专业下设会展方向，2011年江西青年职业学院开设会展策划与管理专业，2012年江西外语外贸职业学院开设会展策划与管理专业。全省在读会展类本科生共340余名，高职学生共200余名。

（一）院校专业建设

1. 本科院校

1）南昌大学

南昌大学旅游学院在2017年成立了会展经济与管理系，共6名教师，其中副教授3人、讲师3人，拥有博士以上学历4人。会展系成立之初是在旅游管理本科专业下设置会展专业方向。经过一年多的建设后，于2018年6月正式向教育部申报设置会展本科专业，2019年3月正式获批。2019年9月迎来了第一届会展专业本科生，共32名，其中江西省内考生全部是第一志愿录取。

南昌大学会展专业的人才培养依托南昌大学旅游管理专业（江西省一流本科专业），以"国际化、创新性、高水平、应用型"为特色，培养具有国际视野并掌握各类会议、展览及活动策划理论知识的管理人才与科研人才。同时要求学生具有良好的思想品德、社会公德、职业道德和法治观念，热爱祖国，具备较高外语水平、较强的协调与沟通能力、独立工作以及与他人合作的能力。

旅游学院在专业培养上以管理学和经济学为基础，课程设计主抓"会展概论""会展英语""展台设计"等会展类基础核心课程建设，同时创建了线上精品课程"成为创意策划高手"。也积极开展会展方向的科学研究，"基于智慧化教学平台的会展概论教学模式改革研究"入选南昌大学教改课题。学校还注重实践教学的培养，2019年在南昌大学校内举办了首届会展创新创意大赛和会展英语专业竞赛。在人才培养上也积极走出校门，2019年会展专业学生先后参加了中国会展教育论坛创意策划大赛（南京）、全国高校商业精英挑战赛经贸会展实践竞赛（南京）以及第二届绿色会展创新创意挑战赛等会展竞赛（南昌），均取得了理想成绩。

2）南昌师范学院

南昌师范学院旅游与经济管理学院自2017年9月开始招收会展经济与管理专业本科学生，至今已连续招收三届，共230余名在校生。现有会展专职教师11人，其中教授1人、副教授3人、讲师7人。

会展专业经过3年的发展建设，初步成为居省内前列、在全国有知名度的特色专业，旨在培养具有坚定的政治立场，系统掌握管理、经济、法律等相关知识，掌握现代企业管理、市场营销及会展专业理论知识和操作技能的策划与营销复合型人才。人才培养硕果累累，会展学子在2018年全国大学生会展演讲大赛（昆明），2018年"远华杯"全国大学生会展创意大赛（广州），2019年全国高校商业精英挑战赛经贸会展竞赛（南京），2018年、2019年大学生绿色会展创新创意挑战赛（南昌）中均获得好成绩。

为探索更好的应用型会展人才培养思路，学院与会展行业协会及企业建立合作关系，先后与江西省会议展览业协会、广州会展协会、深圳会展协会等建立紧密合作关系，与南昌绿地国际博览中心、江西中锐展创文化发展有限公司等省内会展企业达成人才培养合作意向，为进一步提升学院人才培养质量搭建良好平台。

3）江西科技师范大学

江西科技师范大学旅游管理专业设置于1986年，为江西省双一流专业，江西高校中唯一一个旅游管理国家级特色专业，本科招生的三个专业为旅游管理（国际导游）、旅游管理（职教师资）、酒店管理（国际酒店）。学院自旅游专业设置之初就根据会展业发展现状及会展人才的需求情况开设多门会展方向课程。2016年，在学院酒店管理下正式设置会展专业方向，目前该方向专任教师9名，其中，正教授2名、副教授4名、讲师3人，拥有博士以上学历4人，会展方向学生80余名。

旅游学院在会展方向培养上以管理学和经济学为基础，课程设计主抓"会展概论""会展经济学""会展项目管理""会展营销""会展策划与实务""展会服务"等会展类基础核心课程建设。同时也积极开展会展方向的科学研究，开设博士科研启动课题"区域城市会展业共生合作发展研究"。学校注重实践教育，自2014年起已连续举办五届美食节，美食节由会展方向学生自行策划设计及组织。为提高学生的综合素质，学院还组织学生参加第十一届中国绿色食品博览、首届大学生绿色会展创新创意挑战赛等会展及竞赛，均取得了理想成绩。

2. 高职院校

1）江西青年职业学院

江西青年职业学院旅游商务系在2011年9月开设了会展策划与管理专业，是江西省内较早开设会展专业的高职院校之一，共5名教师，其中副教授3人、讲师2人，拥有硕士以上学历4人。经过8年的建设，会展专业在人才培养方案、课程体系建设、实验教学体系建设和服务地方经济等方面初步形成了自身的特色。

江西青年职业学院会展专业的人才培养依托旅游管理专业大类，以"朝气蓬勃、负重争先、团结自强、创新发展"为特色，培养熟悉我国会展有关政策、法规及国际、国内会展市场的惯例和规则，具备共青文化素质，掌握会展策划与管理专业领域必备基本知识理论和职业技能，能从事会展活动现场管理、策划、营销及会展礼仪、报关、报检、物流等会展服务工作，适应国际、国内会展相关工作岗位需要的高素质技能型专门人才。同时要求学生具有思想政治素养、职业道德、专业素养和法治观念，热爱祖国，具备一定的协调与沟通能力、与他人相互配合的团队协作能力。

会展策划与管理在专业培养上以管理学和传播学为基础，课程设计主抓"会展概论""大众传播理论与实务""展位设计"等会展类基础核心课程建设，创建了省内线上精品资源共享课程《会展实务》。同时，积极开展会展相关的科学研究，省级教改课题《创新型人才培养模式改革探索与实践研究——以会展策划与管理专业为例》于2018年顺利结题。学校还注重实践教学的培养，2012—2015年连续举办了5届由学生组织策划的校园购物狂欢节。在人才培养上也积极走出校门，自2014年开始，会展专业学生先后参加了2014年、2015年、2016年远华杯全国大学生会展创意大赛（二等奖），2017年全国高校商业精英挑战赛会展创新实践竞赛展洽组（一等奖），以及第一、二届全国大学生绿色会展创新创意挑战赛等会展竞赛（南昌），均取得了理想成绩。

为拓宽人才培养的渠道和方式，自2012年以来，旅游商务系与广东鸿威深度合作，为专业学生提供会展策划、营销、现场服务等专业模块的实践训练，此举为江西青院会展专业人才培养专业化水平的提高，又搭建了一个全新平台。

2）江西外语外贸职业学院

江西外语外贸职业学院隶属于江西省商务厅，是专门培养外语外贸类专业人才的高等院校，现有全日制高职生12 000余人，合作培养本科生279人。江西外语外贸职业学院会展策划与管理专业于2012年正式开设，其前身为2009年创办的国际经济与贸易专业（商务会展方向），为三年全日制大专。目前，该专业已建成江西省精品资源共享课"大型活动组织与管理"，斩获各级各类创新创业竞赛十余项，专业教师发表专业论文三十余篇，为社会输送了百余名高质量会展专业毕业生。

会展专业以"课项融合"为渠道，积极服务地方会展业发展，为地方会展项目的专业化进程提供了助力，为本省会展经济建设提供了人力保障，一定程度上实现了以"专业建设推动地方会展业发展"的建设思路。近几年，该专业多次组织师生参与世界绿色发展投资贸易博览会、中国中部投资贸易博览会、世界低碳大会、江西电视观众节、活力澳门推广周、江西全国糖酒交易会等省内重大会展项目的筹备工作。

与省内外会展企业紧密合作，参与会展专业项目实践的学生比例超100%。仅2016年就先后派出师生前往南昌、上海、杭州等地参与第四届世界绿色发展贸易博览会、江西第一届糖烟酒博览会、2016首届中国（南昌）文化娱乐产业博览会、2016德国杜塞尔多夫国际医疗制造业配件、零件及原材料展览会项目、2016澳大利亚国际宠物展、2016法兰克福（德国）国际汽车零配件及售后服务展览会项目等。项目结束后，江西建业鑫瑞展览有限公司、江西长青国旅会议公司、江西万达亚细亚会议公司、杭州翼拓展览有限公司、上海亦和展览服务有限公司、上海派世会展服务有限公司、南昌仁创会展公司、南昌双亿文化传媒有限公司均联系该校，要求再次开展项目合作。

总之，充分的实践教学使学生们比单纯学习课本知识更多地接触市场、了解行业、深入岗位，激发会展专业学生对专业的热情，提高创新创业的能力。学院专业教师先后在2012年至2018年指导学生参加省级创业类大赛和专业类比赛并获奖。

（二）存在的问题及未来发展策略

1. 存在的问题

随着江西省会展经济的快速发展，会展市场需求与日俱增，会展教育面临千载难逢的历史发展机遇，但是，就目前形势来看，省内会展教育存在以下问题。

1）会展专业人才缺口大

一方面，省内会展人才培养数量少，江西省本科院校会展专业方向开设时间短，仅有三所高校和两所高职院校开设相关专业，在读本科生340余人，目前还没有毕业学生。高职学生200人，人才培养数量无法满足省内会展市场需求，存在的人才缺口数量据估算约为500～600人。另一方面，人才引进难度大，全国会展核心人才缺口大，江西省经济实力较弱，对核心人才的吸引力不足。省内培养数量不足和外部引入难度大共同导致江西省会展专业人才缺口的出现。

2）会展人才供需错位

根据上海世博人才培训中心研究报告，广义会展人才包括会展核心人才、会展辅助人才和会展支持人才。就需求的绝对数而言，会展业对核心人才的需求最少，但核心人才最紧缺；其他人才属于通用型人才，其他专业的人员经过培训亦可胜任。江西省本科会展教育发展至今仅有三年，首届学生尚未毕业走上岗位，无法满足省内会展核心人才需求；高职院校主要培养发展型、复合型和创新型技术技能人才，难以达到核心人才标准，市场供需错位的结构性矛盾显著。

3）会展人才的培养质量和层次较低

整体来看江西省会展人才培养尚处于初级阶段，省内院校会展专业开设时间短、人才培养体系不健全，人才培养模式滞后行业发展，培养机制和培养方案都在摸索中前进。会展专业教学体系、课程体系、教材等盲目照搬国内外其他院校，导致与会展业培养目标和定位、学生情况和师资水平产生冲突。上述多重原因导致省内会展人才培养的质量和层次处在较低水平，本科院校还未培养出会展核心人才，高职院校复合型技能人才也无法满足市场需求。

4）会展专业教师梯队建设不全

由于会展专业发展历史短，国内会展专业出身的会展教师较少，院校的会展专业教师多为经管类、人文社科类出身，缺乏会展理论和实际工作经验，对各类会展活动的理解程度不深。会展教育师资知识的"老化""窄化"成为制约会展人才培养质量提升的关键因素。

2. 未来发展策略

1）三个到位原则

在制定江西省会展业人才培养策略时，必须把握三个到位原则，即了解会展业对人才的需求到位、建构专业人才核心能力到位和发挥本土优势到位。第一，要对接产业需求，进行人才培养定位和会展专业特色化建设；第二，根据人才市场需求和会展业发展趋势，加强省内高校合作交流，培养会展核心人才；第三，突出本土文化元素，强化会展实践性。

2）师资队伍建设

要积极促进会展院校之间的合作交流和教师互派，选派重点课程教师和骨干教师进行专业培训；以校企合作、产学研合作模式为渠道，有计划的逐步安排教师到企事业单位挂职锻炼。加大从企事业单位聘请"双能型"教师的力度，将策展实操引入课堂教学。通过组织教师说课比赛、学生参赛，定期邀请行业专家、外校知名学者开设讲座等形式，以"一对一"师徒制的模式让年轻教师"拜师学艺"，尽快形成本专业独具特色的优秀教师人才梯队。

3）人才培养模式

校企合作培养是高职教育中常见的模式，国外高职会展人才培养模式主要是德国"双元制"模式，即企业与非全日制职业学校合作进行职业教育模式；日本"产学合作"模式，即突出企业在职业培养及教育发展中的主体地位；英国"三明治"模式，即"企业—职业院校—企业"的交替结合。我国会展高职培养模式主要是订单培养模式、工学交替培养模式、弹性培养模式。针对省内人才培养模式单一、落后的情况，院校可以充分借鉴国内外校企合作培养经验，因地制宜地制定特色化的人才培养方案，增强校企亲密度和人才培养深度。

4）产学研合作模式

产学研合作模式的运行机制由学生导向机制、师资优化机制和持续创新机制构成。学生导向机制要求会展人才培养有学生导向功能，更多地关心会展专业学生的培养问题；师资优化机制要求重视专业教师实践技能的培养和专业素养的提高，借助产学研合作的新平台，教师定期深入产业一线，到大型合作企业挂职锻炼，具体参与到有关项目运营和管理当中，进行有针对性的专业实践或课题研究，充分了解产业发展动向，掌握最新的专业实践技能；持续创新机制体现在合作方根据自身资源条件、不断发现成本低效果好的合作培养方式，人才培养内容创新和人才培养目标创新。

5）职业培训

会展企业要高度重视内部人才培养和员工职业培训，提高在职员工的专业基本素养。一方面，针对一线员工进行会展专业知识培训和接待能力培训，定期开展教育学习和实践活动，整体提高员工的服务水平；另一方面，针对中高层员工进行系统的战略管理、经济、会展知识培训，提升管理层的专业素养和领导力。

（三）全国大学生绿色会展创新创意挑战赛

1. 赛事介绍

2018年开始，由江西省商务厅、江西省教育厅联合举办的全国大学生绿色会展创新创意挑战赛（以下简称会展大赛），首届会展大赛就吸引了全国42所高校的404名参赛选手和81名指导老师参加，[1]第二届大赛吸引了全国36所高校的105支队伍500余名参赛选手参加。[2]通过以赛促学、以赛促练，激发学生的创作热情，为全国会展专业的高校提供了交流与育人的平台，全省会展教育发展也迎来了新契机。未来需要充分利用大赛的平台优势，培养一批核心会展人才，为江西省会展人才培养注入新动力。

2. 未来发展策略

1）围绕大赛打造系列赛事

全面做大做精做强会展大赛，紧跟市场发展需求和学术研究热点话题，每年推出不同主题的系列赛事，将其打造成全国会展高校竞争、交流的大平台，不断提升大赛吸引力和品牌影响力。第一，打造系列赛事，可根据全国会展教育发展情况每年举办两次大赛，春季赛和秋季赛；第二，精选主题，根据会展发展时事热点、未来发展趋势、研究热点话题等设置不同的参赛主题，创新比赛形式；第三，完善赛事配套设施，实行高校轮岗制度，组织本省五所开设会展专业的本科院校和高职院校轮流举办大赛，五年为一轮，提高五所高校举办大型赛事能力、积累赛事经验、促进五校沟通合作；第四，政府资金、政策扶持，全国性大赛的举办需要长期的专项资金支持，政府部门可以联合出台相关扶持政策，鼓励赛事进一步提升发展。通过实施上述四点措施可以全面提升大赛影响力，促进省内会展人才培养，加快南昌全国会展中心城市建设步伐等等。

2）组织开展会展学术研讨

赛事同期组织开展全国会展行业研讨会、会展教育研讨会、会展学术论坛、研究生论坛、研究生培训班等学术交流活动，吸引大批会展学者来昌讨论会展教育和行业发展。第一，赛事吸引了全国各地优秀的会展师生，可以在赛后安排获奖团队、教师开展经验交流会，分享经验，共同提高会展创新水平；第二，赛事同期邀请了众多专家评委、企业评委，借此机会开展会展行业研讨会，讨论国内外会展发展现状，为江西省、南昌市会展发展出谋献策；第三，组织开展会展学术论坛，邀请国内知名会展、旅游学者，共同探讨国内外学术热点，促进国内特别是省内会展研究的发展；第四，组织开展研究生（硕、博）论坛或培训班，吸引青年学者共同学习进步，并适时对江西省的会展企业、高校进行宣传，为江西省会展发展吸引人才。

3）策划组织江西省大学生会展综合挑战赛

根据江西省内会展业发展现状和会展人才培养特点，组织开展全省会展挑战赛，以实践类赛事为主，着眼于省内会展发展，努力打造具有全国代表性的地方专业赛事。全省会展挑战赛由三大赛事组成，注重培养学生的实地调研能力、创新能力、思考能力和综合能力等等。赛事安排如下：

1　数据来源于中新网江西新闻，http：//www.jx.chinanews.com/news/2018/1129/22335.html.
2　数据来源于东方网报道，https：//caijing.chinadaily.com.cn/a/201911/25/WS5ddb43afa31099ab995edc5d.html.

赛事时间：7月至12月。

报名准备及预热时间：7至9月。

实践时间：每年9月中旬。

实践赛地点：争取江西省展览中心的赞助。首先，省展览中心是专业展馆符合场地需求；其次，省展览中心位于市中心，交通便利，有利于师生进出；最后，实践赛的参展观众是居民、游客，地理位置要靠近生活区，因此展览中心比南昌其他四个展馆更合适。

调研时间：每年10月开始调研赛。世界VR产业大会、中国景德镇国际陶瓷博览会、樟树全国药材药品交易会等国际性活动大多在10月举办，且秋季是展览、节事举办数量较多的季节，符合全省会展业现状，有利于团队选择合适的调研项目。

路演时间：每年12月中旬。在所有团队结束调研后，有两个月的时间进行策划案的构思、完善和路演的准备等。

参赛团队：面向全省高校相关专业学生，欢迎跨专业组队，团队人数在5～8人，且会展、旅游类专业人数必须在半数以上。如会展专业方向、旅游专业、工商管理类其他专业、艺术设计类等等，多专业合作可以最大程度促进学生的综合能力提升。

邀请嘉宾：省内及各地市会展相关政府单位领导、企业管理人员、国内高校会展专家学者等。

由于会展业人才需要具备专业性、实践性等多项综合能力，所以采取三赛合一的形式，最大程度锻炼学生团队的综合能力，每个单项赛满分为100分，最后按照4∶3∶3的比例核算总分，并评选出单项赛前三名、总赛前三名和最佳组织奖（以学校为单位），具体的评分方式可以进一步细化，下文将简单介绍三赛。

第一部分：实践赛

为最大程度还原展会活动全流程，联系专业展馆和会展企业对赛事进行赞助，开展实践赛。学生团队作为"参展企业"。由组委会负责联系安排省内高校高年级会展专业学生作为"展会组委会"或"主办方"，与"参展企业"进行交流沟通，按照会展项目落地过程中可能出现的问题，设置项目"障碍"作为附加题。实践赛的参展观众面向全社会，组委会负责实践赛的整体推广，搭建微信推广平台供各"参展企业"进行各自的宣传。比赛最终成绩按展台营销结果、专家打分和观众评分，对展台的布展、商品、营销进行全面的评分。以实践赛为契机，最大程度调动学生的积极性，从展台选品、组织策划、营销宣传、搭台布展以及实际面向观众的销售等各环节锻炼学生能力，对展览项目有全方位的把握。通过大赛推广宣传，促进全社会的参与，增强社会参与度和会展发展意识，提高全市乃至全省会展经济发展活力。

第二部分：调研赛

在组委会提供的会展项目库中任选一参加（省内重点会展项目或赞助商项目），在规定时间内组织团队调研，完成调研报告。调研报告由项目介绍、现场办展情况、参展商、参展观众、存在的问题、发展对策六方面组成，其中参展商和参展观众部分需要以专业的访谈、问卷等方式得到科学规范的研究结果，最终提交书面的调研报告书作为成果。以调研赛为契机，加强会展专业学生的调研实践能力，深入了解省内会展项目发展现状及办展过程，为省内展会创新发展提供新思路。

第三部分：策划赛

在调研报告基础上，各团队结合项目所在地优势、未来发展方向、国内外会展发展热点等，进行第二阶段的策划赛，最终以路演形式进行答辩。策划赛题目可以二选一，一是被调研展会的项目提升策划案，二是被调研地的全新会展项目策划案。例如，本团队调研的是中国景德镇国际陶瓷博览会，可以选择"瓷博会提升策划案"或"景德镇××项目策划案"。以策划赛为契机，激发学生的创新力、思考力和想象力，让学生通过一个项目全面了解一个会展项目从无到有、从有到精的过程。策划赛的举办还能为省内重大会展项目的创新发展集思广益，为各地市会展业新项目的策划提供新点子、新思路。

六、国际化发展

出国参展有利于提升江西本土企业的品牌知名度，开拓国际市场，同时有助于了解行业内信息，开阔视野，启发思路。本节将采用2019年江西企业境外参展的相关数据对参展地区分布、行业分布、时间分布和政策环境的具体情况进行分析。

（一）境外参展地区分布

2019年江西重点组织企业境外参展共112次，其中，亚洲地区展出42次占比37%、欧洲35次占比31%、南北美洲共26次占比24%、其他地区9次，较上年整体有小幅调整。

近年来亚洲地区是江西企业赴外参展的首要目的地，日本、新加坡、阿联酋和中国香港等国家和地区，凭借其完善的基础设施、较高的会展服务水平、有利的地理区位优势，对江西企业外出参展具有巨大的吸引力。欧洲地区在参展地区排名中位列第二，较上年占比增长增加约3%。欧洲的会展产业一直被认为是现代国际会展的起源，更是会展产业最具规模、最具分量的产业领袖。赴欧洲参展不仅可以学习发达国家先进的会展模式和理念，还有利于企业开拓国际市场，提高国际知名度。

参展地区占比排名第三的是美洲地区，其中仅美国就有18次。美国凭借其发达的科技和经济实力对江西省内企业具有强大的吸引力。相对而言，南美洲参展地区主要以巴西、秘鲁、智利为主，各1次。非洲地区在境外展出中占7%，较2018年下降了约

3%。2019年江西企业去非洲参展下降可能是由于全球经济复苏疲软，国际大宗商品价格波动较大，但长期来看，江西企业去非洲参展数量仍将逐渐增长。除此之外，江西省还有小部分企业参加大洋洲展会，2019年占比1%。

表5.8　江西省企业境外参展地区分布

参　展　地	数量（场）
欧　洲	35
北美洲	22
亚　洲	42
非　洲	4
南美洲	4
大洋洲	1

（二）境外参展行业分布

根据相关境外参展数据汇总，2019年江西省境外参展所涉及的行业主要有13类，分别是综合类、机械工业类、农业产品类、信息技术类、食品饮料类、汽车交通及配件类、服装纺织类、建筑建材类、化工科技类、家电家居类、生物医药类、日用消费品类、休闲及餐饮类。

从江西省境外参展的行业分布来看，日用消费品类所占比例仍然居于首位，参展比例达17.9%。由于该行业是江西省的传统优势产业，并且与人们的日常生活密切相关，加之近年来江西着力打造日用消费品连锁经营网络，行业整体需求相对比较稳定，因而企业出国参展意愿较强。其次，综合类和生物医药类占比分别为16%及12.5%，位于第二、三位。综合类展会因其展品范围广也颇受青睐。同时近年来，江西加大对医药产业的扶持力度，产业发展动力不断增强，省内企业参展意愿强。机械工业类及建筑建材类并列第四位，所占比例均为8%。近年来江西省一直大力扶持加工贸易类企业发展，并通过南昌、赣州、吉安、上饶和宜春5个国家级加工贸易重点承接地、示范区及特色区的集聚作用，该行业具有较大的比较优势及市场竞争力。机械、加工类企业积极出国参展以求开拓国际市场，扩大影响力。建筑建材业属于江西特色产业，资源优势大，省内企业参展热情较高。而农业产品类、信息技术类、食品饮料类、汽车交通及配件类、服装纺织类、化工科技类、家电家居类、休闲及餐饮类比例相对较小。

（三）境外参展时间分布

2019年，江西省企业出国参展的时间主要集中在第二季度，占比达到32.1%，第三

（场）

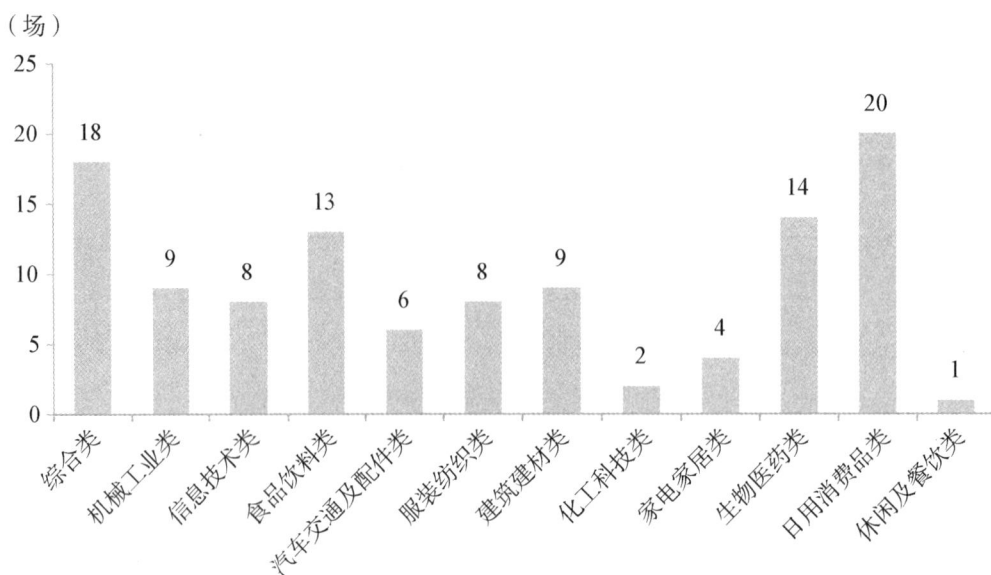

图5.19　江西省企业境外参展行业分布图

季度为24.1%；第四季度为23.2%；第一季度最低，为20.5%。由于出国参展所花费的人力、物力成本要高于国内参展，所以政府的扶持和补贴政策对于企业出国参展的积极性影响很大。政府部门出台补贴政策和制定年度重点补贴展会项目计划的时间成为影响企业参展决策的重要因素。因江西省商务厅每年的重点展会项目均在上一年度年底出台，而上一年度的财政补贴也要在次年第一季度才能拨付，企业对政府政策不确定，持有观望态度，加上企业出国参展展品运输、人员签证等方面需要花费的时间较长，也就影响了次年第一季度参展的积极性，而第二季度开始企业相继获得相应补贴，参展积极性也会大幅度上升。

（四）境外参展政策环境

江西省政府为境外参展的顺利开展，营造良好的外部环境，制定出台相关政策方针，主要集中在以下三个方面。

1. 强化知识产权保护

由于个别参展企业知识产权保护意识不强，以及一些发达国家以知识产权执法为手段加强贸易保护等因素，我国企业在境外参展遭遇知识产权纠纷甚至被以涉嫌知识产权侵权名义查抄的现象时有发生。江西省商务厅加强知识产权保护力度，引入国家《关于加强企业境外参展知识产权工作的通知》。一是积极引导企业加强境外参展知识产权管理，督促企业加强境外参展产品知识产权的自我审核；二是对信用记录不良的企业参加境外展会从严把关，落实境外参展企业知识产权相关情况信用档案建设；三是积极提供境外展会知识产权法律服务；四是加强与境外展会主办方的沟通和协调；五是鼓励企业申请、注册和购买境外知识产权；六是引导企业建立知识产权合作机制；七是加大对企业知识产权管理能力的培训。

2. 加强境外绩效管理

江西省政府提出强化外贸企业参展信息化管理和扶持政策绩效评估，切实提高支持外贸企业拓市场展会资金的使用效能，江西省商务厅制定了《企业境外参展绩效评估办法》，主要举措如下：一是企业参加境外展会实行信息化管理，从2013年开始，以连续三年境外参展情况作为一个评估阶段，进行滚动评估，评估结果将作为中小企业申请国际市场开拓资金和外经贸发展扶持资金中参展经费的重要依据，凡未参与等级评估的参展企业将不能享受政策扶持；二是各地市商务主管部门积极筛选优质企业，不断将资金聚集到好的企业上；三是保证信息的公开透明，不断激发省内企业的参展积极性。

3. 做好突发事件应急处理

江西省政府不断强化全省突发事件应急处理机制，面对新冠疫情，省政府的政策做出相应调整。外贸企业参加《2020年江西省商务厅境外重点展会计划》的展会并已支付相关费用，因疫情影响不能参展的，对其发生的展位费给予补贴。对2020年一季度出口增幅超过5%的企业，在符合规定条件的情况下，优先安排第128届广交会展位。对第30届华交会参展企业免收参展费用。对第十二届中国加工贸易产品博览会上特装展示的加工贸易梯度转移重点承接地，特装费用给予补贴。政策在突发事件的处理上不断加强引导，保护企业的参展热情。

（五）未来发展对策

中小企业通过走出国门到海外参展，获取更多的市场机会，了解国外消费者的真实需求，提升自己的品牌和技术，是直接高效的外贸营销手段。江西省企业在参展过程中频频遇到的各种问题说明在海外参展要想达到理想的效果，还需要细致的规划和有效的实施。

1. 参展规划方面

制定境外参展计划不可盲目，要根据江西省的实际发展需要和产业发展的需求情况进行调整。近年来，江西在日用消费品的国际展览中参加比例不断提高，充分表明政府考虑到实际的产业情况，但政府作为宏观决策者需要进行全面的战略布局。一是在展会的选择上，要结合企业的长中短期发展规划考虑。不同企业的参展需求是不同的，主要客源市场也是不同的，因此要引导企业选择符合其需求的展会有针对性的赴外参展。二是时间的规划上，明确一年能参加几次国外展览会，所选择的展会哪些是尝试性参加，哪些是与企业的经营目标相一致的，需要连续参加，因为常年参加同一个展会有利于和其他参展商建立起稳定的联系，巩固企业形象。总而言之，政府在资金扶持上，不仅要扶持优质企业，更要结合发展前景。

2.政策制定与执行方面

因地因企制定政策有利于境外参展的方针政策得到较好的执行，激发企业境外参展的热情，政策执行效果关系到企业境外参展的效果。在政策的制定上，一是运用政策导向引导参展行为：一方面要根据江西省的外贸发展战略、产业结构、国际市场结构提出重点支持的方向；另一方面也需要重视和征求企业的意见，从企业需求出发。二是扩大补贴范围，提高受益面，可以从公共布展费落实、增加重点展会数量、增加展品回运费补贴等方面入手。在政策的执行上，一是精简材料、缩短周期，节约企业的时间和经济成本；二是需要定期宣传、专业培训，使本省企业及时了解政策信息，提高参展积极性，提升参展效果。

第六章 2019江西省重大会展活动

在对全省会展业概况进行分析、对会展业发展战略和会展业发展五大专题进行研究的基础上，将从2019年全省举办的152场重大会展活动中挑选八个代表性的会展活动进行详细分析，对不同展会的办展经验进行总结，为江西省传统展会的转型提升和新展会的筹办开展提供经验借鉴与参考。本章选取的八个活动，涵盖了江西省引进的全国性展会项目、省内传统展会、近年新举办的重大会展项目等典型案例。

一、第十一届中国中部投资贸易博览会

（一）概述

中国中部投资贸易博览会（Expo Central China）自2006年起在中部六省轮流举办，已成功举办11届，参加人数超30万，签署的投资合同金额达到950亿美元，已成为国家实施中部崛起战略的有效载体和中部六省扩大对外经贸交流与合作的重要平台。2019年5月21日，习近平总书记在江西南昌召开的推动中部地区崛起工作座谈会上强调，要在供给侧结构性改革、实施创新驱动发展战略、发展战略性新兴产业上下更大功夫，积极主动融入国家战略，推动中部地区崛起再上新台阶。

2019年5月18日至20日，第十一届中国中部投资贸易博览会在江西南昌举办。本届博览会以"高水平开放·高质量发展"为主题，抢抓"一带一路"建设、长江经济带发展等重大战略机遇，开展政策研讨、产业对接、项目洽谈、展览展示等系列活动，搭建承接产业转移和投资贸易交流平台。大会安排了开幕式暨主旨论坛、外商投资企业座谈会、第二届世界赣商大会等多场重大活动，并围绕绿色金融、航空、智能制造、大健康等产业举办了26场专题活动，集中展现中部速度和江西优势。数据显示，本届博览会设置约7万平方米的展览展示区，参会规模、嘉宾规格、客商层次、专业层次均创历史新高，共6 000余名嘉宾齐聚南昌，外宾比重超过20%。中部六省共签

约项目406个，签约总金额4 835.13亿元。在以往十届大会成功举办的基础上，本届中国中部投资贸易博览会契合时代背景、紧跟国家战略，充分体现赣元素，彰显江西风采。

1. 展会特点

1）放眼全球视野

第十一届中国中部投资贸易博览会于2019年5月18日开幕，作为中部地区规格高、规模大的盛会，共有54个国家和地区、1 000多名外宾参会，外宾比重超过20%，包括9个国家驻华使节、8家友好省州代表团、20家境外知名商协会负责人。它已成为国家实施中部崛起战略的有效载体和中部6省扩大对外经贸交流与合作的重要平台，在海内外产生了广泛而深远的影响。

2）活动内容丰富

本届中国中部投资贸易博览会以"高水平开放、高质量发展"为主题，聚焦创新引领和开放提升，举办政策研讨、产业对接、项目洽谈、展览展示等活动，搭建国际化、专业化、品牌化的经贸交流平台。本届博览会共计举办5场重大活动——主旨论坛暨开幕式、巡馆、开幕招待会、第二届世界赣商大会、外商投资企业座谈会。其中，主旨论坛暨开幕式是博览会的重头戏，以"高水平开放、高质量发展——新政策新产业新机遇"为主题，党和国家领导人宣布开幕并发表主旨演讲，围绕"一带一路"、长江经济带、创新驱动战略、全球跨国投资新趋势等话题，进行深度研讨交流，探讨开放合作、促进中部地区产业升级和形成科技创新合作的新理念、新思路、新路径。

26场专题活动——8场部委或行业协会与江西省共同承办的活动；10场江西省有关部门或设区市承办的活动；3场外国和澳门地区举办的双向投资促进活动；中部其他五省分别各举办1场活动。专题活动侧重于聚焦"一带一路"建设和长江经济带发展，举办中国与太平洋联盟、葡语国家经贸合作交流活动；聚焦创新驱动，举办金融、文旅融合、智能制造等专题论坛；聚焦产业和项目合作，举办电子信息产业发展论坛和对接活动、中部六省市长与跨国公司对话会、中部六省投资环境推介和项目对接会、中部地区国家级经开区承接产业转移座谈会等。

3）赣韵特色鲜明

本届博览会重点展示中部六省，打造内陆开放高地，推动高质量发展的成果，打造全景展示中部地区开放发展的"会展盛宴"。展区总面积约7万平方米，设置风格鲜明，分为综合展、专题展、商品贸易展。综合展包括中央展区、中部6省展区、港澳展区和江西省各设区市、赣江新区、赣商联合总会展区；专题展包括先进制造、LED照明、金融服务、文旅融合展区等；商品贸易展包括名特优（老字号）商品、境外商品展区等。本届博览会共有来自境外30个国家和地区的1 267余家企业（机构）参展。

东道主江西省精心设计江西展馆内容，通过灯光系统、LED屏、展板等手段，重点展示江西省委、省政府从更高层次贯彻落实习近平总书记对江西工作的重要要求，展示江西在创新引领、培育和发展新动能上取得的成绩。在展品的选择上，力求展出最能代表江西先进生产力和产业特色的产品，亮出"家底"。在中央展区的展品包括中航工业江西洪都航空的L15、K8、PT6模型教练机，C919模型机，爱驰汽车有限公司的爱驰U5，昶洧新能源汽车有限公司的SUV，腾勒动力的TLE 3M15汽车发动机，晶能光电的硅衬底LED芯片和模组，晶科能源的猎豹光伏组件，孚能科技的新能源电池模组和睿宁高新技术材料的高纯靶向材料。在江西馆，重点展示省内航空、电子信息、装备制造、中医药、新能源、新材料等重点产业发展现状、发展前景、投资合作机遇等，包括中航工业昌河飞机多款直升机模型、南昌佳时特S5H高端数控机床、中微半导体MOCVD设备模型、欧菲光手机组件、泰豪VR设备及原创内容、江中制药系列药品等37家企业的近百件展品。

4）强化形象宣传

江西省将洽谈对接项目、促进贸易合作、提升江西的知名度和影响力作为办会的出发点和落脚点，不断追求实效，强化形象宣传和项目对接，精心制作了《开放江西欢迎您》宣传册、《这里是江西》专题电视宣传片、定制U盘等宣传资料。专门定制博览会吉祥物——"中宝"，以卡通形象传播大会形象。同时江西省结合本省的产业基础和特色优势，推出了重点产业招商册，系统介绍江西省电子信息、航空、生物医药、汽车及零部件、智能装备、大健康、现代物流等重点产业情况，结合产业推出了《2019年江西省重点招商引资项目册》，发布了1 387个招商引资项目，总投资超过1.4万亿元，广泛寻求投资合作机遇。

5）效益成果丰硕

围绕产业合作、项目合作、贸易合作，本届博览会有针对性地邀请客商、安排活动、对接服务。吴忠琼副省长率队专程赴北京、浙江、广东、江苏、黑龙江等省份以及境外举办座谈推介会，开展上门邀商，推进合作项目。本届中国中部投资贸易博览会签约项目主要涉及先进制造业、新能源、新材料、电子信息、汽车零部件、新型化工、特种陶瓷、纺织服装、绿色食品、文化旅游、现代服务业、能源与城市基建、农业产业化、生物医药等产业。中部六省共签约项目406个，签约总金额4 835.13亿元。其中，外资项目51个，签约总金额104.66亿美元；内资项目355个，签约总金额4 123.44亿元。作为本届中国中部投资贸易博览会的东道主，江西省共签约项目198个，签约总金额1 704.5亿元，包括外资项目28个，签约金额18.01亿美元；内资项目170个，签约金额1 582.15亿元。

2.历届展会回顾

表6.1 历届展会回顾

	第十一届	第十届	第九届	第八届	第七届	第六届
举办地	江西南昌	安徽合肥	湖北武汉	河南郑州	湖南长沙	山西太原
大会主题	高水平开放·高质量发展	发展新理念·崛起新机遇	开放合作、转型发展、振兴崛起	持续转型、协调发展、促进崛起	开放崛起，绿色发展	转型跨越、中部崛起
会议部分	6 000余名嘉宾参会，外宾比重超过20%	4 278名嘉宾参会，外来宾超800人	5 628名嘉宾参会，外宾占其51%	邀请客商3 500人	327个客商团参会	逾千名嘉宾参会
会议部分	5场重大活动、26场专题活动	32场重要活动	3场重大活动，30余场专题活动	32场重大及专题活动	7项重大活动，17项专题活动	7项重大活动，19项专题活动
展览部分	展区约7万平方米	展览面积近8万平方米	展区面积共12.2万平方米	展区面积6.5万平方米	展区面积3.8万平方米，44个展区	展区面积约1万平方米
展览部分	来自境外30个国家和地区1 267家企业（机构）参展	1 500家企业参展，接待近10万人次	境内外参展客商2.5万人，接待近20万人次	境内外参展客商36 014人，接待近50万人次	参展参会海内外客商3.6万人，375家企业参展	1.3万名参展客商，参展企业473家
经济效益	共签约项目406个，签约总金额4 835.13亿元	共签约项目1 032个，内资项目909个，投资总额11 492亿元	共签约投资总额达8 800多亿元，内资项目537个，达7 083亿元	共签约项目652个，投资总额达7 989.67亿元	共签约项目722个，其中外贸项目201个，投资总额257.33亿美元	共签约项目2 547个，其中外资项目642个，投资总额566.27亿美元

（二）经验借鉴

1.融入国家战略，开放国际窗口

中部崛起战略实施以来，特别是党的十九大召开以来，在以习近平同志为核心的党中央坚强领导下，中部地区经济内生动力不断增强，新兴产业快速成长，人民生活水平持续改善，改革开放取得了新的历史性成就。中部地区抓住新一轮高水平对外开放的机遇，积极融入共建"一带一路"、长江经济带发展等国家重大战略，加强重大基础设施建设，加快产业转型升级，进一步改善营商环境。大会的顺利持续开展得益于抢占国家重点战略、深化改革扩大开放的重大机遇，促进贸易和投资自由化、便利化，不断拓展合作的广度和深度，致力于为各企业提供更加公平透明的竞争环境，为高质量跨越式发展提供新支撑、增添新动力、拓展新空间。

2. 坚持创新引领，深化协同共建

区域发展层面上，中部地区呈现出加快崛起的强劲态势，在全国四大区域中增长较快，向着中国基础研究和原始创新的重要承载者、策源地迈出重要步伐。中国中部投资贸易博览会发挥多功能综合性的平台作用，持续贯彻创新驱动发展理念，聚焦培育战略性新兴产业，与中部其余省份深化区域创新合作，提升区域创新能力，共同打造中部地区创新共同体，推动创新政策互动、创新平台互享、创新成果互惠、创新要素互通，推动经济高质量转型发展。第十一届中国中部投资贸易博览会的圆满落幕离不开区域合作与战略协同，各方力量应该立足优势、尽展所长，携手走深走实高水平开放之路，让更多主体分享中部地区发展机遇。

3. 搭建综合平台，推广区域形象

中国中部投资贸易博览会是国家级经贸平台，嘉宾层次高、规模大，为推动区域投资贸易发展搭建综合性、高品质平台。中外客商集聚一堂，谋求在产业、投资、贸易、生态、文化发展等各领域的深化合作。江西省充分利用本届大会在江西举办的大好机遇，充分向全国展示了江西力量与风采，并安排各有关部门、各设区市、各国家级开发区与参会的世界500强企业和跨国公司高管进行广泛的交流互动，组织企业家代表团到市、县和开发区进行投资考察，创造更多机会促进投资合作。中国中部投资贸易博览会的顺利落幕对宣传推介江西、展示江西形象，提升知名度和影响力，促进经贸合作等具有重要意义。

4. 展览创意吸睛，格局深远专业

本届中国中部投资贸易博览会展区设置特色鲜明，展览区面积约7万平方米，包括中部6省展区、港澳展区，以及江西11个设区市展区，全景展示中部地区开放发展成就。展区类型有综合展、专题展、商品贸易展3类，专题展区设置智能制造展区、LED照明展区、金融展区、文旅融合展区等，全面展示新产品、新技术、新应用。全自动无人割草机、植物智能种植柜、陶瓷地毯、VR动感平台、AC311A直升机等展品创意层出，吸睛十足，高科技、老字号等企业参展成为新亮点。本次中国中部投资贸易博览会的参会规模、嘉宾规格、客商层次、专业层次达到历史新高度，吸引了97家境外世界500强企业和跨国公司、100余家中国500强企业和上市公司负责人参会，共有18位知名专家学者，200多家智能制造、金融、独角兽企业负责人参会，博览会战略布局眼光深远且专业、重实效。

二、第二届世界赣商大会

（一）概述

近年来，江西省航空电子信息、装备制造、新能源等新兴产业快速增长，营商环境持续优化，开放型经济发展不断取得新突破。其中，赣商力量在江西建设进程中发挥着重要作用。赣商在历史上被称为"江右商帮"，是我国历史上十大商帮之一，与晋商、徽商等鼎足而立。目前全球赣商超过300万人，创办企业超过20万家，具备一定规模的企业6 000多家，拥有商会超过170余家，遍布全国30个省市自治区、100多个国家和地区，已成为世界华商的重要组成部分。为深入推进江西双向开放步伐，推进招商引资取得新突破，动员全球赣商和赣籍优秀人才积极参与富裕、美丽、幸福江西建设，2019年5月19日，由江西省人民政府主办，江西省商务厅等承办，第二届世界赣商大会在南昌拉开帷幕。

本届大会以"情系江西·共谋发展"为主题，致力于推动赣商赣才返乡投资，为全球赣商赣才、在赣学习生活工作过和关心支持江西发展的各界知名人士搭建探亲访友、投资合作、考察交流的联系沟通平台，以"三请三回"为主线，动员广大乡友回家乡、校友回母校、战友回驻地，推动"资智回赣"，助推江西高质量跨越式发展。数据显示，本届大会有来自30多个国家和地区1 000余名知名乡友、校友、战友代表、海内外优秀赣商代表、赣籍专家学者代表和致力于促进江西经济社会发展的各界知名人士代表参加。依托中国中部投资贸易博览会，全省共计签约项目198个，签约总额1 704.5亿元，其中，外资项目28个，合计18亿美元。

（二）大会概况

新时代背景下依托第十一届中国中部投资贸易博览会开展的第二届世界赣商大会，在首届的基础上，结合江西省内环境现状，积极汲取浙江、安徽省举办世界浙商大会、世界徽商大会的成功经验，升级更新呈现许多新特点。

1. 大会特点

1）重点发扬"赣商精神"传承力量

赣商大会汇聚赣商赣才精神，凝聚赣商赣才力量，汇聚赣商赣才资源，加强了海内外赣商赣才交流合作。赣商是赣鄱儿女的优秀代表，也是江西发展的宝贵资源、重要力量。"江右商帮"兴起于唐宋，兴盛于明清，称雄中华工商业900多年，至今仍遍布全国乃至东南亚的万寿宫就是光辉历史的见证。新时代的赣商，更是以"厚德实干、义利天下"的精神，取得了辉煌成就，享誉海内外，为推动江西经济社会发展做出了重大贡献。此次应邀出席大会的有来自30多个国家和地区的1 000余名赣商赣才，他们秉承"江右商帮"优良传统，重德守信、追求卓越、终身磨砺、弘扬新风，积极宣传江西、推介江西、带头讲好江西故事、传播江西声音、维护江西形象。社会上逐渐形成"江西人都说江西好，人人都说家乡好"的良好氛围，赣商的影响力和江西的美誉度也在不断提升。

2）助推经济综合发展登上新台阶

第二届世界赣商大会是江西省委、省政府支持赣商创新创业发展，持续号召广大赣商赣才和有识之士积极参与江西经济社会建设的多功能综合性平台。随着长江经济带等一系列国家重大战略的叠加实施，以及"十三五"国家服务业综合改革试点城市的获批，江西省经济社会发展迎来重大机遇。世界赣商大会是助力城市经济迅猛发展的平台，大会号召了全球赣商和赣籍优秀人才积极投身家乡经济发展建设之中，成为推动江西高质量、跨越式发展的重要力量。作为本届中国中部投资贸易博览会的东道主，江西省共签约项目198个，签约总金额1 704.5亿元。包括外资项目28个，签约金额18.01亿美元；内资项目170个，签约金额1 582.15亿元。广大赣商赣才积极融入江西改革发展大潮，聚焦航空、电子信息、装备制造、中医药、新能源、新材料等优势产业，聚焦绿色生态、文化旅游、现代农业等特色项目，聚焦教育、医疗、社会保障、脱贫攻坚等民生领域，在互利共赢中实现创新创业的"二次腾飞"。

3）实现江西双向开放的国际平台

目前全球赣商超过300万人，创办企业超过20万家，遍布全国30个省市自治区、100多个国家和地区，已经成为世界华商的重要组成部分。第二届世界赣商大会作为推动赣商赣才返乡投资平台，以"情系江西、共谋发展"为主题，以乡情、亲情、友情为桥梁，搭建江西对内对外双向开放的国际化平台，推动海内外赣商赣才及各界人士加强交流合作，实现共赢发展。大会期间，江西省政府对50名返乡投资创业的优秀赣商代表进行表彰，鼓励和支持海内外赣商赣才积极投身家乡的经济社会建设。大会举办了7场专题对接活动，以"畅叙桑梓情、校友情、战友情"为纽带，深入开展产业对接、项目洽谈、投资考察，并设置赣商展览展示区，展示新时代赣商风采。赣商大会进一步推动"江西制造""江西品牌"走出去，组织动员更多企业到江西投资兴业，推介更多商协会组织和各界人士到江西开展交流合作，为江西省打造内陆双向开放新高地贡献平台力量。

4）首次孕育"会展赣军"建设计划

本届赣商大会的重点主题之一是探讨"会展赣军"的合作发展，扎实推进"会展赣军计划"。"会展赣军计划"内容涵盖人才库计划、宣传推广计划、会展赣军品牌计划、整合创新计划以及搭建"会展赣商平台"。其中，人才库计划，在全球寻找"百名会展赣军"，建立会展赣军人才库和项目库，遴选优秀江西籍会展人入库等；宣传推广计划，推出会展赣军系列多媒体成果，举办"寻找百名会展赣商"人物专栏访问，举办"会展赣商"引进项目成果展示等；会展赣军品牌计划，基于江西产业发展特点，引进、培育品牌展会，打造江西品牌会展项目；整合创新计划，即通过项目创新、传播创新、模式创新等形式，开发、引进新的展会项目，进行品牌整合。通过交流对接，"会展赣军计划"成效显著，一批由赣籍会展人士主办的高品质会展项目落户南昌。"会展赣军"研讨会邀请会展赣商和赣籍优秀会展人才代表、会展企业及行业相关代表，共话会展业发展的美好未来，激发广大"会展赣军"回乡投资、办展热情，对促进企业合作、推动行业发展、促进江西会展业转型升级具有十分重要的意义。

2. 两届大会比较

表6.2　两届赣商大会比较

	第　一　届	第　二　届
大会规模	2 000余名来自世界各地的赣商赣才	来自30多个国家和地区的1 000余名赣商赣才
活动安排	重大活动——开幕式暨重大项目签约仪式、新经济发展论坛	重大活动——开幕式暨重大项目签约仪式
	专题活动——海内外赣籍知名企业家、专家学者助推江西发展座谈会；科技与产业招才引智对接会；重点产业项目专题对接会 同期活动——第三届华侨华人赣都投资创业洽谈会	7场专题对接活动：南昌大学校友恳谈会、赣江新区请校友回母校进新区恳谈会、"战友"座谈会、九江市"三请三回"产业对接会、宜春市"三请三回"暨优秀宜商宜才返乡投资恳谈会、上饶市"三请三回"主导产业项目对接会、会展赣军合作发展研讨会
经济效益	共签约项目226个，签约总额3 085.55亿元。其中，外资项目8个，合计约7.42亿美元	全省签约项目198个，签约总额1 704.5亿元。其中，外资项目28个，合计约18亿美元
社会效益	促进赣商赣才回乡投资兴业，助力扶贫济困；推进"会展赣军"计划，实现会展项目落地，推动江西高质量、跨越式发展	

（三）经验借鉴

1. 政府力量主导，擦亮赣商品牌

第二届世界赣商大会的成功举办主要得益于政府力量推进到位。2019年以来，江西省各级领导高位推动，亲力亲为，赴北京、上海、广东、江苏等地走访赣商企业，洽谈项目。各市县（区）、开发区、省内高校迅速行动，开展乡友、校友、战友座谈联谊活动，掀起"三请三回"工作热潮。省市积极开展活动50多场，包括"回来请"活动20多场、"请回来"活动10多批次，"出去请"近20批次，积极开展产业对接和项目对接。除此之外，政府为赣商返乡投资营造了良好环境。江西致力于打造"四最"营商环境和"五型"政府建设，在政策上倾斜，尤其在土地、金融支持、基础设施配套等方面给予鼓励和支持，营造赣商赣才返乡投资创业的良好氛围，发掘赣商价值，擦亮赣商品牌。

2. 聚焦人才回归，培育会展队伍

坚持引资、引智、引技相结合，把引进人才这个第一要素放在首位，超常规引进领军型企业家和创新型人才。第二届世界赣商大会正掀起新一轮赣商回乡投资高潮，不断迈进"创新引领、绿色崛起、担当实干、兴赣富民"的新步伐，形成"资智回乡"的浪潮，奋力谱写幸福、美丽、富裕、现代化的江西新篇章。在实施人才强省战略的基础上，江西省深入实施"赣商回归"工程，以增强发展活力为核心，以完善政策扶持、增强要素保障、优化服务环境为重点，进一步凝聚赣商力量、加快赣商发展。重点打造"会展赣军计划"，遴选优质会展赣军、培育赣风特色展会、促进项目品牌整合，着力推进"人才回归、总部回归、项目回归、资本回归、科技回归、公益事业回归"，使赣商们积极主动当好兴赣富民的参与者。

3. 突出招商引资，勇争发展潮头

明清时期赣商标志性建筑万寿宫在全国各地建有1 000多座，甚至远在南洋的新加坡也有万寿宫的身影。赣商赣才是一笔宝贵的资源、宝贵的财富。为实现品牌叠加、影响叠加、效果叠加，赣商大会向海内外乡友、校友、战友和赣商赣才代表发出邀请，与他们共商江西发展大计。在注重招才引资的基础上，突出新经济发展与招商引资，举办九江市"三请三回"产业对接会、宜春市"三请三回"暨优秀宜商宜才返乡投资恳谈会、上饶市"三请三回"主导产业项目对接会、会展赣军合作发展研讨会等主题活动，体现出江西省全面落实开放发展的理念。江西省不断改善投资发展环境，推动重大招商引资项目，企业加快引进高端人才，助推全省产业转型发展升级。

三、第二届世界VR产业大会

（一）概述

近年来，我国虚拟现实产业逐步走向成熟，消费市场和行业应用市场不断拓展，产业链条更加完善。5G商用将大大提升虚拟现实体验，为虚拟现实技术在更广泛领域的应用开辟新天地。为贯彻落实习近平总书记"致2018世界VR产业大会贺信及视察江西时的重要讲话"精神，把握5G商用元年的重大历史机遇，紧密结合当前5G赋能VR产业发展的特点，探讨5G新时代如何赋予VR更稳定的技术支撑、更广泛的应用场景、更丰富的体验效果，由工业和信息化部、江西省人民政府联合主办的2019世界VR产业大会（World Conference on VR Industry，WCVRI）于2019年10月19日至21日在江西南昌举行。

2019世界VR产业大会以"VR让世界更精彩——VR+5G开启感知新时代"为主题，旨在聚焦前沿技术，探讨发展之道，展示最新成果，推动应用普及，搭建交流平台，汇聚要素资源，让大会成为全世界了解中国虚拟现实产业发展的窗口和引领全球虚拟现实产业发展的风向标，吸引优秀企业和项目在江西落地，培育经济增长新动能。据统计，来自20多个省市的工业和信息化主管部门、国内外11位院士、50多所著名高校的教授、20多家著名研究机构的专家学者、10多家虚拟现实领域相关行业协会、国内近20个地方虚拟现实行业协会/联盟的代表、全球30多个国家和地区的近2 000家虚拟现实领域企业代表、超过7 000名专业观众参会。

（二）综合性展会

大会在保持首届大会整体构架基础上，增设诸多特色化、新颖性内容，整体由会议论坛、展览展示、比赛竞赛、产业发展和互动体验五大板块构成，丰富了大会期间活动项目，提升了大会影响力。

1. 五大板块

会议部分由主论坛和23个平行分论坛组成，涵盖VR技术研究、产业发展和行业应用等丰富内容，参与者主要是相关领域的专家学者和企业。大会的开幕式和主论坛采取"5G+VR"全程直播，真正实现"VR大会、VR直播"。其中，23场平行论坛紧紧围绕5G+云、标准、产业生态、人工智能、大数据、制造、教育培训、文化旅游、新闻出版、游戏电竞、影视、动漫、投资、安防、人才等虚拟现实热点话题，进行交流探讨，树立VR行业发展的风向标。

展览部分指的是VR/AR产品和应用展览会暨中国国际通信电子产业博览会，面向国内外与VR相关的专业企业、爱好者和普通大众。展会旨在聚焦5G感知新时代，集中展出国内外虚拟现实领域的前沿技术与最新成果，打造全球VR产业盛典。展区由三大板块构成，创新国际主题展区是专门为6个国际参展商设置的国际展区，用来展现国际前沿VR技术，创新技术展区围绕"5G+VR"主题开展，创新应用展区突出的是VR技术在泛娱乐和生活领域的应用。

比赛竞赛部分，大会活动期间组织开展VR产业创新大赛、VR电竞大赛、VR课件设计与制作大赛和VR国际电影节等。

产业发展部分，在大会发布"2019年中国VR50强企业"榜单和"VR/AR年度金奖、年度创新奖"，组织"世界VR产业大会VR/AR年度金奖"及"世界VR产业大会VR/AR年度创新奖"评审发布活动。此外，大会还举办系列产业活动，包括VR小镇奠基仪式、VR产业对接会等。

互动体验部分，体现在VR小镇规划展示馆、VR十大应用场景，以及与华为合作

表6.3　两届大会比较

建设的"VR+5G"展厅等方面，重点展示VR、AR、5G、人工智能、大数据、云计算等新技术、新产品、新业态和新模式。

2. 两届大会比较

表6.3　两届大会比较

	第 一 届	第 二 届
会议部分	14个分论坛	23个分论坛
	170多位演讲嘉宾，来自18个国家和地区的80多位外籍专家，共计2 000多名嘉宾参会	300多位演讲嘉宾，来自30多个国家和地区的110多位外籍专家，超过7 000名专业观众参会
展览部分	2万平方米的展览展示区	6万平方米的展览展示区
	国内外158家知名企业机构参展	国内外215家参展商参展
	展会三天接待人数超20万人次，专业观众8 000人次	两天参观人数15万（19日专业观众4万人，20日公众开放日观众11万人）
赛事部分	第二届中国虚拟现实创新创业大赛（南昌赛）	VR产业创新大赛、VR电竞大赛、VR课件设计与制作大赛
	50多家初创企业和团队	创新大赛：国内外110余家VR企业报名参赛
经济效益	达成157个协议和项目达成意向，总投资额631.5亿元。其中，合作框架协议3个，硬件项目76个，软件项目32个，应用类项目46个。	签约项目104个，其中战略合作框架协议8个、投资合作项目96个，投资合作项目签约总金额652.56亿元，发布《2019江西VR产业招商项目册》，重点推介130个VR产业重大招商引资项目，总投资近550亿元
社会效益	四大中心、四大平台建设，环境整治和"绿改彩"行动，志愿服务培训，城市品牌形象的推广，VR/AR创新实验室已进入学校应用，促进全球VR企业、项目、技术、人才和资本向南昌集聚等	

（三）经验借鉴

1. 战略层面：聚焦前沿，定位高远

2018年首届世界VR产业大会以"VR让世界更精彩"为主题，拉开了南昌打造世界VR产业基地的序幕。大会聚焦虚拟现实发展的关键和共性问题，探讨产业发展趋势和问题解决之道；展示虚拟现实领域的最新成果、前沿技术和最新产品，推动行业应用和消费普及；搭建虚拟现实国际交流平台，引导全球资源和要素向中国汇聚、向江西集

中。从大会定位看，选择虚拟现实产业作为主题是结合区域经济发展战略、聚焦国际前沿科技领域的战略性选择，邀请参会的学者、企业、展商都是领域内佼佼者，大会从高起点的战略定位出发，坚持对标国际，以高标准开展大会项目，以打造国内外VR交流大平台为目标。

2. 组织层面：高位推动，政企合作

大会是由工业和信息化部、江西省人民政府联合主办，凸显国家和江西省政府对大会的重视，借助国家和省级政府平台的支持与独特的资源优势，组委会邀请国内外知名的学者和国际优秀企业参会，依托政府宣传平台、动员全省力量合力举办盛会。大会的成功举办除了依靠政府的科学组织外，还离不开社会组织、企业和其他单位的支持。通过对23个分论坛组织单位的分析可知，分论坛的承办、协办单位是以企业、高校、行业协会和研究中心为主，通过多元化的主体组合，可以最大限度地发挥出各主体优势，共同促进大会的成功举办，提升大会影响力。

3. 项目层面：深广结合，专娱兼备

大会项目的显著特点就是专业学术性的深度与大众生活性的广度相结合，将对行业趋势和关键技术的探讨分析与展现VR技术在泛娱乐领域的广泛应用相结合。主论坛和分论坛紧密围绕前沿技术发展和虚拟现实热点话题进行讨论，与会的人员以省市工业和信息化主管部门、国内外院士、高校教授、科研机构专家学者、行业协会/联盟代表为主，共有来自30多个国家和地区的300多位嘉宾参与论坛讨论。2019VR/AR产品和应用展览会主要用来展示全球范围内的VR最新成果，特别是教育图书、动漫卡通、游戏娱乐、影视展区等四大应用展区部分，与大众生活紧密相连。大会同期举办的系列赛事活动更是体现出大会的广泛参与性，全球的企业和个人都可以申请参赛，用作品阐述自己对VR的理解与应用。

四、第十七届中国国际农产品交易会

（一）概述

党的十九大以来，乡村振兴一直是党和国家工作的重心和要点，是新时代做好"三农"工作的总抓手，是扶贫攻坚的重要途径，也是全面建设小康社会的必然要求。为解决好三农问题，促进农业农村经济发展，实现乡村振兴，结合当前农产品国际贸易现状和农业发展取得的成就，由农业农村部、江西省人民政府共同主办，江西省农业农村厅、南昌市人民政府、全国农业展览馆承办的第十七届中国国际农产品交易会，于2019年11月15日至18日在江西南昌举行。

本届大会以"喜迎七十华诞，做强农业品牌，助力乡村振兴"为主题，秉承"促进贸易、展示成果、推动交流"的办展宗旨和"精品、开放、务实"的办展原则，重点展示农业农村发展成就、消费扶贫重要举措、国际交流新成果。全面推进农业全产业链贸易合作，塑强中国农业品牌，打造"市场化、专业化、国际化、品牌化、信息化"的高品质农业交流合作和贸易洽谈平台。本届大会是一次展示南昌天下英雄城市形象和全市农业农村工作成效的重要机遇，也是全市农业特色产品、特色品牌和农业龙头企业走向全国乃至世界的绝佳平台。据统计，本届中国国际农产品交易会总展览面积为13万平方米，创历届展区面积之最，展会期间参展国内外企业达到8 000多家，采购商2.3万家，5万余种展品参展。其中，大采购商2 800家，专业观众人数8万人，到场42.5万人次，达成交易金额381亿元。

（二）高品质展会

本届中国国际农产品交易会全面展示中华人民共和国成立70年来农业农村发展成就、产业扶贫重要举措、国际交流合作新成果、各农业行业新业态新产品。以农产品的市场化改革为重点，努力打造市场化、专业化、国际化、品牌化、信息化的高品质农业交流合作和贸易洽谈平台。

1. 市场化运作

本届中国国际农产品交易会打破原来省级农业农村部门招展组展的模式，首次采用公开招投标方式，引进专业会展公司，面向市场专业化招展招商，并进一步厘清政府和市场的关系，广开办展门路，激发展会发展内生动力，迈出了中国国际农产品交易会市场化运作坚实的一步。展会聚焦大企业、大品牌，同时关注成长型中小型企业。展会首次大规模集聚行业龙头企业并特设大企业馆，中粮、中化、中农发、北大荒、伊利、金龙鱼等近20家特大型企业积极参展，让社会各界一睹农业领军企业的风采。

2. 专业性布局

本届中国国际农产品交易会总体布局分为两大板块：一是以展示交流为主的公益性展区。展会首次采用编年体形式，与世界分享"三农"发展的中国智慧、中国方案和中国经验，以实际行动致敬新中国成立70年。为助力打赢脱贫攻坚战，本届大会设置扶贫展区，帮助贫困地区对接产销，促进农产品出村进城。二是以贸易洽谈为主的市场化展区。展会紧跟市场发展潮流，创新拓展展览内容，由原来以农产品贸易为主，转变为种养、加工、流通、生产资料、农业科技、信息技术、人居环境、农业文化等全产业链布展。本届中国国际农产品交易会打破原有布展模式，按照产品大类和专业行业布展，如蔬果、粮油、水产、畜禽、特色园艺、信息化等展区，设立特大企业馆。

3. 国际化平台

中国国际农产品交易会现已成为极具权威性与影响力的国内综合性农业行业盛会与国际化交流平台。本届大会着眼于国际市场，展会期间参展国内外企业数量庞大，达到8 000多家，采购商2.3万家，其中主宾国——法国16家企业参展，约130名嘉宾和展商参加展会。中粮、中化、中农发等104家特大型企业、国内知名农业大企业积极参展，海尔等多家企业首次亮相。本届中国国际农产品交易会还在国际国内馆设置了境外农产品展区、省外农产品展区、港澳台地区农产品展区和国内非组团企业展区，邀请"一带一路"沿线国家和地区、粤港澳大湾区、长江经济带沿线地区、东西部扶贫协作对口帮扶城市参展，并先后达成了一批合作项目，充分为农业对外合作搭建好"走出去""引进来"的重要平台。

4.品牌化建设

本届中国国际农产品交易会紧扣"品牌强农、乡村振兴"主题，首次发布中国农业品牌目录名单，共发布了300个具有代表性的特色农产品区域公用品牌、100个农产品区域公用品牌价值评估榜单和影响力指数评价榜单。展会还支持贫困地区企业和特色产品参展，鼓励品牌农产品参展。为了更好营造品牌农业发展氛围，此次中国国际农产品交易会实行了严格的准入制度，参展产品要获得"三品一标"或通过HACCP、GAP等国际体系认证，增强龙头企业辐射带动能力，全面推动我国农业高质量、品牌化发展。

5.信息化场景

数字经济风起云涌，信息化成为引领创新和驱动农业转型升级的先导力量。在本届中国国际农产品交易会上，不仅设置了数字农业农村展馆，举办数字农业农村发展论坛，还同期发布了《中国数字乡村发展报告（2019年）》。大会集中展现了智慧农业的高速发展和智能办展的高效应用。为便于贸易成果统计，展会建立了网上参展系统和采购商服务系统。首次建设展会现场导览及信息检索系统，用户可以快速定位参展商的展位号、参展产品所在区域和所属展商等关键信息。另外展会全部实现二维码订购，每个展商和展品均附有相关二维码，便于采购商快速了解产品基本信息，提升采购体验。

（三）经验借鉴

1.承接高平台，放眼大未来

中国国际农产品交易会是农业农村部着力打造的国际性农业展会，经过多年探索实践，大会规模不断扩大，内容日益丰富，形式更为新颖，现已发展成为我国极具权威性、影响力的综合性农业行业盛会。中国国际农产品交易会借助国家政策和省级资源优势，发动力量联合办展。面向全球，广泛邀请国外和国内知名的农业大企业参展，吸引该行业资源和力量向江西流动。大会展出国外和国内各农产品类型的最新成果，宣传了农业相关政策，培育了农业品牌，促成大量农产品交易，对全国乃至世界农业发展起到重要作用，同时对江西本地农业产业链的培育有重要意义，对经济发展的影响显著。

2.市场化办展，改革中突破

改革创新是新中国成长发展的根本动力。本届中国国际农产品交易会深化改革，走"政府主导、市场运作、专业办展"道路，践行"专业的事情让专业的人干"理念，引领全国农业展会更好更快发展。首次面向市场专业化招展招商，充分发挥市场在资源配置中的决定性作用，让政府和市场"两只手"凝聚发展合力。在办展过程中，加大政府向社会购买服务的力度，减少行政参与，构建起一个地方政府、市场主体、行业协会等多方共享的大平台。

3.信息化办展，品牌化发展

本次中国国际农产品交易会以品牌化、信息化为引领，集中展示和推广农业新技术、新产品、新工艺以及新观念，采用了"展会结合"的模式，同时还组织开展多个项目推介、招商引资活动，使参展企业进一步了解行业和产品的最新发展动态，同时缩短新产品进入消费市场的周期。聚焦农业品牌建设，将中国农业品牌建设高峰论坛设定为主论坛，继续创新举办全国农业品牌推介专场，按照"一个特优区塑强一个区域公用品牌"的原则，由32个县委书记或县长登台推介，展示我国区域公用品牌的建设成果。其间，首次发布中国农业品牌目录名单，公布由政府支持行业协会和科研院所联合评定的品牌影响力和价值评估结果，突显公益性和权威性。展会促进企业品牌化发展，提高农产品生产标准，引领农业品牌健康可持续发展，为品牌强农战略落地提供契机。

五、首届南昌飞行大会

（一）概述

江西作为新中国航空工业的摇篮和发祥地，近年来，江西省委、省政府把航空产业作为战略性新兴产业来打造，大力推动江西从航空资源大省向航空经济强省转变，产业发展态势喜人，产业规模平台日益壮大，研制能力不断增强，重大项目加速落地，通航发展稳健起步，开放合作稳步推进。

为把航空产业打造成本省战略性新兴产业，促进江西航空产业高质量跨越式发展，加速实现江西省委、省政府提出的"航空产业大起来、航空研发强起来、江西飞机飞起来、航空小镇兴起来、航空市场旺起来"的航空梦，由南昌市人民政府主办，南昌高新区管委会、中航文化有限公司承办的首届南昌飞行大会（Nanchang Flight Convention）于2019年11月2日至11月3日在南昌瑶湖机场举行。大会围绕"江西飞机飞起来"的主题，开展无人机表演、高峰论坛、江西自主飞行器动态飞行展示、外籍特技飞行表演、航空运动表演、飞行器静态飞机展示、企业展示、明星飞行员互动等系列活动。据统计，共有23万人参与此次盛会，远超此前预计的10万人规模，开幕式期间集中签约21个重大项目，签约投资额达280亿元。本次大会邀请到4支国外顶级飞行表演队，总计约100架飞行器，为新中国70华诞献礼，为江西实现航空市场兴旺助力。

（二）大会概况

1.大会内容

首届南昌飞行大会是展示南昌形象、促进通航产业发展的有效载体，也是通航制造商、运营商、服务商、飞行器的拥有者、驾驶者和爱好者的高效展示、交流、体验平台。大会由开幕式、飞行表演、航空发展峰会、航空飞行器静态展示以及无人机灯光表演等五大部分组成。

开幕式：国家部委以及江西省、市领导参加开幕式。开幕式上举行了江西退役飞行员复训基地授牌仪式以及航空产业项目签约仪式等。

飞行表演：表演分为三大部分。江西自主飞行器动态飞行展示环节由洪都公司、昌飞公司生产制造的K-8、L-15、AC311、AC313等10余款飞机为观众进行飞行展示；外籍特技飞行表演环节由13架特技飞机表演单机特技、多机编队、机翼行走等精彩特技动作；航空运动表演环节，国内知名动力伞表演队通过滑翔伞、跳伞、动力伞、热气球等20余架飞行器带来精彩纷呈的航空体育运动表演。

航空发展峰会：举办国产民机创新发展暨南昌航空产业推介会、飞机客改货及民航飞机新技术应用论坛、国产小型航空发动机发展与应用论坛暨ZF850发动机交付仪式，共三场航空产业发展论坛。

航空飞行器静态展示：邀请国内外知名航空企业70余架主流飞行器到场展示，包含固定翼飞机、教练机、直升机以及军机，如K-8、L-15、歼10、直10、枭龙等，并设置航空互动、科普、体验展区以及展会配套服务等。

无人机灯光表演：2019年11月1日晚，在艾溪湖湿地公园进行无人机灯光表演秀。

2.大会亮点

首届南昌飞行大会成为一张独具特色的航空城市名片，加强了江西省与航空工业及国内外一流通航企业的合作，也为广大观众带来一场航空视觉盛宴。

世界级特级飞行表演：大会邀请了4支国外顶级飞行表演队，表演队带来多机造型编队、同步滚转、向上开花、失速流转、一箭穿心等特技飞行表演，提高大会观赏性和专业水平。

航空运动表演：大会邀请了国内优秀航空体育表演队，为现场观众动态展示动力伞编队飞行。庆祝祖国70华诞，动力伞表演队特意定制国旗色动力伞，在万里长空告白祖国。

强大的航空器阵容：大会展出了航空工业集团所属的多种主力型号飞行器。飞机静态展区集中展示包括高拟真国产军机模型、国内外多型直升机、多用途通用飞机、水陆两栖飞机、航空体育飞行器等在内的飞行器，总计100架。

多样互动给观众最丰富的体验：大会设置多种互动体验项目——与国际特技飞行

大师零距离的粉丝见面会、模拟飞行器体验、航空科普大讲堂等。

（三）经验借鉴

1. 展会选题：契合区域发展

契合区域发展的展会选题具有旺盛的生命力。江西省将航空产业作为战略性新兴产业来打造，高度重视航空产业发展，把航空产业列入"2+6+N"产业高质量快速发展行动计划，推动航空产业发展驶入快车道；省会南昌先后制定《南昌市航空产业高质量跨越式发展行动方案》等政策，建设南昌航空科创城标准厂房；围绕瑶湖机场打造航空科创城配套产业园，并在中国商飞生产试飞中心周边打造通航产业园。首届南昌飞行大会的举办与航空产业战略发展目标高度契合，获得江西省委、省政府的全力支持，成为本省航空产业高质量发展的赋能平台，实现引资、引智，促进了本省航空产业的发展。

2. 展会服务：满足参会需求

展会服务水平是影响展会参与者满意度的重要因素，南昌飞行大会各项服务保障措施基本满足了观众的参会需求。在道路保障方面，工程团队着力推进道路给排水及园林景观、照明、交通设施等工程，以满足南昌飞行大会的通行要求。在餐饮供应方面，大会全力保障现场餐饮、饮品小食、纪念品的供应，对各项筹备工作做到定人、定时、定点、定责，高效推动各项筹备事宜，在活动现场设置1 000平方米的用餐区为观众提供用餐、休息场所。为丰富餐品种类，做到中西结合，除提供中式简餐外，大会还引进肯德基等品牌餐饮入驻会场，满足大会各方的多样化需求。大会期间，有关部门全力推进南昌飞行大会沿线景观节点打造、大会场地保洁、设施维修等，有力保障南昌飞行大会的氛围布置和环境整洁。

3. 活动设计：提高观众体验

提高观众体验感和满意度可以增强展会社会效益，获得市场认可。让观众有更高的体验度是本届南昌飞行大会的宗旨之一，观众可以零距离接触多种多样的飞行器，感受飞行模拟体验，航空与文化、创意、艺术多元化碰撞融合，持续提升观众体验，如航空文创产品展示、航空主题长廊、航空宝贝秀等。本届大会最受瞩目的是国外飞行表演队与现场观众见面互动、现场签售、直接交流、合影留念。多样精彩的现场活动提高了观众的参与度，普及了航空航天知识，营造了浓厚的科普氛围，实现了良好的社会效益。

六、中国景德镇国际陶瓷博览会

（一）概述

陶瓷是中华民族的艺术瑰宝，是中华文明的亮丽名片。2019年，景德镇正式获国务院批准建设国家陶瓷文化传承创新试验区，其战略定位是"两地一中心"。[1]中国景德镇国际陶瓷博览会已连续举办了16届，是推动陶瓷产业发展、增进陶瓷文化交流的国际化专业博览会，也是江西乃至中国深化与世界文化交流合作的桥梁和纽带。

2019年，习近平总书记在视察江西时提到要"建设好国家陶瓷文化传承创新试验区，打造对外文化交流新平台"，为景德镇的发展标定了历史方位。为进一步抓住国家重大战略机遇，加快陶瓷文化传承创新，由国家商务部、中国轻工业联合会、中国贸易促进委员会、江西省人民政府共同主办的2019中国景德镇国际陶瓷博览会（Jingdezhen International Ceramic Fair），于2019年10月18日至10月21日在景德镇国际会展中心举办。本届中国景德镇国际陶瓷博览会以"博览世界陶瓷精品、弘扬千年瓷都文明"为宗旨，据统计，本届中国景德镇国际陶瓷博览会共设有标准展位1 900个，展览面积28 600平方米，参展企业近千家，吸引3 500多名客商参加。本届博览会充分利用声、光、电等现代信息技术，通过采集参展企业信息，以及新中国成立70年以来景德镇生产的国礼用瓷图片、文字和影像等，对参展企业和国礼用瓷进行立体式、全方位展示。

（二）博览会概况

中国景德镇国际陶瓷博览会充分彰显了景德镇的文化价值和品牌价值，成为中国乃至世界陶瓷领域具有较高影响力和知名度的一个重要平台。

1. 国内外品牌陶瓷汇聚

中国景德镇国际陶瓷博览会是一场集陶瓷精品展示、贸易投资、文化交流于一体的国际性盛会，吸引众多国内外优质陶瓷企业参展，在弘扬陶瓷文化、推动陶瓷转型发展、促进陶瓷贸易投资、传递中国声音方面发挥重大作用。总体来看，参展企业呈现以下三个特点：一是国内产瓷区组团参展企业多，诸如湖南醴陵、河北唐山和邯郸等，部分展团参展企业达40多家；二是国内品牌陶瓷企业参展积极性高，深圳永丰源、淄博华光、江苏高淳、广西三环、湖南华联、杭州楠宋瓷业、北京华江等各产瓷区的品牌企业悉数到会展示和交流；三是境外参展企业新增企业多，今年中国景德镇国际陶瓷博览会境外参展企业达23家，较去年新增了德国唯宝、韩国陶瓷财团、加拿大嘉铭等参展企业，形成了国内外品牌陶瓷企业汇聚的良好态势。

2. 配套活动丰富多彩

本届中国景德镇国际陶瓷博览会举办了30多项契合大会主题的配套活动，充分彰显了权威性、文化性和竞技性。在配套活动的组织策划上，紧密结合景德镇国家陶瓷文

1　即把景德镇建设成国家陶瓷文化保护传承创新基地、世界著名陶瓷文化旅游目的地、国际陶瓷文化交流合作交易中心。

化传承创新试验区建设等主题，促进产瓷地区之间、陶瓷艺术领域的合作与交流。其中包括由景德镇市人民政府、中国陶瓷工业协会、景德镇学院共同主办，以景德镇国家陶瓷文化传承创新试验区建设为主题的"陶瓷文化传承与创新——景德镇国际研讨会"等5项研讨论坛类活动；由中国陶瓷工业协会主办，以陶瓷技能展示、评比、交流为主题的"高岭杯"第五届全国陶瓷职业技能竞赛总决赛等3项竞技评比类活动；以产业对接、产品推介、现场洽谈为主题的经贸投资洽谈和采购供需对接等4项贸易投资类活动；由国家文化和旅游部、中国文联、中国美术家协会共同主办的第十三届全国美术作品展览陶艺展等16项文化展示类活动；以陶瓷文化元素和现代灯光艺术融合为主题的景德镇国际陶瓷灯会等8项演绎观赏类活动。丰富多彩的配套活动增强了中国景德镇国际陶瓷博览会的影响力，让世界感受到千年瓷都的陶瓷艺术文化魅力。

3. 搭建经贸、开放平台

推动贸易成交是中国景德镇国际陶瓷博览会发展的关键举措，江西省高度注重中国景德镇国际陶瓷博览会开放型经贸平台的拉动作用，客商邀请工作精准高效。一是通过省旅游协会和跨采机构，邀请了400多名国内星级宾馆酒店、国外采购商团到会采购；二是通过中国出口商品交易会平台，精准邀请了近百名重点采购商参加中国景德镇国际陶瓷博览会；三是通过中国轻工工艺品进出口商会、中国贸促会贸易促进中心、商务部贸发局产业促进中心等相关机构的推介和邀请，邀请了一批有实力、有意愿的买家到会采购。据统计，博览会期间的专业采购商突破2 000人。在此基础上，景德镇还举办了参展商与采购商供需见面会、新产品发布会，以及多场经贸投资推介会，以此实现贸易成交额新的突破。

（三）经验借鉴

1. 科学引领：聚焦区域优势产业

展会选题要契合当地产业发展趋势，陶瓷产业是景德镇的优势产业和主导产业，是本地区支柱产业，也是政府重点扶持的产业。在景德镇获批建立国家陶瓷文化传承创新试验区的大背景下，政府出台多项措施鼓励陶瓷产业转型升级。举办陶瓷类展览会能够为陶瓷产业发展提供投资交流平台，促进陶瓷产业创新与繁荣，增强陶瓷企业间的交流互通，引领陶瓷产业实现高质量跨越式发展。

2. 招展高效：精准邀约重点展商

在展会招展的过程中，联合有关单位共同招展，既能提高展会的影响力，也能最大限度地降低招展成本。博览会按照专业性、实力强和意向准的原则，通过省旅游协会、跨采机构、广交会平台、中国轻工工艺品进出口商会、中国贸促会贸易促进中心、商务部贸发局产业促进中心等相关机构的推介，精准邀请了近百名重点采购商和400多名国内星级宾馆酒店、国外采购商团等到会采购。通过中国景德镇国际陶瓷博览会商企供需对接会，达成意向签约25宗，金额3 500多万美元，实现现场订单180万美元。

3. 宣传到位：直播平台介入造势

宣传推广对于展会品牌的培育具有重要意义，本届中国景德镇国际陶瓷博览会充分利用声、光、电等现代信息技术，对参展企业和国礼用瓷进行立体式、全方位展示，现场具有较高的观赏性。博览会吸引了百度、抖音、淘宝、京东等直播平台，众多主播在展会现场通过直播平台介绍博览会盛况，提升了展会的知名度和品质认知度。博览会充分利用网络直播平台受众广、互动强的特点，有效传递展会信息，营造了良好的参展氛围。

七、第五十届全国药材药品交易会

（一）概述

中医药事业发展是健康中国进程中的重要部分，是弘扬中华传统文化的重要抓手和途径。中医药学包含着中华民族几千年的健康养生理念与实践经验，是中华文明的璀璨瑰宝。新中国成立以来，我国中医药事业取得显著成就，中医药现代化、产业化、国际化进程不断加快，为建设健康中国、实现中华民族伟大复兴的中国梦贡献力量。为深入发展中医药产业，2016年樟树市政府开始实施"中国药都"振兴工程。

为传承和创新中医药文化，推动中医药产业健康快速发展，由江西省人民政府、中国中药协会主办的2019年中国药都（樟树）第50届全国药材药品交易会，于2019年10月16日至18日在"中国药都·樟树岐黄小镇"举办。本届大会以"发展樟树中医药，振兴中国药都，弘扬中华医药，促进人类健康"为目标，突出"传承·创新·合作·共赢"的主题，涵盖中医药文化传播、中药材交流贸易、中医药发展成果展示、中医药科技项目对接、中医药学术交流等各个方面。大会设置经济贸易、宜春中医药博览会、学术交流、行业培训、文化宣传五大板块，包括专业交易会展、2019年江西（宜春·樟树）医药产业招商引资推介会、中国中药材种植联盟高峰论坛等18项活动。据统计，本届大会参展企业8 000余家，全国中药百强企业40余家，参展品种超2.6万个，参会嘉宾近10万人，总成交额达178.3亿元。

（二）高水平展会

大会的"创新、高效益、重交流、促合作"理念对推动中医药产业发展，加快中医药强省战略的实施，深化江西对外开放合作，具有重大意义，同时在海内外医药界也产生了深远影响。

1. 求创新

全面推行市场化办会，推进展会与互联网深度融合，推动中医药行业合作交流，促进中医药现代化、信息化、国际化，安排经济贸易、宜春中医药博览会、学术交流、行业培训、文化宣传等五大板块，共18项活动。在保留传统12项活动的基础上，增设宜春中医药博览会版块，新增全国中药材产业大会、宜春中医药发展成果展、2019年江西省"振兴杯"中药炮制职业技能大赛等6项活动。中药质量第三方检验检测中心暨中药固体制剂制造技术国家工程研究中心樟树分中心揭牌，填补了全省中药第三方检测空白，有利于降低企业成本，提高产业竞争力。各项活动安排有序，精彩纷呈，不仅有传统意义上的药材药品交易，还进一步创新了办会形式，丰富了办会内涵。

2. 高效益

本届大会共吸引来自全国各地的参会、参展医药厂商8 000多家，参展品种超2.6万个，共有医药专业代表等10万多人参会，成交额达178.3亿元，其中中药（中成药、饮片、中药材等）成交额98.5亿元，中药制造机械设备成交额17亿元，"互联网＋药交会"交易平台成交额62.8亿元。全国药材药品交易会办会规模越来越大，影响力不断增强，已逐步成为中医药行业信息流、资金流、人才流、技术流等交流交易的大平台，对传承中医药文化、发展中医药产业、宣传中国药都起到了积极的推动作用。

3. 重交流

国际层面，有5家跨国企业报名参展，韩国堤川市政府代表团一行来樟树参会，开展相关洽谈对接业务，进一步巩固了城市之间的友好关系；国家层面，国家工信部、农业农村部、国家中医药管理局等有关司局及中国中药协会、中华中医药协会等的负责同志应邀参会。中国工程院院士、中国中医科学院院长黄璐琦，中国中药协会会长房书亭亲自到会指导并作学术交流；市县层面，安徽亳州、河北安国、河南禹州等三大药都专门派代表参会，陕西铜川、安徽霍山、山东东阿均慕名而来，专程考察、学习樟树中医药产业发展及全国药材药品交易会工作；企业层面，吸引了华润三九、天津天士力、哈药集团等一批全国百强药企，以及丰颖集团、健美乐、瑞光生技等4家台湾企业参会参展。

4. 促合作

大会设置了全国中药材产业大会、中国中医药发展大会、中国中药材种植产业联盟高峰论坛及江西医药产业招商引资推介会等多场经贸交流活动。多位全国知名院士、专家莅临樟树，共同研究探讨推动中医药产业发展的思路与策略；樟树与中国中医科学院开展合作，共享资源；国内500多名中药材产业领域的知名专家和企业界代表汇集樟树，开展深入交流，深度剖析产业创新，解读最新政策，发布行业标准，推动中药材产业高质量发展。此外，江西医药产业利用全国药材药品交易会平台进行招商引资，加强对外招商和项目对接，引进一批规模大、产业带动能力强的医药产业项目落户，促进全省中医药事业与产业的深度融合。会上，成功签约项目18个，签约资金达62.1亿元。

（三）经验借鉴

1. 政府关注、支持

国家相关部门，江西省委、省政府对全国药材药品交易会的举办高度重视，高位推进、一线指挥和统筹协调，确保大会各项筹办工作有序推进，确保大会有声、有色、有成效，实现"上级满意、企业满意、群众满意"的社会效果。

2. 创新求变稳基础

樟树作为一个硬件设施相对薄弱的县级市，始终将创新求变铭记于心，将硬件配套设施建设放在首位，在气候不利的情况下，抢时抓刻、日夜奋战，全力推进樟树岐黄小镇项目建设，确保中医药会展中心等项目如期交付使用，弥补无专业会展展馆的空缺，使得大会成为全国中医药行业集中展示的重要平台和窗口。依托江西中医药产业优势，创新设立的宜春中医药发展成果展，整合了宜春各县市区中医药资源，全景式展示了宜春近年来中医药发展成就以及独特的中医药文化魅力，获得了参会嘉宾及众多参展商的一致好评。

3. 广泛宣传造声势

全国药材药品交易会开幕的新闻于当日在央视新闻联播播出，宜春市政府邀请中央驻赣新闻单位、香港在赣媒体、省内新闻单位等42家媒体85名记者来樟采访。人民网、新华网、央广网、中国新闻网等中央、省、市主流媒体登载各类报道200余条。人民网制作了大型网页专题报道大会盛况，《新京报》《中国工业报》《江西日报》等进行了专版宣传。此外，"两微一端"，[1]抖音及短视频新媒体平台对全国药材药品交易会盛况进行了集中报道，形成了强大的宣传声势。人民网、新华社客户端等对交易会开幕式进行了现场直播，总点击量超百万人次，其中，新华社客户端现场云直播点击量达54.28万，江西新闻客户端直播点击量达41.2万。

4. 科学安排助成功

本届全国药材药品交易会活动内容多、办会场地新、嘉宾规模大、对外影响广，能取得圆满成功，归功于相关单位和广大干部的科学安排、密切合作。为办好本届大会，江西省政府下发了樟树第50届全国药材药品交易会筹办工作方案，成立了以副省长吴忠琼为组长，省直相关单位为成员的协调领导小组。省直各有关部门对筹备工作高度重视，将其摆上重要议事日程，全力支持，以确保全国药材药品交易会各项活动井然有序、顺利开展。正是由于各方周密组织、全力以赴，既各司其职、各负其责，又互相参与、协作攻关，才有了工作的高标准、高效率，形成了无缝对接的整体合力，将各项子活动串联成一次交流合作充分、嘉宾认可满意、江西新气象和药都新形象充分彰显的盛会。

1　"两微一端"指微博、微信及新闻客户端。

八、第十二届中国绿色食品博览会

（一）概述

党的十九大报告明确提出实施食品安全战略。习近平总书记多次作出重要指示：用最严谨的标准、最严格的监管、最严厉的处罚、最严肃的问责，确保广大人民群众"舌尖上的安全"。为全面贯彻党的十九大和习近平总书记系列重要讲话精神，积极响应国家"一带一路"的战略布局，牢固树立和贯彻落实新发展理念，坚持稳中求进工作总基调，按照"育品牌、提品质、增品种"的工作思路，以提高中国绿色食品博览会质量和效益为中心目标，2019年12月20日至23日，由商务部、江西省人民政府主办的第十二届中国绿色食品博览会（2019 The 12th China Green Food Expo）在南昌举行。

第十二届中国绿色食品博览会深入贯彻落实新发展理念，以"绿色创新、合作发展"为主题，打造优质绿色食品交易平台、技术交流平台、信息共享平台，使中国绿色食品博览会成为食品生产加工与流通消费的桥梁纽带，促进食品行业结构不断优化，全面推进绿色食品流通与消费的不断升级。据统计，本届展会展览面积达4万平方米，展位数近2 000个，参展商2 000余家。共有30多个国家代表团，13个省市组团参展，众多知名食品品牌汇聚一堂，在现场为广大观众提供一场全方位的食品盛宴。

（二）博览会概况

中国绿色食品博览会在国家商务部和江西省政府的正确领导下，已成功举办了十二届。第十二届中国绿色食品博览会重点在于突出特色，注重展会实效，打造绿色展会、特色展会、精品展会。

1. 展会阵容强大

第十二届中国绿色食品博览会是国家商务部和江西省政府联合主办的国家级重点品牌展会，是亚洲规模大、权威性高的食品博览会之一。本届展会拥有强大阵容，规模大、参展范围广，国际化程度全新升级，130家国内外媒体连续报道。本届展会展览面积达4万平方米，展位数近2 000个，参展商2 000多家，3.8万大型商超、知名电商及专业采购商汇聚。本届中国绿色食品博览会首次全新突破，国际展区有来自美国、德国、法国、意大利、新西兰、乌克兰等30多个国家带来的上千种具有浓郁地域特色的进口商品，全面展示推广富有地域风情的绿色产品，如法国红酒、美国火腿、意大利面、波兰牛奶、荷兰奶粉等。此外，乌克兰等国家政要、驻华大使参加本届中国绿色食品博览会，支持绿色食品产业之间的国际化交流与合作。

除国外代表团组团带上千种展品参展外，来自全国13个省市的绿色食品企业也组团参展，展品范围涵盖绿色食品（有机食品、地理标志产品），如宁夏枸杞、长白山人参、五常大米、大连海参、武汉热干面、黄桂稠酒等。江西11个设区市及代表团则带来特色农产品及食品，如赣南脐橙、南丰蜜桔、鄱阳湖螃蟹、四特酒、景德镇浮梁雨前茶、崇仁麻鸡、万年大米、鹰潭贵溪灯芯糕以及南昌李渡、三花等名品。

2. 活动专业升级

第十二届中国绿色食品博览会召开中国绿色食品营销新渠道论坛、现代供应链创新发展峰会、中国绿色产业创新发展论坛、"赣品网上行"·江西绿色食品网络促销对接会、采购对接会、江西（赣州）农商互联精准扶贫产销对接会等六大会议论坛，召开餐叙会、巡馆、农产品上行电商培训等多项同期活动，共计10余场高规模的行业论坛及会议活动。论坛与峰会同步开展，以促进绿色食品产业的交流与发展，打造一个南昌绿色食品产业双向投资交易重要平台，形成南昌绿色食品产业的国际影响力。中国绿色食品博览会主办方还邀请了中粮集团、海尔集团、腾讯、华为、映潮、鲸仓、中交兴路、中集冷链、万科等各企高管与业内各领域知名专家，及行业龙头企业代表数千名到场进行交流分享，互相启发，促进绿色食品产业的优质发展。

3. 展务质量优化

中国绿色食品博览会经过十一年的发展，已逐步发展成为国内绿色食品展示交易的重要平台。本届中国绿色食品博览会对展会服务模式质量进行全方位提升，力争做到逛展参展双享受。一方面，在展会现场设置便民服务点，为广大展商、采购商及观众提供全新升级的优化服务，更在现场增设安保人员，维护展会秩序，全天候保障展商观众安全，提高服务效率，使中国绿色食品博览会更智能、更便捷、更环保。另一方面，博览会为广大市民提供免费参观的福利，观众到达展会现场通过安检后，即可尽情品尝来自各地的美酒、美食、名茶。

4. 精品荟萃茶飘香

本届绿博会现场精品云集，设置精品茶叶馆，茶叶馆内汇聚浮梁、宁红、福鼎白茶、云南老树普洱等国内外60多家茶叶名企，展出的内容涵盖工艺品、茶具、陶瓷、紫砂、全国各类名茶等上千种展品，集齐了"红黄青白绿黑"茶类六兄弟，云集四海好茶。茶叶馆全方面为参展茶企打造了一场企业品牌推广、新品展示、技术交流、资讯互通的品牌盛会。展会同期举办了"2019中国绿色食品博览会梁天柱宁红茶专场推介品鉴""2019'婺牌茶业'品牌专场推介会活动""新茶品牌发布会"等有关茶叶表演、茶文化推介、新茶发布、茶叶论坛的多项活动。

（三）经验借鉴

1. 国际市场全面铺开

中国绿色食品博览会作为国家级重点品牌展会，是亚洲规模最大、权威性高的食博会之一，与其参展范围广、国际化程度高息息相关。博览会的国际展区有来自美、德、法、意等30多个国家，有法国红酒、美国火腿、荷兰奶粉等千余种优质进口商品，相比于2018年第十一届中国绿色食品博览会16个参展国家而言，国际化程度又上新台阶，逐步打开并深入全球市场，国际层面的经验交流与投资合作密切，在全球舞台上擦亮江西乃至中国绿色食品品牌。

2. 保持行业专业水平

本届中国绿色食品博览会充分考量参展展品及商家，在专业观众邀请渠道与对象上更具针对性，邀请了包括盒马鲜生、山姆会员店、7FRESH、永辉超市、天虹商场、百联、麦德龙等国际知名零售采购商到会采购。同时，积极联合政府及行业协会在大型商超、食品经销商和分销商、食品专卖店、批发市场、社区连锁超市和便利店、进出口贸易公司、食品生产加工基地等重点区域开展邀请合作，组织上千名专业观众到场参与采购对接会。因此，本届中国绿色食品博览会充分实现了专业化的客商洽接，推动绿色食品品牌化、专业化、精品化的重点升级，高水平地保持着食品行业的专业层次，为展会品牌定住根基铺路。

3. 营造展会特色场域

本届中国绿色食品博览会的宣传手段与方式呈现出多元化特点。博览会积极制定宣传策划方案，加强与媒体合作，加大宣传推广力度，分步骤、分时段、分层次、有计划地组织开展系列宣传活动。通过召开新闻发布会，推出博览会宣传专栏和中国绿色食品博览会官方微信推送，以及电视广播、报纸杂志、网络平台、公交与道路支架广告等各种宣传载体与城市媒体资源，全方位宣传报道博览会情况，扩大展会影响，提升展会知名度，为博览会创设独特的场域。博览会的圆满举办与积极、主动、全面的宣传是分不开的，为品牌展会打造特色的环境氛围是展会成功的重要一步。

4. 落实绿色发展理念

本届中国绿色食品博览会的品牌化、专业化、精品化特色升级，以"绿色创新，合作发展"为主题，全程贯彻绿色发展理念，向参展的广大展商、专业采购商、观众等展示大会累积十一年的绿色底蕴和文化。博览会期间，进行绿色展台及最佳组织奖评选及颁奖活动，倡导绿色展会、绿色展馆，向广大市民传递绿色环保理念，提倡市民尽量乘坐公共交通工具观展。中国绿色食品博览会不仅展示国际、国内的优质绿色食品，而且通过践行可持续发展理念传递绿色精神，绘制南昌"天下英雄城，国际绿博会"的新名片。

第七章　2019江西各地市会展业发展情况

～～～～ ∽∽∽∽ ～～～～

在全省"一圈引领、两轴驱动、三区协同"的区域发展新格局背景下，通过"高端会展，三线联动"将大南昌都市圈打造成全省会展业高质量发展引领区，通过"品牌展会＋红客节事"将赣南等原中央苏区打造成会展创新发展示范区，通过"瓷铜展会＋文旅节事"将赣东北地区打造成会展国际化建设先行区，通过"产业会议＋幸福节事"将赣西地区打造成高端会议产业发展区。

本章对2019年江西省十一个地市的会展业发展情况进行具体介绍，包括各地市的发展现状与成就、优势分析、对策分析三个方面。第五章详细分析了全省的会展政策、企业及协会、专业展馆、会展人才培养和国际化发展的现状与未来发展对策。本章的对策分析将与第三章"基于核密度估计法的江西会展展馆空间格局分析"中的未来展馆建设规划和第四章中的"江西会展发展定位与模式"紧密结合，从会展基础设施建设、接待能力提升、产业发展模式创新、本土品牌培育与营销等方面出发，提出符合各地市发展现状、区域优势，与全省战略目标相配套的具体发展对策，以期指导各地市未来会展业发展，共同促进全省会展战略目标的实现。

一、南昌会展业发展报告

天下英雄城——南昌被誉为"物华天宝，人杰地灵"之地，是新中国航空工业的发源地、中国重要的综合交通枢纽和光电产业基地，世界级的光伏产业基地。2019年，在南昌市委、市政府的大力支持和高度重视下，南昌市围绕"建设中部会展名城、打造全国会展目的地"的发展战略，依托《关于进一步促进南昌市会展业健康快速发展的实施意见》等发展政策，瞄准"市场化、专业化、品牌化、国际化"的发展导向，主打"产业＋会展"模式，结合支柱产业以及传统产业，打造本土会展品牌。2019年南昌举办多个全国性展会，展览数量和展览面积实现较快增长，会展经济快速发展，会展影响力和竞争力明显提升，有力地推动了餐饮、酒店、旅游、广告等相关产业的发展，会展业已成为南昌经济高质量发展的助推器。

（一）南昌会展业发展现状与成就

近些年，南昌充分发挥其作为全省经济中心的作用，大力发展会展经济。2018、2019年南昌会展业竞争力在123个省会城市及地市中位列前十，并荣获最具竞争力会展城市称号。南昌市会展业发展现状可概括为以下几点。

1. 一个模式助发展，一项计划兴行业

采取"产业+会展"模式，以专业展会助推产业发展。南昌深耕产业优势，结合全市重点扶持的汽车与新能源汽车、电子信息和光电、生物医药、大飞机等四大支柱产业，和金属与非金属、绿色食品、机电设备、轻纺服装等四大传统产业，着力打造本土展会品牌。近些年，南昌成功孵化了世界VR产业大会（VR、AR产品和应用展览会）、中国通信电子产业博览会等一系列大型展会品牌，打造了漫游引力动漫展等一系列深受年轻人喜爱的特色文化展会。先后培育了世界赣商大会、国际产学研用合作会议（南昌）、滕王阁创投峰会、江西智库峰会等一系列会议、节赛事活动。

实施"会展赣军计划"，吸引会展项目、人才来昌，推动南昌市会展行业高质量发展。按照江西省委、省政府"三请三回""三企入赣"工作要求，2019年年初江西省商务厅主导并委托南昌市会展办、江西省会议展览业协会发布了"会展赣军计划"，旨在全球范围内寻找会展赣商和赣籍优秀会展人才，以亲情、乡情、友情为纽带，积极引进赣籍会展业才俊来江西投资兴业、为江西会展业发展贡献才智，通过会展经济的转型升级，促进全省经济社会的高质量发展。世界赣商大会平台的打造是"会展赣军计划"的重要环节，承担推动赣商赣才返乡投资等相关工作，吸引一大批由赣籍会展人士主办的高品质会展项目落户南昌。

2. 百场展览振经济，多级展会促消费

近年来，会展业为南昌经济增添活力，会展关联产业发展态势良好。2019年南昌举办的会展项目近169项（登记备案），[1] 展览面积213.1万平方米，拉动消费近150亿元。其中，在南昌绿地国际博览中心举办会展活动近50场，净展览面积突破100万平方米，增长25%；累计展览面积达560万平方米，增长22%。成功举办2019VR/AR产品及应用展览会等国际性会展活动近10场，中国中部投资贸易博览会等全国性会展活动20多场，中国通信电子产业博览会、南昌飞行大会等与南昌产业相关联的会展活动6场，多层次会展活动的举办，带动了餐饮、住宿、旅游、交通等的消费，助推南昌大会展业跨越式发展，助力弯道超车。

1　包含展览面积在5 000平方米以下的展览会和部分会议、节事活动。

3. 政府领衔促交流，多方合作领风骚

南昌市会展办在政府引导办展的原则下，搭建展会合作平台，促进企业间交流沟通。南昌市会展办赴外参会11个，荣获"2018年度中国十大影响力会展城市奖""2018—2019年度中国最佳会展目的地城市奖""优秀会展城市奖""壮丽70周年最具影响力会展目的地金手指奖""辉煌70周年·中国最具影响力会展城市奖"等奖项。参展12次，总展览面积近2 000平方米，组织84家南昌市龙头企业参展，开拓市场，洽谈有合作意向企业95家，展会现场签订订单近70个。三次荣获组委会颁发的"最佳组织奖"，一次荣获"展示展览银奖"，较好地展示了南昌的发展成果，有力地宣传了南昌会展的相关政策。

4. 招商办展存短板，主体能力略单薄

参展商的质量与数量决定着展会效果，南昌虽数次举办大型展会，但在招商方面仍存在不足，办展水平提升空间大。据南昌市会展办统计，以南昌绿地国际博览中心为例，2019年展馆出租率仅为11%，低于15%的国际公认标准，[1] 在招商办展方面，参展企业数量与层次有待提高。

南昌登记注册的会展企业仅有178家，多数是从广告、旅行社、公关咨询公司转型而来，专业性明显不足，缺乏大型展会运作的能力，尚未形成成熟的与项目策划、展馆管理、设计布展、设备租赁等相配套的专业队伍。会展从业人员素质参差不齐且流动性大，省内部分院校虽设立了会展专业，但培养模式与市场需求错位，不能很好适应会展业规模化、品牌化发展的需要。综合来看，南昌市会展业主体能力略显单薄，仍存在较大发展空间。

（二）南昌会展业发展优势分析

1. 区位优势

南昌是全国唯一一个与长江三角洲、珠江三角洲和闽东南三角区相毗邻的省会城市，具有承东启西、沟通南北的战略性地位和枢纽性区位的独特优势。南北与东西铁路动脉干线、高速公路网结点构建了南昌通畅快捷的立体交通网，提高了参展商品及参展人员的可进入性和运输效率。4D级昌北国际机场开通了直通国内外各大城市的40多条航线，为国际性展会的举办提供可能。

2. 资源优势

南昌自然、人文资源丰富且类型多样，拥有农业、生态及文旅等各类特色资源。南昌结合特色资源办展办会，既有利于助推当地特色资源开发，又能够依托资源优势打造

1　在国际上，15%是展览场馆出租率平均值的下限，低于15%，说明展馆利用水平低下。而50%的展览场馆出租率，被公认为是较高水平。

更多国家级会展品牌，在会展市场上占有一席之地。例如，南昌依托丰富的农业资源举办了第十七届中国国际农产品交易会、绿色食品博览会等；依托绿色的生态资源举办了世界绿色发展投资贸易博览会、中医药健康养生博览会等；依托领先的技术资源举办了世界VR产业大会、国际消费电子通信产业博览会等。目前南昌市共有5大类展会，分别是商贸类展会、工业类展会、食品类展会、环境类展会、文化节庆类展会，这5大类展会涵盖了南昌所有的自然、人文资源优势。

3. 产业优势

南昌市主要以电子信息和光电、生物医药、大飞机、绿色食品、机电设备及轻纺服装等产业为主。近年来，依托本地优势产业，南昌引进和培育了大量极具影响力的会展品牌，在会展业上不断进取、创造佳绩。其中，依托VR产业举办的世界VR产业大会取得的成绩尤为突出。VR产业作为南昌优势产业，具有污染指数较低、科研价值极高、产业附加值大等优点。南昌市聚焦"会展+VR产业"的发展模式，持续打造主题鲜明、特色突出的VR产业会展平台。既为南昌会展业培育了经济增长新动能，又为打造VR产业"江西高地"做出了卓越贡献。

（三）南昌会展业发展对策分析

1. 全面提升接待能力，打造会展聚集区

南昌已有大型展馆两个，小型展馆三个，基本满足各类展会的办展需求，市内星级酒店、会议酒店众多，可满足多层次、多规模的接待需求，会展业整体接待水平良好。为配合南昌"融入长江经济带与长三角一体化发展的会展名城"的发展规划，促进会展聚集区的打造，要整合全市资源进行优化提升。第一，完善五个专业展馆周边的接待服务设施，提高专业化接待能力，满足展期基本需求；第二，对全市内外部交通进一步优化，提高外部交通通达性、可进入性，加快内部交通一体化和南昌二环线建设，缓解市内拥堵情况；第三，提高市内小型展馆、公共展馆、娱乐配套设施的利用率，丰富全市文娱活动，形成良好的社会参与氛围。

2. 聚集多方平台资源，推进大会展模式

依托"坛、会、展"等平台聚集多方资源，南昌力推"政府主导、市场驱动"的大会展新模式。地方政府更加熟悉本土产业优势和劣势，因此以政府牵头主办展会更符合当地经济发展需求。受政府职能限制，南昌难以全面发挥会展业的经济、社会和文化效应，需要借助市场化引擎发挥会展业对经济的拉动作用。南昌应依托论坛、会议、展览等平台，汇集政府、参展商、组展企业及社会群体等多方资源，深入推进"政府主导、市场驱动"的大会展新模式在南昌运行。

3. 巩固现有品牌活动，加快培育新节事

近年来，南昌会展经济活跃度不断提升，一系列本土特色项目的出现弥补了市场空白，会展品牌也在逐步创建中。一方面，已有的会展项目要朝着大而强的方向发展，充分利用南昌的各类资源优势，形成拳头产品，加快培育出成熟的会展品牌，如世界VR产业大会、世界赣商大会、南昌飞行大会、南昌国际军乐节等；另一方面，引导小型会展项目发展，满足南昌城市及周边地区的物质、文化、娱乐需求。通过开展南昌文化艺术节，引进全国流动的音乐会、演唱会、话剧表演等，丰富全市娱乐活动；通过举办车展、农产品展、旅游展等活动，拉动消费增长；通过承办书画展、美术展、艺术展、动漫展或公益类展会，促进文化产业发展。南昌市既需要一系列的大型品牌展会提升城市知名度，也需要大量的展会节事活动丰富城市活动，提高展馆利用率，提高居民参展意识。

4. 申请加入会展组织，积极承办流动展

国际展览业协会（UFI）是世界博览业最具代表性的协会，也是展览业界唯一的全球化组织，被展览界公认为是展览会走向世界的桥梁，经国际展览业协会认可的展会是高品质展览会的标志。目前全省无UFI认证成员或项目，反映全省会展业发展水平有待提升。南昌作为全省会展经济发展龙头区域，更要勇于承担责任，积极开拓进取，申请成为UFI城市会员，不断提供优质的展览服务，培育并引导品牌展览项目申请UFI认证。此外，要积极承办大型流动展，提高展馆利用率，提升城市知名度、美誉度，开拓国内外会展市场，吸引优质展览项目落地南昌。

5. 鼓励校企联合办学，促进会展业研究

充分发挥南昌在全省会展人才培养、教育方面的优势，鼓励会展企业与高校联合办学，大力倡导"政、产、学"跨界合作，设立会展研究机构，发挥协同创新作用。为了解决南昌目前会展专业人才紧缺的问题，建议在政府合理引导下，鼓励具有品牌影响力、规模效应的大会展企业，和开设会展经济与管理专业的院校进行联合办学，开办集"设计、策划、营销、项目管理、企业管理等"于一体的联合办学项目。此外，由政府牵头，组建"政、产、学"协同作用的社会科研机构，或依托高校建立科研机构。唯有多方跨界合作，集中各界力量开辟会展经济研究、会展管理研究的创新道路，才能将南昌会展业推向新高度。[1]

二、赣州会展业发展报告

赣州，简称"虔"，也称"赣南"，是省内面积最大、人口最多的设区市，也是"一带一路"重要节点城市、赣粤闽湘四省通衢的区域性现代化中心城市。2019年7月《赣州市进一步激发商贸消费潜力促进商贸消费升级三年行动方案（2019—2021年）》出

1　数据来源：南昌市会展工作管理办公室。

台，提出要围绕季节性消费热点和重要节假日，采取政府引导、市场运作的方式，开展聚人气、促消费活动，发展会展经济。办好中国赣州国际脐橙节、中国（赣州）家具博览会等重大活动，积极举办美食节、展销会、文化旅游节等活动，做到"月月有活动，季季有节会"。赣州市会展业以"国际化、产业化、专业化"为导向，保持稳进的发展节奏，呈现出量质齐增、影响广泛的发展特征，持续释放经济与社会效益。

（一）赣州会展业发展现状与成就

近年来，赣州市会展业依托自身产业基础和区位优势，取得了长足发展，会展设施日趋完善，展会数量稳步增加，展会规模逐渐扩大，一批国际化、专业化、市场化品牌展会正在形成。为促进会展业进一步发展，赣州市积极培育一批龙头企业举办专业展会，如赣州毅德城商业运营管理有限公司等。赣州市会展业发展现状可概括为以下几点。

1. 打造"一城一展一会"[1]格局，做大会展经济

赣州市按照"一城一县一会"的要求，搜集各区县已举办的展会活动资料，并制定本年度展会计划，打造特色会展项目，举办包括中国（赣州）第六届家具产业博览会、兴国县第三届"四星望月"美食旅游节、赣州惠民团车节、第九届江西南康木工机械展、明清收藏·巡展中国——大余县首届古玩艺术品展览会在内的13场展会，展览面积合计26.4万平方米。赣州市坚持"小城市，大会展"的发展思路，培育后发优势，大力发展会展经济。会展业的快速发展带动了当地建筑、旅游、餐饮、零售、交通运输等相关产业的发展，在提升赣州知名度、增加就业机会和促进经济社会发展方面起到了重要作用。

2. 聚焦本地品牌力量崛起，培育特色会展IP

赣州市依托自身的区位条件、各类资源、政策扶持等，不断在税收政策、信贷措施等方面为本地企业、本土展会活动提供坚实支撑。2019年6月赣州市组织相关单位、企业申报省级会议展览业扶持资金，共争取到资金42.48万元。赣州市拟制定《2019年市级会展业扶持资金管理实施细则》，计划投入70余万元对本年度举办的会展活动给予扶持。强势培育一批具有赣州特色的展会活动，巩固并创新现有的南康家具产业博览会、赣南脐橙网络博览会等传统展会，持续创新宁都县旅游美食节、会昌民俗文化旅游节、球狮畲乡旅游文化月等特色节赛活动，将以客家文化为代表的地域文化与会展业深度结合。打造精品会展IP，实现会展与传媒、出版等产业的交融，为客户提供个性化定制采购、虚拟现场全景动态参观、智慧化电子订单管理系统等服务，促进会展服务升级增值。

---

1 "一城一展一会"活动指各设区市、县（市、区）为推动产业发展、促进拉动消费，结合当地产业实际和消费热点，举办的展览、展销、会议等一系列活动。

3. 会展行业整体量质并增，释放强劲势能

2019年赣州市会展企业和展馆经营状况保持良好态势，赣州国际会展中心项目启动建设。赣州市外贸展发展状况良好，赣州荟聚会展服务有限公司、江西五湖祥和展览有限公司等知名企业均以境外会展服务为主。目前已建成并投入使用的是2个专业性室内展馆：赣州综合商贸物流园（毅德城）会展中心——室内展览面积达1.2万平方米，可供搭建560个国际标准展位；南康家居小镇家居会展中心——总体量约1.7万平方米，是中国（赣州）家具产业博览会永久性主展馆之一。赣州国际会展中心项目（在建）主体建筑面积约15万平方米，规划有5个独立使用的两层展厅，每个展厅面积1.76万平方米，展厅高度25米。项目建成后，将成为赣州市功能最全、规模最大的会展中心，能有效提高赣州市承接、举办大型展会的能力和水平，推动赣州市融入粤港澳大湾区经济建设。

在会议方面，赣州市举办的大型会议主要集中在赣州锦江国际酒店、赣州格兰云天国际酒店等高星级、商务型酒店，赣州锦江国际酒店每月可承接300人以上的会议达10余场。上述酒店主要承办"第五届央建创业高峰论坛""赣州商会联合总会秘书长工作会议"等各类商务会议、大型宴会、酒会、展览、开幕仪式，在承接专业性会议方面具有丰富的经验。2019年锦江国际酒店承接了赣州"两会"，成为年内承接最高层次政府会议的酒店。

4. 龙头型会展企业较缺乏，带动作用尚弱

赣州市会展业发展势头强劲，但其发展质量、速度与赣州经济发展体量不匹配，与会展业发达地区存在较大差距。会展业发展存在一定问题，如展馆建设供需不平衡、接待业水平有待提高、展会规模与层级偏低等。赣州市会展业发展主要制约因素是缺乏会展龙头企业引领发展，本土专业会展企业较少，且多为会展服务企业，一部分大型展览会由外地会展公司承办。会展企业普遍为中小型规模，且会展业上下游企业实力偏弱，展会的规模效应与集聚效应不明显。

（二）赣州会展业发展优势分析

1. 区位优势

赣州是"一带一路"重要节点城市、全国性综合交通枢纽、原中央苏区振兴发展示范区，拥有3个国家级开发区和1个综合保税区，享受背靠粤港澳大湾区的优势。赣州凭借发达的陆运、水运、空运，实现了家具、木材、煤炭、蔬菜和电子产品等的多品种运营，全面融入"一带一路"建设。抢抓粤港澳大湾区制造业"腾笼换鸟"的历史机遇，进一步深化与其在金融、物流、文旅等领域的产业合作，推动赣州现代服务业质的提升。赣州可凭借优越的地理区位，成为与粤港澳大湾区有机衔接的重要会展门户。

2. 资源优势

赣州地处亚热带季风气候区,拥有脐橙、板栗等各类农副土特产品,稀土、钨等有色金属,樟树、毛竹、杉木等林木产品。赣南脐橙网络博览会围绕脐橙这一土特产品,开展柑橘品种展示、特色美食展、产业招商会、脐橙高质量发展论坛等12项会展系列活动。赣州市内有着畲族、回族、侗族等41个少数民族,具有丰富的人文资源,如畲族双音、傩舞等,旅游文化景点有诸如瑞金共和国摇篮景区、通天岩、客家文化城等。赣州珍贵的历史、旅游、民族、地域特色文化资源,为会展的发展奠定了深厚的资源基础,促成一部分独具赣韵的节庆活动落地,推动着“会展+旅游”模式的发展。

3. 产业优势

赣州主要以钨、稀土等有色金属加工,脐橙,蔬菜,房地产等产业为主。在发展优势产业的基础上,利用赣州西站高铁站、赣州黄金机场、赣州港等高质量运输枢纽,构建招商引资和自主培育双管齐下的模式,为会展业提供资源积累、产业支持的同时,便于与周边会展发达地区如广东省、福建省等进行合作沟通。赣州市会展业以扎实的工农业为保障,不断发挥着会展1:9的产业带动效应,促进区域经济发展。

(三)赣州会展业发展对策分析

1. 完善展馆配套设施,全面提升接待力

赣州地域辽阔,中心城区集中,现有2个展馆相距仅20公里,均位于中心城区边缘地带。因此,更新展馆布局、完善配套设施成为推动赣州会展发展的重要措施。一是加快推进赣州国际会展中心的建设进程,满足中心城区旺盛的办展需求,提升赣州大型展会的接待能力。二是围绕赣州综合商贸物流园(毅德城)会展中心、南康小镇会展中心,规划建设一批会议型酒店、特色商业街区等功能定位明确的专业配套设施。采用原貌整修、创意新建等方式完善现有展馆周边基础设施,引进高水平会展运营单位,提高办展专业化、一体化水平和展馆运营水平。三是通过现代科技和信息化手段提升赣州专业展馆的智能化水平,推动云计算、大数据、5G、VR等技术在展馆中应用,提升智能展馆运营服务和信息化组展服务质量。

2. 提升传统展会水平,扩大品牌影响力

中国(赣州)家具产业博览会已连续举办六届,赣南脐橙网络博览会(中国赣州国际脐橙节)自2009年起已成功举办十一届,具备丰富的办展经验,并沉淀出良好的展会口碑。一是要持续依托家具产业博览会、赣南脐橙网络博览会等本地传统展会平台,重点培育首批拳头品牌,利用好传统展会的文化积淀,实施品牌战略,树立好传统展会标杆。二是要对照国际一流展会,引入展位竞拍模式,着力提升现有会展规模与综合效益。发挥好赣州交通区位和物流系统优势,把家具产业博览会、赣南脐橙网络博览会办成更具特色、更有国际水平和世界影响力的行业盛会,助力“南康家具”“赣南脐橙”

的品牌建设，实现赣州（南）"对接粤港澳大湾区建设的会展名城"的战略目标。

3. 以优势产业为主体，培育本土新展会

立足赣州市历史人文、优质农业、红色文化、稀有金属等特色元素，借鉴传统龙头会展的举办经验，以钨和稀土资源、蔬果农业、绿色生态等优势产业为主体，培育特色新型展会，促进赣南等原中央苏区振兴发展、绿色崛起。一方面，把握赣州国际会展中心建设契机，利用省级会展项目资金扶持政策，依托千亿集群的稀土产业园，举办国家新技术产业或新型工业巡展，打造稀有金属产学研国际会议，构建具有高附加值、广影响力的新型展会。另一方面，响应"会展赣军计划"，培育一批会展龙头企业，促成会展企业与展馆、协会等相关单位成立会展联盟，推进新兴制造、生态建设、有机蔬果等优势产业孵化特级展会落地。

4. 以客家风情为主线，举办系列节赛事

赣州少数民族众多，红色历史深厚，具有丰富的客家文化、红色文化等人文旅游资源。一方面，持续创新崇义阳明文化旅游节、赣州世界客家文化节、球狮畲乡旅游文化月、三百山国际马拉松赛等特色节赛活动，增添现场与线上互动、不同时期客家风情的 VR 穿越、客家人情境互换等环节，提升节事活动的文娱性与参与度，将以客家文化为代表的地域文化与会展业深度结合。另一方面，特色节事的主题打造与规模建设要并重。以客家文化为活动主线，打造重点活动、专题活动、同期活动等一系列延伸节事活动，在提升规模的基础上拓展节事活动多角度发展路径，推动系列节事活动综合效益的提升。[1]

三、宜春会展业发展报告

宜春文化积淀厚重，自古被誉为"江南佳丽之地，文物昌盛之邦"。近年来，宜春市政府将会展经济纳入城市经济发展的宏伟蓝图中，打响"工业强攻战、城市扩张战、旅游升温战"，依托主导产业和旅游资源，通过举办一系列会展活动提升城市活力和经济辐射力，进一步传播"活力宜春、实力宜春、魅力宜春、和谐宜春"的城市形象。在新出台的《宜春市进一步激发商贸消费潜力促进商贸消费升级三年行动方案（2019—2021年）》中，强调大力发展会展经济。通过开展会展活动提升宜春市国际化招展招商水平，提高宜春知名度、吸引力，努力实现宜春"一城一展一会"的目标。

（一）宜春会展业发展现状与成就

宜春依托丰富的产业和旅游资源优势，积极发展会展经济，成果丰硕。宜春樟树

1　数据来源：赣州市商务局。

全国药材药品交易会、高安陶瓷采购节等会展活动持续发力，规模不断扩大，品牌效应不断显现，为宜春产业发展注入强劲动力和活力。宜春会展业发展现状可概括为以下几点。

1. 产业带动会展经济，品牌改变城市形象

全市在"一城一展一会"的政策引导下，集中本地特色优势产业，大力发展会展相关产业。以第50届全国药材药品交易会为例，大会共吸引来自全国各地的参会、参展医药厂商8 000多家，参展品种超2.6万个，共有医药专业代表等10万多人参会，成交额达178.3亿元，其中中药（中成药、饮片、中药材等）成交额98.5亿元，中药制造机械设备成交额17亿元，"互联网＋全国药材药品交易会"交易平台成交额62.8亿元。全国药材药品交易会已成为全国中医药界的金牌展会，是展示宜春乃至江西对外形象的重要窗口，对传承中医药文化、发展中医药事业具有重要意义。在宜春高安市政府的高度重视和推动下，依托陶瓷产业强有力的支持，陶瓷采购节展会的规格不断提高，第五届陶瓷采购节展览面积达到3万平方米、参展企业200多家、展示产品3 000余款，吸引了20多个国家和地区的采购商、贸易商。

2. 基础设施不断完善，发展动能不断集聚

近年来，宜春会展基础设施日臻完善，办展主体迅猛发展，接待能力持续增强，政策保障力度不断加大。首先，硬件设施逐渐完善。宜春拥有专业展览馆3个（宜春中心城区1个、樟树1个、高安1个），同时拥有各类会议场所39家。市域交通得到极大发展，形成餐饮、住宿、交通、旅游等多位一体格局，助力会展经济的发展。其次，会展企业发展迅速。经过多年的培育发展，宜春从事会展组织、展馆经营、创意策划以及相关服务的专业公司数量不断增加，形成了以重点展会组委会和龙头会展企业为核心、各种中小会展公司为辅的办展主体格局，具备了承办大、中、小各级各类展会的能力，会展主体蓬勃发展。最后，会展人才梯队建设速度提升，宜春依托宜春学院等高校资源，开设会展相关专业，不断培养、培训会展相关人才，提升会展管理服务水平，为宜春会展经济发展提供人才智力支持。

3. 供需矛盾逐步显现，市场培育良莠不齐

宜春展馆数量和规模均仅次于省会南昌，共有专业展馆3个，总建筑面积近20万平方米，新建成的岐黄小镇会展中心建筑面积4.6万平方米。尽管宜春拥有省内乃至全国极具优势的展览面积，但展览会议市场占比仍处于较低水平，尤其是大型展会均以政府采办为主，市场化程度低，会展发展水平相对落后于国内知名会展城市。其主要原因在于：一是宜春会展业市场机制尚未发展完备，导致市场的竞争不够充分，某些展会存在过度竞争的情况，如宜春车展；二是宜春展会主体的参差不齐，档次高的展会以政府主办为主，企业展览所占比例不到三成；三是缺乏品牌展会，非政府办展的扶持及激励机制不完善，阻碍了会展业的社会化、市场化进程。

（二）宜春会展业发展优势分析

1. 基础设施优势

宜春目前拥有三个专业展馆，展馆数量在江西省乃至全国地市中处于领先水平。其中宜春樟树的岐黄小镇会展中心建筑面积达4.6万平方米，如此大的规模将进一步提升樟树药材会展的知名度和影响力，同时对整个宜春的会展经济发挥着积极作用。

2. 产业优势

宜春是产业新城，初步形成了建材、机电、食品、化工、医药、电力能源、纺织服装七大支柱产业，建成了锂电、建陶、硬质合金、绿色食品等十大产业基地。宜春通过发挥产业优势举办了中国锂业大会和全省旅游产业发展大会，樟树以全国药材药品交易会带动全市产业发展，不断形成较强的品牌影响力，高安依托建材产业，积极筹办高安陶瓷采购节，大力发展具有本地区的优势品牌瓷砖产业。

3. 品牌优势

宜春作为月亮文化的发源地，月亮之都声名远播，有底蕴、有味道，城市品牌形象助力会展经济的跨越式发展。享誉海内外的中国药都、名酒之乡、盐化之城和中国金属家具产业基地等标签，有利于宜春发展此类题材的展会。尤其是樟树以振兴"中国药都"为目标，发挥城市品牌效应，成功塑造了"全国药材药品交易会"等特色展会品牌，以强带弱，不仅扩大了全国药材药品交易会品牌知名度，还带动了宜春地区小型展会的发展。

（三）宜春会展业发展对策分析

1. 提升会展接待水平，围绕旅游做文章

目前宜春会展接待水平和服务水平相对滞后，不符合会展内涵式发展要求，因此要围绕专业展馆，全面提升会展接待与服务水平。在会展服务团队打造上，一是要提升服务的专业化程度，打造专业服务体系；二是要注重会展活动举办过程的细节，对参展商及观众的需求进行充分考虑；三是树立会展活动服务品牌，积极打造优质会展。同时，宜春的会展发展要积极结合旅游产业优势，主要集中在以下两点：第一，依托旅游企业为会展举办提供优质硬件设备。宜春应该通过旅游城市的打造，不断规划城市建设，为会展业发展提供"地利"条件。第二，结合旅游，提供优质的软性服务条件。旅游部门的优质服务有目共睹，而会展旅游的结合发展有利于经验的有效推广，在一定程度上会潜移默化影响会展业的服务水平。

2. 创新发展传统展会，推广药交会[1]经验

樟树全国药材药品交易会历经数十年发展，已经成为宜春会展业的一张闪亮名片。

1　指"全国药材药品交易会"。

全国药材药品交易会的成功，首先是基于其独特的产业优势，作为独一无二的药材交易市场，全国药材药品交易会极易吸引需求方的参与。其次，会展举办方巧妙结合特色产业，打造出专业化会展品牌，形成品牌效应，最终扩大会展影响力。宜春应该积极推广全国药材药品交易会成果，结合各县区特色，把优势产业作为会展业发展的重要基础。以高安为例，可以通过打造区域家居建材市场，加大家居建材创新引领，密切对外家居建材产业交流，形成专业化产业优势，以市场品牌优势带动会展品牌打造。

3. 培育高端产业会议，拓宽产业转型路

宜春拥有锂电新能源、袁州医药、丰城再生铝、樟树医药和盐化工、高安建筑陶瓷和光电、上高绿色食品和制鞋、奉新棉纺织等10个产业集群，结合产业优势打造品牌展会的同时，不断推进会议产业发展也是弥补宜春会展业短板的重要举措。一是大力打造高端产业会议，促进行业间的经验交流。如樟树依托医药产业打造中国中医药发展大会，宜春结合锂电新能源，积极筹备中国锂电大会等。其余县区要积极谋划，以"产"辅"会"，同时将产业影响力通过重要会议传递出去。二是紧密结合互联网、大数据等新兴业态促进会议与支撑产业的双向发展，抓住技术革新的时代机遇，全面提升会议专业化服务水平。通过互联网及时捕捉市场信息，通过大数据掌握会议举办实时动态，宜春要加强对高新技术融入会议产业的引导。

4. 打造生态幸福节事，促进大健康发展

生态发展是国家重要的发展战略，同时也是江西产业可持续发展的基石。宜春作为全国三大天然富硒地之一，森林植被茂密，是不可多得的养生圣地、健康之所，因此宜春的节事活动要紧紧围绕生态健康这一主题开展，主要举措如下：一是充分利用当地旅游资源。宜春的节事活动不仅要符合健康的主题，更要有自己的特色，如打造宜春明月文化旅游节、富硒温泉旅游节等。二是紧密结合本地的产业特色。樟树可以举办中药类相关节事活动，一方面依托樟树药都品牌为活动聚能，另一方面借助活动进一步提升城市品牌知名度。同样地，富硒大米、宜丰竹雕等宜春地区健康产品特色均是节事活动开展的重要"素材"，各地市要积极利用。三是发展着眼于文化传承。宜春是明月之都，文化基础深厚，举办与明月相关的节事活动既是宣传文化的机遇，更是传承文化的有效方式。[1]

四、吉安会展业发展报告

吉安古称庐陵、吉州，素有江右望郡之称，是江右文化发源地之一，也是创造井冈山精神的红色摇篮。其独特的地理结构造就了山多、水多、石多、木多、根景多的特

---

1 数据来源：宜春市商务局。

点，也孕育了品种丰富的农副产品和独具特色的根石艺术。2019年吉安在会展发展过程中紧密围绕庐陵文化、红色文化、绿色农产品和根石艺术等特性，以地方优势产业为基础，以服务地方产业发展为目标，积极探索新时期展会工作好的做法和经验，并抓住当前三年消费升级的行动契机，不断创新进取，积极打造"一展多元"展会新格局。

（一）吉安会展业发展现状与成就

缺少专业展览展馆等问题长期制约吉安会展业的发展。2019年，吉安不断开拓进取，突破场地限制，组织企业积极赴外办展、参展，举办了一系列特色鲜明、形式各异的节事活动。吉安会展业发展现状可概括为以下几点。

1. 勇立潮头，敢为人先，打造赣品进京新态势

2019年吉安打造赣品进京新态势，积极开拓省外市场。3月17日，由吉安市主办的赣品进京启动仪式暨井冈山品牌农产品对接会在北京举行，经反复筛选和实地考察，最终组织了60余家省、市级农产品龙头企业与北京市大型农产品批发市场、重点连锁超市、主要电商平台的经销商进行产品展示和合作洽谈。展会现场有30余家特色农产品企业与北京10余家市场渠道经销商签订了赣品进京合作协议，大大提升了该市特色农产品在京的影响力，为吉安"井冈山"品牌进京、消费市场的进一步开拓打下了良好基础。

2. 节事创新，多元开展，"月月有节"成新潮流

2019年由吉安商贸领域组织牵头或配合的节事活动近20场，形成了"月月有节事"的新潮流。围绕吉安特色打造的第十届井冈山杜鹃花节、第一届中国泰和小龙虾文化旅游节、永丰县畲族"三月三"乌饭节、青原区芳洲村第二届桑葚采摘节、吉水·乌江第二届油菜花节、永新县第二届白茶文化艺术节等一系列节事活动，不仅获得了当地消费群体的认可，更吸引了一定数量省外、甚至国外的消费群体前来参观，在全市范围内掀起消费热潮。

3. 精心组织，积极参展，产品脱销企业信心足

2019年吉安精准把握消费需求，积极组织多家特色企业先后参加新宜吉农产品展、中博会老字号展、第十二届中国绿色食品博览会等展览会。吉安在各个展览会中整合、提升、营销本市名特优产品和井冈山区域公用品牌产品，集中展示了米、油、茶、酒、果、粮油、老字号、保健品等百余种本土特色商品。通过设置品尝区和体验区的展览方式，促进本土优势产品与终端消费者"面对面"，改变很多优质产品"养在深闺人不知"或是"只闻其名，不知何处可购"的现象，提高了产品的市场影响力、辐射力和占有率，较高的现场销售额和意向签约额也大大提升了企业参展积极性。值得一提的是，在第十二届中国绿色食品博览会中吉安组织的企业多、展品类目广，由组委会授予"最佳组织奖"。

4. 需求扩大，供给不足，会展发展氛围不浓厚

随着社会经济的快速发展，吉安会展需求不断扩大，有限的办展能力不能满足会展经济增长的需要。目前吉安在会展展馆、创意策划、组织运营、服务接待等会展产业链发展上存在明显短板。赴外办展、参展成本高，参加省级以上组织的展会较少，企业只能在省内"打转"，参展机会少，参展级别低，影响企业参与积极性，不利于地方特色展会的培育和会展经济发展。

（二）吉安会展业发展优势分析

1. 区位优势

吉安扼赣湘两省咽喉通道的区位为其会展发展提供了必要的保障。境内有纵贯南北的京九铁路、昌吉赣高铁、105国道和由东向西的319国道及"三南"公路，井冈山机场已开通了吉安至北京、上海、杭州、深圳等地的航班。铁路、公路、航空等多线联动的区位交通优势有利于会展客商及产品的进出。

2. 资源优势

吉安拥有各类农副土特产品、矿产资源、文旅产品、林木产品等本地特有的资源。把绿色农产品、根景艺术等资源引入会展业，有助于加快当地经济结构的转型与升级，促进"一产""三产"的融合发展，切实落实绿色发展理念，全面推进乡村振兴计划。吉安是江右文化发源地之一，是赣鄱文旅的重要组成部分。新干剪纸被列入第三批国家级非物质文化遗产名录，"记忆庐陵"入选江西省文艺创作繁荣工程，青原山净居寺被列为全国宗教界爱国主义教育基地。丰富的文旅资源具有一定的旅游吸引力，为吉安会展业的发展提供了广阔的选择空间。

3. 生态优势

素有"江南望郡""金庐陵"美称的吉安，民风淳朴，环境优美宜人，为其发展会展业营造了良好的人文生态氛围。吉安属于亚热带季风湿润性气候，一年四季阳光充足，雨量充沛，气候温和，空气环境质量稳定，生态环境舒适优美，先后获中国优秀旅游城市、全国双拥模范城市、国家森林城市、国家园林城市、全国绿化模范城市、江西省首届生态宜居城市等荣誉称号。优越的自然条件和生态环境，使其四季皆可办展。

4. 产业优势

作为传统农业大市的吉安，在创新发展绿色生态基地、做大做强绿色生态产业上，打造具有吉安特色的绿色样板，其独特的产业优势为吉安会展业发展提供了良好的条件。全市共获"中国驰名商标"或"中国名牌"产品6个，"江西省著名商标"或"江西名牌产品"66个，无公害农产品、绿色农产品、有机农产品、地理标志农产品认证268个。吉安可以通过会展积极推动"井冈山"品牌走出去，利用会展业反哺优势产业。

（三）吉安会展业发展对策分析

1. 弥补展馆设施空白，全方位提升接待能力

会展经济发展依赖会展专业展馆等基础设施。吉安积极策应昌赣高铁建设，紧抓"5+1"高铁新区项目，其中"1"指"一中心"，即会展中心，围绕展览馆、会议中心和红色文化展示馆"三馆合一"的主体功能进行布局。一方面，提前规划新展馆周边的配套服务体系。既要考虑周边食宿设施、环境、交通、治安等基础要素的建设，又要综合考虑与展馆周边旅游、餐饮、商业、教育等相关产业的互动，力争将新展馆打造成集休闲、会务、观光于一体的特色文化廊道或旅游景区，强化展馆的辐射带动作用。另一方面，发挥京九铁路、昌吉赣高铁、井冈山机场等铁路、公路、航空等多线联动的区位交通优势，占据赣湘两省咽喉通道，形成接待连通网络，促进会展人流、物流接待运送能力的提升。

2. 依托农业产品优势，培育本土新展会

吉安井冈山是红色摇篮，也孕育了品类丰富的农副产品和独特的根石艺术。以庐陵文化、绿色农产品、根石艺术等吉安优势产业为基础，积极打造吉安市龙头展会。一是提质升级赣品进京启动仪式暨井冈山品牌农产品对接会，由赴外地参展转变为本地承办，注重井冈山品牌整合与打造，发布高价值的农业投资项目，组织召开产销对接会、洽谈会、项目推介会等。二是孵化吉安特色新兴展会，促进"会展+"迅猛发展，推动乡村振兴。将吉安电子信息产业与享誉盛名的绿色农业、根石艺术相结合，打造新兴现代农业展会，推出根石艺术交流巡展、"互联网+"农业商讨会、"中国驰名商标"或"江西省著名商标"龙头企业展览等，吹响吉安农业兴盛、艺术繁盛的号角。

3. 围绕井冈文化精神，打造全系列活动

吉安具有"苏区振兴"国家战略支持与特殊政策优势，井冈山文化影响深远，全力打造井冈山为赣南会展创新发展示范区，开辟苏区振兴新路径。一是持续举办井冈山杜鹃花节，实现品牌积淀。利用井冈山独特的地理环境与文化氛围，围绕山势——山顶、半山腰、山脚、山内山外等开展户外越野、山歌对唱、生态环保、红色文化等立体式节事活动。二是发挥井冈山作为全国重点生态旅游目的地的示范效应，与每年的六月五日世界环境日、中国环境主题结合造节，不断打造井冈山特色生态环境保护类节事活动。三是创新运用井冈山红色文化、诗词文化等，重点扶持宁冈等县区发展，响应红色旅游强省定位，积极融入全国"会展+红色文化"建设进程。

4. 依托红色研学培训，举办论坛研讨会

坐拥井冈山5A级风景旅游区、青原山净居寺、江右文化发源地等文旅资源，吉安应积极发展"会展+旅游"。一是搭配研学旅游，开展相关研讨会议，对接高品质研学机构开班，培育高素养"会展+研学旅游"人才。二是依托中国爱国主义教育示范基地、全国宗教界爱国主义教育基地、省级重点文物保护单位等，努力承接红色志愿讲解导游活动、江西省绿色会展大赛等，举办教育、历史、哲学等相关主题论坛与学术会议。三是积极对接全国大学生红色旅游创意大赛，争取申办决赛，通过承办国内知名红旅赛事，提升吉安会展接待能力，激发会展活力。[1]

五、上饶会展业发展报告

上饶，古称饶州，是长江中游城市群的重要成员，也是长三角经济区、海西经济区、鄱阳湖生态经济区三大经济区交会处，独特的地理区位为上饶经济增长添加了"助燃剂"。近些年，上饶围绕建设赣浙闽皖四省交界区域中心城市和快速发展地区的战略目标，依托独具特色的资源优势和产业基础，以多种形式的节庆活动为载体，大力培育和繁荣节庆会展市场，全面提升会展业发展水平，努力促进经济结构优化和第三产业发展的战略性突破。2019年，上饶坚持办好上饶文化创意产业博览会、上饶市茶文化博览会等展会，着力推进"上饶乡村过大年活动""饶帮菜美食文化节""上饶乡村旅游文化节"等节庆活动。上饶会展业依据"国际化、产业化、多元化"的发展导向，保持稳进的发展节奏，经济结构不断优化、经济效益持续向好。

（一）上饶会展业发展现状与成就

近年来，上饶充分发挥其四省交界的区位优势和得天独厚的旅游业优势，依托本地产业基础发展会展经济，取得了一定成绩，受会展基础设施不足等问题的长期制约，上饶会展业仍有较大的提升空间。上饶会展业发展现状可概括为以下几点。

1. 率全省之先，打造文博品牌独树一帜

上饶依托自身的区位优势和领跑全省的文化产业优势，率先引进文化产业博览会品牌。上饶文化产业博览会打造了区域性文化创意产业交流与合作平台，助推全市甚至全省文化产业转型发展，加快文化强市建设步伐，扩大上饶对外的"朋友圈"。第三届文博会共吸引了俄罗斯、印度、斯里兰卡、土耳其等24个国家和国内17个省共84个城市参展，参展企业达1 000余家，参展品种10 000余种，现场交易额4 200余万元，在开幕式当天举办的文化产业项目签约仪式上，现场签约项目28个，签约额总计350余亿元，其中，投资过亿元的有20个项目。自2017年至2019年连续三届文博会的成功举办，上饶在省内外影响力不断提升，有效激发了全社会、各领域共同参与"大文化"建设的意识，有利于助推区域文化产业的发展。

1　数据来源：吉安市商务局。

2.借旅游之势，挖掘特色节庆推陈出新

2019年，上饶全年接待游客1.8亿人次、旅游综合收入1 820.6亿元，旅游业潜在动能巨大。上饶政府借助旅游业之势，主导推出一系列主题节庆活动，围绕上饶特色文化打造了饶帮菜美食文化节、中国江西米粉节、江西上饶第二届乡村旅游文化节、"欢迎您回家、幸福过大年"春节系列文化活动、信州·秦峰镇第三届山水田园节、信州·沙溪镇首届枇杷文化旅游节等一系列节庆活动，成果丰硕，达成双赢。其中，以"生态江西、大美上饶、美食余干"为主题，由中国饭店协会、江西省商务厅和上饶市人民政府主办，上饶市商务局和余干县人民政府承办的第三届饶帮菜美食文化节，产生的影响最为深远，已成为未来上饶商贸行业规模最大、档次最高、影响力最广的集展示、交流、推广、促销于一体的综合性活动。一方面，上饶以这些节庆活动为依托，对特色产品、民俗文化、旅游产品等集中展销，激发节庆展会经济增长；另一方面，特色的节庆活动极大提升了上饶旅游目的地的美誉度和知名度，成功打造出上饶旅游新模式。

3.缺带动之力，组建会展公司迫在眉睫

上饶会展业发展势头良好，文博会[1]的影响力日益显现，但上饶会展业的总体实力无法满足其快速发展的需要，上饶会展业自身存在一定问题。其中，主要的制约因素是缺乏运作大型展会的能力，缺少懂项目策划、展馆管理、设计布展、设备租赁等业务的专业队伍。目前上饶举办的大型节庆活动多为政府主导策划，其在项目执行方面具有一定的优势，但在项目策划创意性、产品展销专业性等方面略显乏力，在邀商参展方面精力较不充足，达不到专业会展企业的组展邀商水准。因此，上饶专业会展公司的组建迫在眉睫。

（二）上饶会展业发展优势分析

1.区位优势

上饶自古以来就有"八方通衢"和"豫章第一门户"之称，处于闽浙皖赣四省交界的中心位置，地理位置极为重要。拥有明显的大交通优势，可为国内外优质品牌展会到上饶办展、办会提供保障。上饶拥有皖赣线、浙赣线、311高速公路、302国道、206国道等重要道路，是内陆与沿海商品流通的主要通道。近几年来，随着上饶对外交通的发展，例如沪昆高速铁路、京福高速铁路、九景衢铁路和三清山机场，提高了本区域的可进入性，上饶具备了发展会展业的交通区位。

2.资源优势

上饶自然人文资源丰富。首先是农林业资源，万年大米、婺源绿茶、余干辣椒、横峰葛、铅山河红茶、上饶早梨、德兴覆盆子以及三清山白茶等上饶农特产品质极佳。可

---

1 指"上饶文化产业博览会"。

以打造单一农产品品牌，举办品牌推广展销会，也可结合所有农特产资源，打造"上饶绿色农产品"品牌，通过参展、办展的方式扩大销售渠道，增加品牌知名度。其次是旅游资源，上饶旅游资源"红色、绿色、古色"三色俱全，拥有两个世界自然遗产——三清山和龟峰。此外，还有中国最美乡村婺源、朱熹故里、方志敏旧址以及上饶集中营等。丰富的旅游资源一方面使得上饶具有举办"红、绿、古"等不同类型旅游类展会的潜力，另一方面也说明上饶具备成为优质会议目的地的资源基础。

3. 产业优势

医疗健康、大数据作为上饶市的新兴产业，发展势头足、动能大。医疗健康方面，2019年，国际医疗旅游先行区和国家中医药健康旅游示范区建设在上饶进展顺利；国内最大的多能干细胞库和细胞制造中心投入运营；汉氏联合健康体检中心、医学检验中心、医美抗衰中心即将建成。依托医疗健康产业的优势，上饶成功举办了国家中医药健康旅游建设经验交流暨标准研讨会、上饶国际干细胞应用与大健康产业发展高峰论坛，且有望吸引更多的医疗健康型展会。大数据方面，数字经济示范区建设步伐加快。华为云数据中心基本建成，文娱创意中心、滴滴上饶全国呼叫总部一期顺利运营，大数据科创城全面启动，江西阿里云大数据学院正式落户。在雄厚的产业支撑背景下，上饶可依托大数据产业，举办相关展览及会议。

（三）上饶会展业发展对策分析

1. 完善配套接待设施，提升整体服务力

上饶文化旅游资源丰富，现有会展项目以节事活动为主，主要的接待设施也都配套在景区附近，市区的一座专业展馆基本能满足本地展览需求，但全域的会展配套接待设施仍有待提升。一是加强城区基础设施和配套服务设施建设，增强可进入性，进而提高城市吸引力和服务能力；二是对景区周围的接待设施进行全面提升，提高专业化、高端化的会展项目接待服务能力；三是城区及景区举办的大型节事活动要进行配套设施专项提升计划，提升接待规格与水平，提高游客的参与度、满意度。

2. 扩大文博会影响力，塑造大文创品牌

上饶会展经济发展的短板集中在专业型展会举办方面，现拥有一定规模且具有影响力的展会品牌仅有上饶文化创意产业博览会。因此，一方面要继续做大做强此展会品牌，丰富展会活动，提升展会影响力，塑造、培育本土文创品牌展；另一方面，要抓住新兴产业在上饶办展的机遇，深耕新兴产业的沃土，开拓上饶会展发展新业务，特别是医疗健康领域可以作为上饶市会展业发展的重点方向。新兴产业龙头企业可以以自身为基础，与国内外知名展会主办机构合作举办产业会展，助力产业发展。

3. 充分利用旅游优势，打造品牌化节事

上饶要充分发挥独特的旅游优势，打造品牌化、精品化、大众化的系列节事活动。

一方面，巩固提升已有的节事活动，引导培育米粉节、乡村文化旅游节等特色本土节事品牌发展，朝着小品牌、做精品、大众喜的方向发展，不盲目追求大型品牌会展活动，走小而精的创新发展道理；另一方面，结合市场需求推陈出新，进一步培育旅游节事、小型的旅游演艺等项目，提供更多可供选择的优质活动，丰富旅游消费市场。

4. 全面推广全域营销，提高项目竞争力

政府要扮演全局的引导者，进行全域的会展营销推广，将节事活动与旅游宣传营销结合，提高目的地吸引力，对专业展览、会议进行细分市场的精准营销。在协调各部门发展的同时，政府也应为会展业提供一定的政策保障和资金资助，扶持优秀的会展公司，支持知名的会展品牌，从展品、人才、品牌等一系列方面为会展业的发展提供保护与支持，提高全市会展业整体竞争力。[1]

六、抚州会展业发展报告

抚州，自古人才辈出，文化底蕴深厚，临川更被称为"才子之乡"，全市森林覆盖率高，被誉为"天然大氧吧"，区位优越，自古有"襟领江湖，控带闽粤"之称。抚州结合实际，举办江西互联网大会、汤显祖戏剧节暨国际戏剧交流月等会展项目，依托戏曲文化，布局数字经济，实现"换道超车"，但会展业整体发展乏力，状况较差，对经济带动作用不明显，有较大的提升空间。

（一）抚州会展业发展现状与成就

近年来抚州会展业在政府引领下发展态势良好，水平逐步提高，但会展基础薄弱等劣势阻碍了产业进一步发展。抚州会展业发展现状可概括为以下几点。

1. 布局数字经济，实现"换道超车"

2019年是抚州第三年举办全省互联网大会，带动全省互联网发展取得新进展、新突破，同时也见证了"互联网+"融合下的"江西蝶变"。近年来，抚州市委、市政府围绕"优政、兴业、惠民"的目标，积极推进数字产业化、产业数字化，把数字经济作为抚州"换道超车"、跨越发展的主导产业来抓，实现了从无到有、蓄力爬升的成长，有力促进了质量变革、效率变革、动力变革，为全市高质量跨越式发展增添了新动能。抚州以更加开放积极的姿态拥抱互联网、深耕互联网、做强互联网，谋划打造全省区块链应用研究中心，面向全省乃至全国的网络安全研发应用及培训基地，服务全省的自主创新适配基地。同时，力争在中高端消费、创新引领、绿色低碳、共享经济、现代供应链、人力资本服务等领域培育新增长点、形成新动能，努力为抚州的科技进步、经济发

1　数据来源：上饶市商务局。

展、社会变革提供强大动能。

2. 扎根文化土壤，打造"中国戏都"

以汤显祖为品牌，连续4年举办汤显祖戏剧节活动。2019年汤显祖戏剧节暨国际戏剧交流月活动，邀请了20个国家的200余名知名艺术家相聚抚州，开展中外经典剧目展演、汤显祖国际学术研讨会、驻华使领馆官员江西行、中英文化旅游周、第七届江西艺术节·第十一届江西玉茗花戏剧节、全国高腔优秀剧目展演、戏曲研讨会以及群众性文化活动、原中央苏区振兴（抚州）恳谈会等11项活动；集中展演来自国内外及江西省各设区市的采茶戏、京剧、黄梅戏、越剧、音乐剧、话剧、默剧等81台大小戏剧目，唱响抚州"一个有梦有戏的地方"文化品牌。近年来，随着盱河高腔·乡音版《临川四梦》《牡丹亭》，音乐剧《汤显祖》、实景剧《寻梦牡丹亭》的先后推出，文昌里历史文化街区和温泉景区三翁戏曲特色小镇建设扎实推进，市中心城区和各县（区）剧场建设成效明显，对外文化交流持续开展，向世界讲好中国故事，抚州正朝着集"写戏、看戏、学戏、演戏、评戏"于一体的中国戏都目标铿锵前行。

3. 专业展馆缺乏，展会种类单薄

目前抚州无专业会展展馆，展会主要由抚州新体育馆、赣东国际汽车城、汤显祖大剧院承接，会展业发展基础设施缺乏，接待能力不足。2019年，抚州共举办展览类展会9场，包括2019（第五届）江西省互联网大会、7场汽车展会；同时还有一系列节庆会议活动，包括汤显祖戏剧节暨国际戏剧交流月、全省农民丰收节、首届江西森林旅游节、广昌国际莲花旅游文化节、江西南丰蜜桔文化旅游节、中国资溪面包文化节等节庆活动；中部地区变电设备产业高峰论坛、中国国际美发美容节、抚州第三届生命健康科学国际高峰论坛、第二届中医药文化大会等会议活动。总体而言，抚州无大型牵头展会，专业性商品类展销比较少，基本以文化旅游节庆类展会为主，其他种类特色展会少，且知名度较低，发展不充分，对当地经济带动作用不显著。

（二）抚州会展业发展优势分析

1. 区位优势

抚州位于江西省东部，东邻福建省建宁县、泰宁县、光泽县、邵武市，两省交界，地理位置优越，是物资运输的重要通道，交通便利，昌福铁路（向莆）横穿而过，福银高速、抚吉高速、抚金高速等为抚州出行提供便利，也为物资和人流来抚州奠定了交通基础。

2. 资源优势

抚州市内矿产资源丰富且储量较大，境内有金属矿产20多种，非金属矿产30多种，为工业和经济发展提供支撑。林木资源丰富，其中木本植物109科322属1 018种（含亚种、变种及少数栽培种），有优良速生树种26科55种，此外还有7种国家一类保护动物。丰富的矿产、林木和动物资源为抚州开展资源类展会论坛提供了资源支撑。抚州市拥有国家5A级景区1家、国家4A级景区17家，其他A级景区和乡村旅游点224家，实现国家4A级景区县县全覆盖。旅游景点遍布，山水景点、人文古迹众多，为文化旅游提供了众多优质去处。

3. 生态优势

抚州境内属南方湿润多雨季风气候区，气候湿润，雨量充沛，光热充足，一年四季气候温和，都适宜举办会展活动，全市森林覆盖率66.1%，空气质量好，被誉为"天然氧吧"。生态系统稳定，有各类国家级、省级自然保护区、风景名胜区、森林公园、湿地公园和其他生态功能区等52处，占全市总面积的16.9%。生态保护红线面积占总面积的27.3%；资溪县入选第一批国家级生态文明示范县；2018年新创建省级生态乡镇8个、省级生态村9个、市级生态村21个。抚州良好的生态优势为其大力发展疗养、度假相关产业提供了良好的基础，为举办大型会展活动和相关论坛交流会提供了优越的环境。

4. 文化优势

抚州文化底蕴深厚，拥有以牡丹亭为支柱的戏曲文化、麻姑山为依托的养生文化、曹山寺为平台的禅宗文化、"建昌帮"和"旴江医学"为代表的中医药文化、文昌里历史文化街区和竹桥古村为主的民俗文化。此外，临川文化是抚州江右民系创造出来的区域性文化，亦为江右文化的重要支柱。抚州采茶戏、三角班、孟戏、傩舞、钱索舞、海盐腔以及板凳龙灯、水龙灯等，是临川文化的艺术形态。银鱼炒藕丝、红烧牛肚、水豆腐和麦鸡豆腐等四大名菜以及临川贡酒、临川葛粉、临川夏布等，则是临川饮食文化和农耕文化的杰作。抚州的各种民俗、小吃及特产，都是宝贵的旅游资源，抚州可以大力开发、整合，打造如"抚州民俗"体验等相关活动和展会。抚州还是著名的"才子之乡"，王安石、曾巩、汤显祖等名人诞生于此，实行科考制度后，自宋至清，临川人在科举考试中共中举人1 029人，进士731人。著书立传的学者有300多人，著述481种，5 580多卷，其中65种770多卷被列入《四库全书》。抚州历代名人才子辈出，可考虑将教育与展会相结合，营造书香抚州氛围，依托历史美名打造才子学士的圣地。

（三）抚州会展业发展对策分析

1. 加强会展设施建设，弥补发展大缺陷

目前抚州无大型专业会展场馆，严重制约会展业的发展。抚州重大节展活动的接待能力、展览面积、展出环境和科技投入都呈现一定程度的不足，导致其所举办的会展活动服务水平较差、影响力较小、服务能级较低。抚州要根据当地办展需求和会展业发展要求，建设适度规模的专业会展场馆，增加科技投入，为抚州举办高水平、智能化、优服务的节展活动提供硬件支撑。补足短板后通过积极申办、引进具有较大政治经济影响

力的高峰会议和体现国内外行业话语权的论坛会议，提高举办国际化会议的水平，进一步提升抚州知名度和影响力。

2. 塑造临川文化品牌，发挥足生态优势

抚州有良好的文化底蕴和生态环境，为发展会展业提供了丰富的资源和环境支撑。抚州是著名的"才子之乡"，古代名士才子辈出，留下众多名人故居和文物古迹，出自抚州或与抚州有关的传世佳作脍炙人口，抚州可以扎根本土文化，通过弘扬才子文化和抚州文脉，举办传统文化和教育领域的论坛和展会，让抚州文化在交流中闪耀时代光芒。抚州森林覆盖率高，气候湿润，空气质量好，被誉为"天然氧吧"，可以在夏天开拓避暑产业，承接周边气候炎热城市转移人口，依托良好生态，全年可承接大型展会和高规格会议，打造抚州会展品牌。

3. 提升戏剧节等活动，强化大品牌效应

汤显祖被称为"东方莎士比亚"，其戏剧在中国文化和世界戏剧文化中占有重要地位。抚州要继续提升汤显祖戏剧节暨国际戏剧交流月活动的举办水平和品牌知名度，运用VR技术、数字化和智能化等手段演绎《牡丹亭》等经典剧作，展现中国传统戏剧的独特魅力，加快汤显祖戏剧国际化进程，在戏剧表现、宣传等方面融入国际化元素，搭建更高平台，推动传统戏剧更好地走向世界。同时立足汤显祖戏剧作品，打造抚州戏剧品牌，并以品牌为引领，不断丰富戏剧节内涵，开展多样的弘扬戏剧文化的活动，使抚州戏剧品牌深入人心，有更大影响力。

4. 昌抚深度合作互动，积极融入都市圈

2019年，江西省人民政府出台了《大南昌都市圈发展规划》，抚州作为大南昌都市圈中一个战略增长极，连接了都市圈建设的"九江—南昌—抚州"这一轴线，在大南昌都市圈建设中发挥了重要作用。抚州要紧密围绕大南昌都市圈发展建设，依托抚州当地深厚文化底蕴和生态资源，发挥与南昌交通便利的优势，主动作为南昌大型展会的分会场，同时积极承接南昌产业转移，引导产业聚集和升级，抓住互联网产业"换道超车"，提高自身办会能力和服务能级。和周边地市加强产业联动和经济交流，做到优势互补，积极融入大南昌都市圈，借助都市圈的辐射和带动作用，推动会展业等行业快速发展。[1]

七、九江会展业发展报告

九江，古称"浔"，素有"三江之口、七省通衢"与"天下眉心之地"之美誉，为江西北大门。2019年，九江紧紧围绕《江西省进一步激发商贸消费潜力促进商贸消费升级三年行动方案》《江西省开展"一城一展一会"活动的实施方案》的文件精神，起

1　数据来源：抚州市商务局。

草各项会展规范性文件、积极举办节事活动、培育引进各类展会、综合利用会展场馆，有效引导车展等商业展览活动，努力促进九江会展业健康可持续发展，较好完成各项会展工作。

（一）九江会展业发展现状与成就

2019年，九江会展业保持了持续健康发展的态势，举办展会数量和规模居全省前列，经济社会效益持续向好。但是，与会展业发展水平较好地区相比，九江会展业发展尚处于起步阶段，存在展馆规模小、配套服务水平低、品牌展会缺乏、专业人才缺乏、产业综合竞争力不强等问题。九江会展业发展现状可概括为以下几点。

1. 规范管理、激发潜力，会展业发展呈现新姿态

为加快九江会展业健康发展，更好地发挥会展业在提升城市品位和知名度、促进经济增长方式转变等方面的重要作用，九江遵循政府推动和市场主导相结合、自主培育和申办引进相结合、会展业和支柱产业相结合的发展原则，深化改革，解放思想。2019年，九江市政府完成2018年度省级商务发展专项资金（支持会议展览业项目）的申报工作，印发《九江市2019年会展业（省级）发展专项资金使用管理方案》，扶持会展业发展，不断激发会展企业的内在发展潜力，促进九江会展业有序、高质量发展。

2. 大力培育、发挥优势，会展活动呈现新气象

2019年，九江市委市政府提出了"月月有展会"的工作目标，积极实施"旺客"行动，大力开展"一城一展一会"等活动。2019年，全市举办重大展会10余场。2019九江国际名茶名泉博览会和2019九江社会经济发展成果展规模大、效果好。在组织企业参加本市展会活动基础上，还组织本市企业参加第十一届中国中部投资贸易博览会、2019中国国际食品餐饮博览会、2019一乡一品国际商品博览会、第十二届中国绿色食品博览会等，让九江企业和优质产品能够走出江西，走向世界。

3. 统筹协调、监督管理，展会专项整治初显成效

2019年9月，九江市商务局牵头发出《关于提示进一步加强党政机关境内举办展会活动管理工作的函》，进一步规范全市党政机关办展行为，提高对规范展会活动重大决策部署的认识。九江加强对党政机关举办展会活动的政策指导、统筹协调和监督管理，确保展会活动的质量。在现有会展基础设施上，本着节俭办会原则，高质量办好相关展会活动，提升九江开放形象，加大招商引资力度，促进消费升级。如10月下旬举办的长江经济带·九江新产业新动能投资洽谈会，得到参会者的一致好评。

（二）九江会展业发展优势分析

1. 区位优势

拥有良好交通条件是会展组织者选择会展目的地最重要的考虑因素之一。九江位于

长江、京九铁路两大经济开发带交叉点,是长江中游区域中心港口城市,是中国首批5个沿江对外开放城市之一。九江境内或周边有五条铁路,五条高速,两个机场,两条国道,一条长江黄金水道,形成了铁路、公路、水运、航空"四位一体"的大交通体系,举办展会的交通区位优势明显。

2. 资源优势

丰富而具有吸引力的资源是发展会展业的重要保证,会展举办地大多是资源富集地。九江自然资源种类繁多,储量丰富,具有可观的利用价值和广阔的开发前景。土地资源方面,九江市地处亚热带过渡地带,水热条件较丰富,拥有农用地136.71万公顷,建设用地12.72万公顷,未利用地38.62万公顷。生物资源方面,九江地处中亚热带向北亚热带过渡区,属亚热带季风气候,四季分明,气候温和,水系完整,生态系统完备优良,生物资源丰富多样。丰富的自然资源为九江举办多种题材的展会打下了基础。

3. 产业优势

优势产业是会展业发展的重要基础。2020年九江市政府工作报告提出提升产业集聚度,聚焦"5+1"千亿元产业集群,建立产业链"链长制",深入开展铸链、补链、强链工程,提升产业基础高级化、产业链现代化水平。会展业发展在巩固九江传统企业、积极培育新兴战略产业方面将起到关键作用。

(三)九江会展业发展对策分析

1. 全面提高接待能力,推动内涵式发展

城市的接待能力是举办会展活动的基础性条件,推动管理体制改革、加速硬件设施升级是提高九江会展接待能力的重要步骤。一是建立健全会展行业管理体制和机制,设立专门的会展管理机构,引入专业会展人才,科学管理、规范办展,推动九江会展业内涵式发展。二是提高九江国际会展中心的接待能力,打造一支专业的会展展馆管理团队,提高管理能力,加快展馆周边配套酒店、停车场的建设。三是对于市内高档会议酒店,如九江远洲国际大酒店、九江信华建国酒店等,要保证其会议厅、会议接待设施能满足接待高档会议的需求。同时,要重视发展一批经济型会议酒店,满足接待不同层次会议的需求。

2. 积极承办各类会议,培育优势本土展

九江历史悠久、资源丰富,具有举办各类展览和会议的基础。一方面,九江要充分利用境内资源优势,打造本地特色展会。九江素有"鱼米之乡"和"赣北棉香"的美誉,是中国近代"三大茶市"和"四大米市"之一。2019年,九江利用名茶优势举办了国际名茶名泉博览会,展会的规模较大,效果较好。九江可依此思路,结合本地特色农业资源,举办具有本地特色的优势展览会。另一方面,九江拥有一个高品质、高盛名的名片——庐山,它是一个集避暑、度假、旅游、考察、洽谈等多功能为一体的胜地,具有历史文化底蕴足、接待能力强、档次高、容纳人数多等优点。要充分发挥庐山在九江会议业发展中的引领作用，完善会议接待设施，同时依托深厚的文化底蕴，承接更多品质较高的会议。以点带面，促进九江会议业的发展。

3. 举办系列节事活动，加强"大庐山"营销

节事活动可以提升举办地的知名度和美誉度，丰富人民的精神生活，促进地方经济发展。一方面，庐山知名度高、历史悠久、资源丰富，九江可利用庐山这一抓手，打造一批与庐山密切相关的特色节事活动。如庐山作为杏林文化的发源地，可以举办杏林文化节，打造庐山养生产业园、建设养生基地，庐山冬季能够保存冰雪资源，可以在冬季举办南国南山冰雪节等。另一方面，要继续办好庐山西海星空草地帐篷烧烤音乐节、乡村文化旅游采风节、江西森林旅游节、蓝莓采摘节、杨梅节等特色节事活动，在保证节事活动举办质量的基础上，逐步扩大活动的规模和影响力，争取培育一批具有较大影响力的品牌节事活动。

4. 发挥地域交通优势，提速昌九一体化

九江"据三江之口，当四达之衢"，发展会展业具有得天独厚的区位优势。一方面，要利用好九江连接东部沿海和内陆、沟通中原和岭南的要塞作用，抓住京九铁路等组成的水路立体交通网带来的交通优势，降低会展物流成本，增强人员和货物的可进入性。另一方面，九江紧邻省会南昌，要紧紧抓住昌九一体化给九江会展业发展带来的机遇，学习、借鉴南昌发展会展业的经验，引入省会城市的会展人才、资金。利用交通区位优势与南昌合作，举办一批高质量的会展活动，如鄱阳湖国际观鸟周，昌九"双核"联动，提升区域会展经济的辐射力和带动力，形成1＋1＞2的发展效应。[1]

八、景德镇会展业发展报告

景德镇以千年瓷都闻名于世。近年来，景德镇以陶瓷产业为基础，借助部省平台，发挥贸促会作用，全力打造中国景德镇国际陶瓷博览会这一集产品展示、文化交流和贸易投资于一体的综合性会展平台。中国景德镇国际陶瓷博览会是我国唯一由商务部参与主办的专业性陶瓷博览会，每年展会期间都会举办数十场与文化、经贸等相关的配套活动，取得良好综合效益。通过举办以产业为基础的系列展会，景德镇会展经济效应日益凸显，正逐步成为江西省重要的会展主办城市和输出城市。

（一）景德镇会展业发展现状与成就

景德镇会展业具有独特的产业优势，通过重点发展以中国景德镇国际陶瓷博览会为

1　数据来源：九江市商务局。

代表的特色展会，会展经济效应日益凸显，正逐步成为江西省重要的会展主办城市和输出城市。但基础设施不完善、缺乏专业化的会展企业和会展人才，这些不利因素制约了景德镇会展业的跨越式发展。景德镇会展业发展现状可概括为以下几点。

1. 打造国际著名瓷都，提速产业转型升级

景德镇通过深入挖掘陶瓷文化底蕴，举办中国景德镇国际陶瓷博览会和中国（景德镇）茶器产业博览会暨茶器包装设计展等，促进陶瓷产业的发展和优化升级。中国景德镇国际陶瓷博览会由国家商务部、中国国际贸易促进会、中国轻工业联合会和江西省政府共同主办，以"博览世界陶瓷精品、弘扬千年瓷都文明"为宗旨。景德镇充分利用展会平台传承和发扬千年陶瓷文化，加快建设面向世界的陶瓷人才、科技、产业、交流四大基地，加速打造以高新技术陶瓷、结构陶瓷、功能陶瓷为主导的陶瓷产业新格局。中国景德镇国际陶瓷博览会充分彰显了景德镇的文化价值和品牌价值，成为中国乃至世界陶瓷领域具有较高影响力和知名度的一个重要平台。除中国景德镇国际陶瓷博览会外，中国（景德镇）国际茶·器产业博览会暨茶器包装设计展正逐步成长为具有重要影响力的展会。2019年，中国（景德镇）茶器产业博览会暨茶器包装设计展共接待来自13个国家和地区的观众及采购商93 000人，中国（景德镇）茶器产业博览会暨茶器包装设计展展品种类包括茶类、瓷器、茶叶包装、特色工艺品类等，特装率达到30%以上。众多顶级茶企和瓷企积极参展参会，参展企业来自巴基斯坦、阿富汗、印度、日本等10个国家，台湾地区顶级工艺协会、台湾工艺发展协会也组织众多台湾工艺大师团体参展，有力提升了景德镇瓷都的国际影响力。

2. 规范陶瓷产销秩序，经济效益持续向好

中国景德镇国际陶瓷博览会、中国（景德镇）茶器产业博览会暨茶器包装设计展等展会已成为景德镇拓展陶瓷销售渠道的重要方式。景德镇陶瓷产业的销售渠道主要为几家大型企业固定的网络布点，缺乏稳定、规范的销售渠道和网络支撑。在体验经济和互联网经济快速发展的背景下，传统的销售方式难以形成持久推动力。两大会展活动的举办，为国内外的陶瓷采购商搭建购销平台，生产厂家、个体厂商通过展会平台接洽贸易，实现了由混乱无序和非法组织的展销方式向规范、流行的展会销售方式转型。景德镇正被打造成全国乃至世界陶瓷产品销售集散地。

3. 展会规模逐年扩大，品牌效应日益显现

2004年，景德镇名称确立千年之际，[1]"景德镇国际陶瓷节"正式升级为第一届中国景德镇国际陶瓷博览会。2019年，在景德镇获批建设国家陶瓷文化传承创新示范区背景下，第十六届中国景德镇国际陶瓷博览会如期举办。与往届大会相比，本届中国景德镇国际陶瓷博览会在展会品牌建设方面有了很大提升。一是展会规模，首届中国景德镇

1　指1004年（宋景德年间），景德镇名称确立距今1 000年。

国际陶瓷博览会主展馆面积仅为1.3万平方米，800多个展位，250余家企业参展，经过多年发展，第十六届博览会展览面积已达2.86万平方米，设标准展位1900多个，3000余名客商到会展示贸易、参与洽谈。二是展馆布局，相较于首届博览会仅设立陶瓷精品馆、交易馆、名人名作馆三大展区，第十六届中国景德镇国际陶瓷博览会展馆布局主题更加突出，展品涵盖了艺术陶瓷、日用陶瓷、高技术陶瓷、国内各大名窑代表传承精品、陶瓷辅助材料、大学生创意陶瓷等。三是展会宣传，与往届相比，第十六届中国景德镇国际陶瓷博览会充分利用声、光、电等现代信息技术，对参展企业进行全方位、立体式的展示，引入抖音、微博等直播平台对展会进行宣传，利用新兴社交平台提升中国景德镇国际陶瓷博览会的知名度和品质认知度。

（二）景德镇会展业发展优势分析

1.历史文化优势

景德镇有长达1700余年的制瓷历史，无数精美绝伦的瓷器诞生于此，形成了丰富的陶瓷历史文化积淀，留下了宝贵的民族文化遗产。据不完全统计，景德镇现有地面陶瓷遗迹30多处，2017年1月5日，御窑厂遗址成功列入"中国世界文化遗产预备名单"。目前，景德镇市按照申遗OUV（突出普遍价值）体系要求，整体活态复苏1000年陶瓷文化遗迹、600年御窑文化遗址和100年陶瓷工业遗存，着力打造具有"世界风范、古镇风韵、时代风貌"的陶瓷文化遗产样板区。厚重的历史文化积淀使得景德镇对整个陶瓷产业的市场状况、市场结构、竞争情况等信息有全面的了解，有效减轻了办展难度。丰富多彩的陶瓷文化资源也为景德镇举办陶瓷类节事活动打下了良好基础。景德镇充分融合源远流长的陶瓷文化，给会展业注入了文化的灵魂。

2.区位优势

景德镇地处长江中下游经济区和长江三角洲经济区结合部的中心地带，位于"六山""两湖"[1]的中心区，皖赣铁路、济广高速、杭瑞高速、祁浮高速、德昌高速贯通境内，206国道、351国道和多条省道形成公路网，昌江水道通航鄱阳湖，景德镇机场是全国100个重点支线机场之一。优越的交通条件是举办会展活动的基础，景德镇便利的交通条件使城市进入性大大加强，满足了参展商品的物流需要。

3.产业优势

对于会展行业来说，区域优先发展的产业和被投资的重大项目是展览会选题的主要考虑因素。2019年国务院批复《景德镇国家陶瓷文化传承创新试验区实施方案》，标志着国家陶瓷文化传承创新试验区落户景德镇。示范区的建设推动了陶瓷文化的保护传承创新，以及陶瓷文化产业的创新发展。产业发展是会展经济发展的重要支撑，国家级陶

---

1 指庐山、黄山、九华山、三清山、龙虎山、武夷山及千岛湖、鄱阳湖。

瓷试验区的落地将进一步加速景德镇陶瓷产业的转型升级，拓宽陶瓷产业的市场空间。依托产业优势及政策导向，以陶瓷为主题的展览会和节事活动将具有强大的生命力和发展前景。

（三）景德镇会展业发展对策分析

1.提升会展接待水平，提高外宾接待力

会展的接待水平在很大程度上影响着展会的举办效果，中国景德镇国际陶瓷博览会每年吸引境内外千余家企业、世界各地数千名客商参展。景德镇要全面提升城市功能与品质，加大会展接待能力建设。一是重筹划，在整合接待资源时，注重统筹各方，重点加强景德镇国际会展中心附近酒店宾馆接待能力建设，要通过购买服务进一步提高接待能力。二是重管理，强化接待制度建设，对中国景德镇国际陶瓷博览会有重大影响的重量级外方嘉宾，要制定个性化接待方案，确保展会接待工作规范有序。三是重特色，创新接待内容，在接待过程中融入景德镇地方特色，不断提高接待质量。

2.完善城市基础设施，增强城市竞争力

景德镇要结合城市发展定位、特点、实际，多举措推进城市基础设施建设，提高办展能力。第一，要加快城市综合交通系统建设，完善通达展馆的高铁站快线、快速公交等交通服务和交通设施。第二，要升级改造景德镇国际会展中心展馆设施，增加会展展馆周边的停车空间，通过信息化手段整合各类展会服务资源，推动云计算、大数据、物联网等在展馆中的应用，提升展馆智能化水平。第三，要规划建设和升级一批会议酒店，满足中国景德镇国际陶瓷博览会同期会议及其他大型会议的举办需求。

3.创新提升展会品牌，丰富瓷博会[1]活动

中国景德镇国际陶瓷博览会是国家级、国际化的陶瓷交流平台，景德镇要通过多种方式打造与世界对话的国际瓷都。一是在国家级陶瓷试验区建设大背景下，争取推动成立市级会展发展基金，开阔思路提升专业化办展水平。二是创新宣传推广方式，通过整合陶瓷、会展、旅游、文化等多方资源，丰富中国景德镇国际陶瓷博览会同期活动，整体谋划展会的宣传推介路径。三是加强中国景德镇国际陶瓷博览会的国际交流，一方面，鼓励支持国外展商来景德镇参展；另一方面，与国际展览机构和行业组织合作，在境外联合办展，加大国际宣传推广力度，提升国际影响力。

4.各级部门通力合作，保证瓷博会效果

举办中国景德镇国际陶瓷博览会是景德镇发展陶瓷产业的重要抓手，景德镇要加强对博览会的组织领导，充分履行商务局统筹协调职责，不断完善筹备中国景德镇国际陶瓷博览会市级层面的协调推进机制，保证瓷博会举办效果。一是要体现高起点、高水

1　指中国景德镇国际陶瓷博览会。

平，在招展招商方面要注重对国际品牌陶瓷、知名艺术陶瓷的展示，着眼于对国内日用和建筑陶瓷、高科技陶瓷代表企业的邀请，充分利用各方资源加大对瓷博会优质采购商的邀请力度。二要加大对瓷博会的财政支持力度，统筹全市支持会展业发展的资金，助力瓷博会项目的推进。三是强化会展人才引进和培养，为瓷博会引进一批会展业高端人才，提升中国景德镇国际陶瓷博览会专业化办展水平。[1]

九、萍乡会展业发展报告

萍乡乃古之吴楚咽喉，今之赣西明珠，是中国近代工业起始最早的城市之一。2019年，萍乡依托本市烟花鞭炮、电瓷、工业陶瓷、汽车零配件、特色农副产品产业优势和旅游资源，积极发展涵盖"会议、展览、节庆、赛事、演艺、会奖旅游"的会展业。萍乡市委市政府制定了重点会展活动项目及会展基础设施建设项目，各县区根据辖区实际情况，制定了全年开展会展活动的工作计划，市委、市政府的周密部署确保萍乡市会展经济的有序健康发展。

（一）萍乡会展业发展现状与成就

目前，萍乡会展业仍处于起步阶段，相关制度仍然不够完善，市内缺少专业化的展览馆，暂无法承接大型展览会。在此背景下，萍乡市以市场化、专业化、品牌化为导向，大力举办与产业转型升级相呼应的专业会展，全市会展业发展呈现出总量扩大、层级提升、效益增长、影响广泛等特点，会展经济逐步迈向新台阶。萍乡会展业发展现状可概括为以下几点。

1. 科学规划，突出特色，周密部署会展任务

萍乡根据《江西省开展"一城一展一会"活动的实施方案》要求，结合《萍乡市人民政府办公室关于印发萍乡市进一步激发商贸消费潜力促进商贸消费升级三年行动计划（2019—2021年）的通知》文件精神，依托本市花炮、电瓷等产业优势和旅游资源，积极发展涵盖"会议、展览、节庆、赛事、演艺、会奖旅游"的会展业。2019年全市会展活动项目举办展览会22场，500人以上会议10场，节事活动26场，会展活动的举办为萍乡开展会展工作提供重要抓手，助推本市会展经济有序发展。

2. 夯实基础，壮大主体，全面提升办展能力

萍乡采取政府引导与市场导向相结合的方式，持续培育和发展品牌会展和会展企业，统筹推进会展展馆建设和提升改造，全面提升支撑会展业发展的基础平台，创新优化发展环境，推进会展业健康有序发展。一是以中帜汽配城、市体育中心、安源大剧

1　数据来源：景德镇市商务局。

院、秋收起义广场等展馆场地为基础，不断优化周边配套环境，大力推进凯光新天地、十里花溪景观带、仙凤三宝风景区等一大批会展设施的建设。二是采取政府推动、多方投资的形式，组建、培育萍乡会展行业市场主体。积极引导萍乡市汽车行业商会、萍乡市包装商会等打造专业会展品牌，提高会展策划、代理、广告、宣传、工程等会展服务水平，提升会展企业的整体运作水平，力争用较短时间基本形成以大型会展企业为主、突出专业会展企业为辅、关联服务企业为配套的会展市场主体，增强本市的办展能力。

3. 因地制宜，组织办展，推动会展经济发展

萍乡围绕"一城一展一会"的工作目标，组织开展了一系列丰富多彩的会展活动，成功打造了武功山国际帐篷节、萍乡茶叶包装文化博览会（以下简称茶包装展）、汽车文化展等品牌会展，为萍乡会展经济发展增添新动能。

开展电商等各类促销活动。萍乡以"电商扶贫""双品网购节"等为基础，成功举办上栗县首届消费升级促销行动暨双品网购节线下交易活动、湘东区电商扶贫产品五进活动等。萍乡围绕"3·8妇女节、清明节、五一劳动节、六一儿童节、端午节"等重要节假日，大力组织开展"3·8女神季""生鲜风暴""清明踏青，畅享实惠""爱妈妈健康美丽节""端午传情，尽情放粽""首届建材家居狂欢节"等一系列促销活动，有效推动萍乡市居民日常生活消费。

搭建产销对接的市场平台。组织开展"花炮节""农产品对接推介会"等产销对接活动，其中花炮节举行隆重祭祖活动，并召开订货会议，合同订货金额超亿元，单笔订货合同超千万；农产品对接推介会有74家企业参加，其中广州42家，本土企业32家，采购商和供应商分别进行交流，最终签约项目5个，签约资金5 000万元以上。

组织开展各种赛事活动。组织开展了第七届"中信置业杯"中国女子围甲联赛萍乡·武功山站、美好为村——2019芦溪·国际乡村文旅产业发展大会暨芦溪民宿设计大赛，在人民网、新浪网、腾讯网、国旅游新闻网、今日头条等全国性媒体大篇幅报道，提升了萍乡的知名度。

多样化的节事活动。萍乡依托辖区内风景名胜，大力推动文化、观光旅游经济发展，组织开展"2019年'中国旅游日'江西省分会场启动仪式暨萍乡市第六届乡村旅游节开幕式""诗词楹联文化艺术节""第十二届油菜花节""栀子花节"等活动，其中"武功山抖音挑战赛暨我有盖世武功"活动在抖音官方平台上的播放量达到了170万。

（二）萍乡会展业发展优势分析

1. 交通优势

萍乡地处湘赣边界，东靠宜春和吉安，南邻攸县，西接醴陵，北连浏阳，毗邻长株潭，对接长珠闽，是江西省的西大门，距长沙机场105千米，距省会南昌280千米，有着天独厚的区位优势。浙赣铁路、沪昆高铁、沪瑞高速、320国道、浙赣铁路自东向

西，319国道自南向北贯穿全境，形成了公路、铁路、航空立体交通网络，方便快捷的交通充分解决了会展客源、货物的可进入性问题，为萍乡会展业发展奠定了基础。

2. 产业优势

萍乡立足现有基础和禀赋，突出优势和特色，持续优化产业结构，正大力培育壮大新一代电子信息（智能制造）、先进装备制造、节能环保、金属新材料、食品医药、海绵产业等新兴产业；大力推进工业陶瓷、电瓷、彩印包装、花炮文化创意烟花鞭炮、农业、全域旅游等传统产业转型升级；打造由1个国家级经济技术开发区、5个省级工业园区及赣湘开放合作试验区组成的多层次、多元化、现代化的产业承载平台；初步构建起一个极具特色、配套完整的现代产业体系。在产业发展的过程中，会展业发挥了重要作用，武功山国际帐篷节、萍乡茶叶包装文化博览会、花炮节等展会有力推动了茶叶、花炮等优势产业的发展和转型升级。

3. 消费优势

萍乡人的消费观念较为超前，消费需求旺盛，喜爱群体活动，适合发展日常消费类展会。萍乡有明显的区位交通优势，再加上萍乡正大力推进农业产业化、新型工业化、城镇化进程，在此过程中，居民消费需求逐渐上升，这为举办消费类展会打下良好基础。

（三）萍乡会展业发展对策分析

1. 谋划专业展馆建设，优化办展的环境

目前，萍乡专业会展展馆存在空白，萍乡要结合自身情况，在专家科学论证基础上，积极建设符合规划要求，与本地经济规模、产业定位、地域特色相匹配的专业展览馆，合理布局建设商务、旅游、人居、餐饮、娱乐、停车场等服务配套设施。进一步加快完善市内公交、城市快速路等交通服务和交通设施建设。此外，萍乡境内拥有武功山等自然资源，风景优美，是优质会议的旅游目的地。本地可考虑新建或改造升级一批会议型酒店，满足500人以上大型会议的办会需求，为承办各类大型展会打好基础。

2. 实施品牌提升计划，注重市场化营销

萍乡要做大做强一批品牌展会。一要积极支持茶叶包装文化博览会、汽车文化展、武功山国际帐篷节、中国国际烟花爆竹产业交易会等重点自主品牌展会高质量发展。注重提升品牌展会的市场化营销水平，对于茶叶包装展和花炮展，要通过线上线下多种方式进行宣传造势，对于参展的重点企业要制定个性化营销方案，提高参展效果。二要重点培育涵盖会展策划、设计搭建、展品物流、广告宣传、会务接待、商贸旅游等的龙头会展企业，打造常办常新的精品展会。三要整合市内展会资源，积极鼓励、引导主题相同或者相关的中小型展会联合办展，促进产业上下游对接，加速专业展会转型升级，打造展会品牌。

3.办好生活展消费展，满足文娱类需求

萍乡人的消费观念较为超前，文娱类消费需求旺盛，喜爱群体活动，适合发展生活消费类展会。萍乡培育品牌展会要牢牢把握市民的消费特点，一方面，要继续办好已有的生活和消费类展会，通过政府冠名、媒体宣传造势等多种方式提升"3·8女神季""生鲜风暴""清明踏青，畅享实惠""爱妈妈健康美丽节""端午传情，尽情放粽""首届建材家居狂欢节"等日常生活消费展的品牌知名度。另一方面，要及时把握市民消费需求的新变化，开拓新的展会类型，如开展形式多样的电商活动，满足市民日益旺盛的网购需求，因地制宜地举办"油菜花节""栀子花节"等节庆活动，进一步丰富市民的文娱生活。

4."产业＋会展"深度融合，培育本土新展会

纵观国内外知名展会，产业优势不仅为举办相关展览提供强有力的基础，还可凭产业优势形成的话语权和影响力获得展览举办权。一是依据产业优势培育品牌展会，茶叶包装产业、工业陶瓷和电瓷是萍乡的优势产业，茶叶包装、工业陶瓷和电瓷产业占据的市场份额均超60%，萍乡要进一步利用产业优势，举办好茶叶包装文化博览会等展会，为萍乡经济发展注入新动力和活力。二是联合行业组织共同办展，积极与各类行业协会进行合作，利用好行业协会在行业内强大的影响力和号召力，带来更多优质参展商。三是联合行业媒体共同办展，通过与掌握一定行业资源和宣传渠道的专业媒体合作，整合资源，共同办展。[1]

十、新余会展业发展报告

新余是中国唯一的国家新能源科技城，江西小市强工业的典范。近年来，在制造业转型升级的大背景下，为建立与市场经济相适应的环境，加大对外开放和招商引资力度，促进经济和社会发展，新余结合实际情况，制定了诸多以培育产业集群为重点，积极延伸钢铁、光伏等产业链条，培育光电信息、装备制造、会展旅游等新经济增长点的相关政策文件，以此推动经济更有质量、更有效益、更可持续增长。其中，2019年出台的《新余市加快经济发展优惠办法》（以下简称《办法》）提出了系列会展业发展扶持政策。

（一）新余会展业发展现状与成就

新余会展经济的发展势头良好，发展速度处于较高水平，展会的规模日益增大，水平不断提高，对经济的拉动作用逐渐凸显。新余会展业发展现状可概况为以下几点。

1　数据来源：萍乡市商务局。

1. 挖掘特色资源，打造会展经济新引擎

新余采取政府扶持与市场导向相结合的方式，挖掘特色资源，与会展业的发展紧密结合在一起，形成了相辅相成、互相促进的会展发展态势。政府通过结合本地钢铁优势产业，统筹开展了多届新余南方农业（工程）机械展销会，成功打造了本市特色的品牌会展活动。分宜县利用本土麻纺产业的蓬勃发展，顺势而上，积极举办江西国际麻纺博览会，不断将产业优势转化为新余会展发展的新引擎、新动力。据统计，2019年江西国际麻纺博览会专业观众多达1万余人，现场签约了13个项目，投资总额47.4亿元。同时新余充分利用会展这一平台，加强与全国优势产业基地的政府部门和机构的联系，积极引导各地专业机构来新余办展或组团参加专业展会。

2. 加大政策扶持，助力会展产业健康发展

新余高度重视本地区会展产业健康绿色发展，通过加大政府扶持力度，出台各类政策为全市会展行业保驾护航。为促进新余会展行业发展，新余成立专项扶持资金，重点支持符合产业特点和发展方向、可促进贸易流通的大型专业展览和会议。市财政负责将会展业发展经费纳入财政预算予以保障，每年统筹安排会展业发展专项资金。按照政府引导、市场化运作原则，通过优化公共服务，支持中小企业参加重点展会，落实有关财税优惠政策，促进展览企业及相关配套服务业健康发展。

3. 完善配套设施，释放市场经济后劲势能

新余人均GDP、生活水平均居于省内前茅，市场经济十分活跃，产业发展动力显著，但基础配套设施的缺乏极大地束缚了新余会展经济的发展。在新余举办的大型展会中，南方农业（工程）机械博览会举办场地为新余青园城露天广场，江西国际麻纺博览会举办场地为新余市分宜县国际麻纺城，而中小型展会无固定展馆。其中第五届南方农业（工程）机械展示展销会场地面积达5万平方米，参展商300余家，专业观众达3万余人，展会规模不断发展，但配套设施的短板效应制约了展会规模的发展速度。展会举办过程中，交通物流的滞后严重影响展会的实际成交效果，出行不便等问题制约参展商和专业观众的出入。展馆周边星级酒店、商务宾馆配套无法满足参展客商住宿和餐饮需求，大量参展客商被迫选择在市中心寻找食宿等配套服务，导致参展商及专业观众的展馆停留时间及重复参观率等指标有所下降。

（二）新余会展业发展优势分析

1. 区位优势

新余为"赣西的中心"，有"浙赣线上一颗明珠"的美誉。赣粤、沪瑞、武吉三条高速公路和四条省道在新余交会，成为全国少有的高密度高速公路通过的城市，构建了新余与"长珠闽"对接的5小时经济圈。区位优势将为新余会展业发展提供更多机遇。新余设有赣西地区唯一的海关、商检，建有大型铁路、公路货运中心和保税仓库，开通

了铁海联运通道，实现了本地通关、异地验放；年发送货物300万吨的货运编组站、占地450亩的现代物流中心投入使用；高新区拥有6 000平方米保税仓，保税加工区正在积极筹建之中，口岸大通关效率日益提高。现代物流建设的扬帆起航将会为新余会展与相关产业紧密联动保驾护航。

2.产业优势

新余坚持创新、协调、绿色、开放、共享发展理念，以供给侧结构性改革为主线，围绕加快新旧动能转换，通过发展光伏产品、新能源、智能制造、钢铁等多个重点产业，努力推动全市创新发展、持续发展、领先发展。新余具有传统优势的农业、门类齐全基础雄厚的工业，以及处在提档升级的服务业，为会展业快速发展提供了坚实基础。坚实的产业基础，为会展经济开辟了广阔的发展空间，提供了巨大的舞台。

3.旅游资源优势

新余拥有"山、湖、洞"等特色资源，在打造会展旅游基础上，邀请专业人员对仙女湖、人文景观等风景资源及中国洞都进行整体设计、改造，形成国内独具特色的会展旅游目的地。利用现有旅游品牌知名度，加大会展与旅游的联动效应，促进新余会展的高效发展。

（三）新余会展业发展对策分析

1.完善展馆基础设施，配套体系化建设

发展会展业需要内强基础，外塑形象，实干加巧干。首先，新余要完善会展展馆基础设施，引进专业运营团队，推行绩效考核竞争机制，实施优胜劣汰。其次，鼓励现有展览场地、体育馆、博物馆和剧场升级改造，促进展馆的专业化、特色化和品牌化建设。加强与会展展馆相配套的交通、通信、餐饮、住宿、旅游及生态环境建设，建设市区到会展中心的快速通道，推进一体化的会展服务，方便企业和市民参展。最后，加快培育广告、翻译、仓储、物流等关联产业，完善会展业配套服务体系。新余可以积极开展多种形式的城市宣传推介，提升新余在国内外的知名度和美誉度，增强会展辐射力、影响力、吸引力和资源整合力。

2.加速本土品牌培育，提升麻博会水平

为破解新余会展市场增长较快但品牌不强的矛盾，加快本土展会品牌培育，新余要从两个方面入手：一是提升现有展会的办展水平，扩大现有展会的影响力。目前市重点扶持展会分别是南方农业（工程）机械展示展销会和江西国际麻纺博览会。中国是一个麻纺大国，但是国内没有一个真正大的会展平台去支撑麻纺产业的发展，这恰好是新余江西国际麻纺博览会的重要机遇，政府要抓住这个重要机遇，将江西国际麻纺博览会打造成中国纺织行业的桥头堡。二是各县区要深入挖掘本地优势产业，加强引导，打造更多新余本土会展品牌。各县区在办展时，要始终把打造优质展会作为会展业发展的首要目标，对于没有发展潜力的展会，要选择性放弃，将更多精力放在优质展会上。

3. 促进优势产业融合，形成协同化发展

新余在发展会展经济的过程中要将培育本土优势产业放在首位，积极发挥"产业+会展"模式的优势，具体如下：第一，凸显各县区特色，突出精品内容，推动有利于相关产业升级的项目合作，促进与终端产业融合。如政府可以加大对光伏相关展会的引导和扶持，建造光伏产业新平台，打造新余光伏产业高地。这既有利于破解新余产业危机，又有利于会展业的稳步发展。第二，会展业通过与高新科技产业的紧密融合，加强不同产业或同一产业内不同行业的相互渗透、相互融合，形成产业的动态协同发展。随着市场规则及行业生态的改变，新余会展业要保持创新，依托互联网、物联网及大数据等新业态的巨大优势，进一步打造新余会展核心优势。

4. 满足本地生活需求，大力发展消费展

随着新余经济持续健康发展，城乡居民收入不断提高，社会需求结构和消费结构正发生深刻的变化，全市要在发展符合本地生活需求的消费展会上做文章。一是充分调动会展主办、承办单位的积极性和创造性，促进大量优质消费展的涌现，满足广大人民群众多方面、多层次的消费需求。要加大举办汽车、电子、食品、娱乐类展览的力度，满足人民日益增长的美好生活需求。二是积极开拓市内和全省两个市场，消费展面向的主体不能仅局限于本市居民，要不断延伸到全省，要与旅游产业配合，吸引游客参展。三是拓宽投资渠道，加大对消费展的投入。政府可以在税收、财政上给予一定的优惠，同时将外来投资引导到消费展的举办上，银行可适当放宽消费展会的融资门槛。[1]

十一、鹰潭会展业发展报告

鹰潭，别称道都、铜都，是赣东北承接东南沿海产业转移第一城，被誉为"火车拉来的城市"，因"涟漪旋其中，雄鹰舞其上"而得名。鹰潭出台了《鹰潭市开展"一城一展一会"活动的实施方案》，对未来三年的会展工作做了统一部署。鹰潭依托独树一帜的道文化和产业优势，举办了古越水街文化节、第四届鹰潭眼镜旅游文化节及鹰潭眼镜产业发展高峰论坛等相关节事活动，节事展览知名度日渐提升，成为江西省会展业的重要组成部分。

1　数据来源：新余市商务局。

（一）鹰潭会展业发展现状与成就

鹰潭具有深厚的道文化和行业聚集优势，依托本地特色优势办展，取得了一定成绩，但社会办展力度小、无专门办展机构等问题制约了本市会展业发展，鹰潭会展业发展有较大提升空间，鹰潭会展业发展现状可以概括为以下几点。

1. 打造道都福地，促进文旅发展

鹰潭市通过举办古越水街文化节、道都古风动漫文化节等节事活动，挖掘当地深厚的道文化，促进会展业和旅游业发展。鹰潭被称为"道都"，龙虎山更是道家圣地，国家5A级风景名胜区，当地政府依托此优势将古文化和现代娱乐相融合，办有时代特色、受年轻人喜爱的节事活动。仿古建筑和二次元相得益彰，汉服与现代舞蹈的搭配，古代场景的复原演绎，在节事与旅游中感受文化，创新传统文化宣传和输出方式，众多游人参与，有力提升了鹰潭会展与节事旅游的品牌知名度和影响力。

2. 引领产业聚集，提升一体优势

鹰潭市余江县中童镇有"眼镜之乡"的美誉，鹰潭将眼镜产业作为朝阳产业、富民产业放在优先发展位置，坚持走"产城一体化"道路，以眼镜专业市场建设促进眼镜制造业发展，以眼镜制造业快速发展支撑眼镜市场繁荣。鹰潭（余江）眼镜产业园产业规模效益正逐渐凸显，目前，产业园已有眼镜生产企业近百家，拥有产业工人1万余人，形成原材料、配件、镜片、电镀、成品眼镜以及设备制造等行业紧密协作的特色产业集群，发展为与江苏丹阳、浙江温州、福建厦门、广东深圳并列的全国五大眼镜产业基地之一。乡贤大会暨眼镜旅游文化节峰会的召开，吸引了更多行业品牌和力量注入，团结了当地产业，提高了当地行业知名度，用表彰和聚会的形式凝聚行业力量，提升聚集优势。

3. 社会力量不足，展会影响力弱

鹰潭现有的展会活动多由政府机关主导，历届展会中，党政机关办展率高达80%，且很多政府办展没有履行相关程序，展会举办规则、流程未落实，大多属于违规办展。缺乏专业办展机构和办展展馆，展会组织化、专业化程度低，社会力量参与办展少、吸引力不足等，多重原因导致鹰潭会展业发展动力不足，未来存在较大的提升空间。

（二）鹰潭会展业发展优势分析

1. 区位优势

鹰潭位于浙、皖、赣、闽四省交会处，"东连江浙，南控瓯闽，信之大邑，六省通衢"的区位优势明显，浙赣、皖赣、鹰厦、沪昆客专杭南长段（在建）四条铁路干线在鹰潭纵横交汇，是中国最重要的交通枢纽之一，是赣东北承接东南沿海产业转移第一城。206、320国道、G60沪昆高速公路和G35济广高速公路横贯全境。全市水运通畅，千里信江直通鄱阳湖。鹰潭地理位置优越，交通运输发达，水陆联运，为会展物流和客流提供了基础设施保障，便于会展商客和货物进出。

2. 资源优势

鹰潭主要矿种有银、铝、锌、铀、稀土、石膏、瓷土、硅质原料、矿泉水、花岗岩和建筑用砂岩等，冷水银铅锌矿是全国最大的银铅锌矿床，罗塘石膏矿区石膏储量居全省之首，瓷石和硅质原料为全市潜在优势矿石，同时聚集冶炼产业，被誉为"世界铜都"，其他行业如眼镜制造等产业聚集趋势显著，为相关产业的论坛和展会提供了产业基础。鹰潭文化和旅游资源优势独特，有中国迄今为止时间最早的贸易化性质的专业性陶器生产基地——中国商代大型窑场鹰潭角山窑址，有道家发祥地、国家5A级风景名胜区龙虎山，还有"龙虎山道菜"、贵溪捺菜等特色小吃，每年有大量游人前往祭拜、朝圣。全市年接待量超过5 000万人次，客流量大，旅游热点多，为鹰潭举办节事活动、道文化论坛和相关活动奠定了文化基础和流量基础。

3. 产业优势

鹰潭现有铜产业、物联网核心产业及关联产业两大支柱产业，医药食品产业、眼镜产业、雕刻产业三大特色优势传统产业。近年来，鹰潭狠抓项目建设，加快产业升级转型，培育新兴产业，增强传统产业实力。以新兴技术为引领，促进产业高质量发展；坚持可持续发展，打造"卓越铜都、智慧铜都、绿色铜都"；培育移动物联网产业，打造"万物互联"样板城；优化提升产业集群，打造"产业升级"示范地。鹰潭发展新兴产业和推动传统产业转型升级，提供了大量办会契机，为会展业发展提供了坚实的产业基础和市场需求。

（三）鹰潭会展业发展对策分析

1. 完善相关配套设施，提高项目接待力

鹰潭现有单个行业专用展馆，如鹰潭大唐农博城、鹰潭国际眼镜城等，但展馆面积较小，功能不全，不足以举办大规模、高水准的节展活动，且无举办其他行业和其他种类节展活动的专业展馆，会展业发展基础设施不足，制约了会展业的发展。鹰潭要结合当地产业集聚情况和会展业发展需要，合理规划建设专业展馆，同时完善相关的住宿、餐饮、仓储等设施，提高会展业接待能力，在设施中加强数字化和智能化建设，提升服务能级和办展能力，为会展业发展奠定良好的硬件基础。

2. 品牌展会营销推广，重点提升眼镜展

鹰潭目前展会数量较多，但单个规模和体量较小，影响力不足。鹰潭市政府要树立鹰潭市展会"大品牌"，以大品牌系列做引领，开展各行业分支展会，形成整体有序、多支繁荣的局面。要立足当地产业聚集和升级优化，扩大当地"眼镜之乡"的优势，重点提升鹰潭眼镜展，加大科技投入，发展"智慧展览"，主动争取举办全国、全世界的行业主题论坛和峰会，加大区外招展力度，扩大宣传，并且长期坚持举办，打造影响力大、办展质量高的"鹰潭展会"。

3. 充分借鉴国际经验，着力打造"铜博会"[1]

鹰潭铜产业高度发达，被誉为"铜都"，近年来，鹰潭铜产业进行转型升级，大力发展绿色经济，取得不菲成效。鹰潭可以学习国外类似的重工业基地，如德国鲁尔区等，进行升级优化，将旅游业、展览业作为未来发展的重要方向。鹰潭有着丰富的铜产业发展经验，有着较为健全的铜产业链，可以依托当地优势举办"铜博会"，吸引世界行业资源向鹰潭移动，通过召开行业论坛和峰会为铜产业可持续发展提供智力支持，在"铜博会"上展出鹰潭发展成果，打造铜产业发展的"鹰潭样板"。

4. 引导社会参与办展，提升市场化水平

当前鹰潭展会主要为政府主导办展，办展规范化、流程化和市场化有待加强。鹰潭市政府应出台相关制度规范办展流程，扶持会展业相关公司或机构发展，引进具有丰富办展经验的专业人才，组建相关行业协会和办展团队，通过财政激励等手段鼓励社会办展。对于部分展会，政府采用招标的形式吸引社会力量进入，形成市场、行业为主，政府为辅，鼓励和支持行业协会办展，创造机会使之做大做强。让政府和市场两只手同时发力的办展局面，助推会展业健康、高效发展。[2]

1　指铜产业类博览会。
2　数据来源：鹰潭市商务局。

附　　录

一、2019年江西省重大展览活动

城　市	序号	展览活动名称	举办时间
南　昌	1	第六届江西（安义）铝材及门窗博览会	2月12日
	2	第五届南昌华夏家博会	3月8日
	3	2019江西南昌第四届家居文化博览会	3月8日
	4	第十六届国际检验医学暨输血仪器试剂博览会	3月20日
	5	2019南昌广告标识及LED照明展览会	3月29日
	6	2019江西南昌第五届家居文化博览会	3月30日
	7	2019第三届江西绿地漫游引力动漫文化展	5月1日
	8	第十一届中国中部投资贸易博览会	5月15日
	9	2019第37届春季江西美容美发化妆品博览会	5月19日
	10	2019第九届中国（南昌）孕婴童产品博览会	6月1日
	11	中国医院建设与发展大会暨中国国际医疗建筑、装备及技术展览会	6月13日
	12	2019中部（南昌）家具全屋定制暨建材新产品博览会	6月22日
	13	6月南昌夏季汽车展览会	6月22日
	14	2019江西南昌第六届家居文化博览会	6月29日
	15	南昌第六届华夏家博会	8月9日
	16	8月夏季汽车展览会	8月24日
	17	2019第十四届南昌国际汽车展暨新能源·智能汽车展	9月12日

（续表）

城　市	序号	展览活动名称	举办时间
南　昌	18	首届中部（南昌）国际汽车房车露营旅游博览会	9月21日
	19	第23届中国国际医药（工业）展览会	10月10日
	20	2019世界VR/AR产品和应用展览会暨中国国际通信电子产业博览会	10月19日
	21	2019华东（南昌）宠物用品展	11月1日
	22	2019江西南昌第七届家居文化博览会	11月2日
	23	第十七届中国国际农产品交易会	11月15日
	24	第十二届中国绿色食品博览会	12月20日
九　江	25	第一届中国中部（九江）红木家具博览会	3月20日
	26	2019九江首届国际汽车文化博览节	5月1日
	27	2019九江国际名茶名泉博览会	5月29日
	28	第二届中国中部（九江）红木家具博览会	9月5日
萍　乡	29	2019萍乡中帜国际商贸城音乐美食嘉年华车展	1月23日
	30	中国上栗国际花炮节	4月16日
	31	2019萍乡第八届国际汽车展	4月26日
	32	中国·萍乡第三届茶叶包装文化博览会	11月13日
赣　州	33	第九届江西南康木工机械展	4月11日
	34	中国（赣州）第六届家具产业博览会	5月28日
	35	（赣州）会昌县2019特色旅游商品和美食展	8月1日
	36	2019中国（赣州）糖酒食品交易会	11月13日
景德镇	37	2019中国（景德镇）茶器产业博览会暨茶器包装设计展	5月5日
	38	2019中国景德镇国际陶瓷博览会	10月18日
	39	2019景德镇广电春季大型车展	11月22日
	40	"龙湾御墅"首届青少年成长教育博览会	12月28日
上　饶	41	上饶首届年货人气节	1月27日
	42	2019上饶茶文化博览会	4月26日
	43	2019第三届上饶文化创意产业博览会	4月27日
	44	2019上饶婺源电视台大型车展	11月30日

（续表）

城 市	序号	展览活动名称	举办时间
鹰潭	45	2019首届鹰潭国际眼镜嘉年华	3月29日
	46	2019中国·鹰潭第四届"神鹰杯"赏石文化博览会	4月12日
	47	2019江西国际移动物联网博览会	7月7日
	48	鹰潭首届"天下大集"农产品丰收展销会	12月30日
抚 州	49	2019年抚州"启华·长安汽车"杯五一车展	5月1日
	50	2019第五届中国西部旅游产业博览会	6月21日
	51	2019貂皮皮草南北特产博览会	9月22日
	52	2019金溪汽车城首届大型车展	10月1日
新 余	53	2019新余第十三届77漫品新春祭	2月13日
	54	2019仙女湖第八届汽车展览会	9月20日
	55	2019江西国际麻纺博览会	11月1日
	56	第五届南方农业（工程）机械展示展销会	12月2日
吉 安	57	吉安首届美食动漫博览会	5月1日
	58	吉安菊花展	11月6日
	59	易车鲨鱼车展吉安站	12月13日
	60	2019吉安铜锣湾首届网红花海灯光节暨国际奇石玉器展	12月23日
宜 春	61	2019高安第一届惠民车展	5月19日
	62	樟树第50届全国药材药品交易会	10月16日
	63	2019中国（高安）陶瓷采购节	10月28日
	64	国际商贸城建材联盟展	11月22日

二、2019年江西省引进全国性展会项目

序号	展会活动名称	办展规模（m²）	举办时间
1	第十六届国际检验医学暨输血仪器试剂博览会	70 000	3月22—24日
2	第十一届中国中部投资贸易博览会	70 000	5月18—20日
3	2019年中国医院建设与发展大会暨中国国际医疗建筑、装备及技术展览会	20 000	6月15—16日

序号	展会活动名称	办展规模（m²）	举办时间
4	第八十三届中国国际医药原料药/中间体/包材/设备交易会	70 000	10月10—12日
5	第26届中国国际广告节	40 000	10月26—28日
6	第20届中国美食节	40 000	11月1—3日
7	第十七届中国国际农产品交易会	130 000	11月15—18日
8	2019世界人居环境景观产业博览会暨第九届国际园林景观规划设计大会	10 000	11月20—24日
9	第四届中国军民融合先进技术成果展	12 000	11月21—23日

三、2019年江西省重大会议活动

序号	会议活动名称	举办时间
1	第二届世界赣商大会	5月19日
2	2019江西（新余）智能制造高端论坛	9月9—10日
3	2019江西智库峰会	9月21日
4	2019世界VR产业大会	10月19—21日
5	（第12届）中国抗菌产业发展大会	10月24—25日
6	中国国际米粉产业发展大会	11月16—18日
7	2019国际园林景观规划设计大会暨第九届艾景奖颁奖盛典	11月23日
8	世界中联热敏灸专业委员会第五届学术大会会议	11月25—27日

四、江西省主要会议场地（部分）

地市	场地名称	最大容纳人数	最大会议厅面积（m²）
南昌	江西前湖迎宾馆	1 600	2 500
	南昌恒大酒店	1 600	1 600
	融创万达文华酒店	2 000	2 000
	嘉莱特精典国际酒店	1 200	1 200
	南昌瑞颐大酒店	1 100	1 100

（续表）

地 市	场地名称	最大容纳人数	最大会议厅面积（m²）
南 昌	南昌香格里拉大酒店	2 250	1 683
	力高皇冠假日酒店	1 400	1 500
	南昌国际博览城绿地铂瑞酒店	2 500	2 664
上 饶	婺源国际大酒店	1 100	630
	上饶旺达嘉华酒店	1 100	1 100
景德镇	景德镇景瀚大酒店	1 500	1 200
宜 春	明月山维景国际酒店	1 000	1 100
	宜春市文化艺术中心	1 000	1 000
九 江	九江山水国际大酒店	1 000	936
赣 州	沃尔顿国际酒店	1 000	1 000
	沃尔顿国际酒店（赣州星海天城）	1 000	1 040
	赣州锦江国际酒店	1 000	1 200
萍 乡	武功山温泉君澜度假酒店	800	860
吉 安	井冈山中信会议中心	1 200	1 200
新 余	新余市会议中心	1 200	1 200
鹰 潭	维也纳国际酒店（贵溪市政府路）	1 000	800
抚 州	抚州东乡国际大酒店	1 000	2 200

五、2019年江西省重大节事活动

序 号	节事活动名称	时 间
1	南昌2019年货美食节	1月22日
2	2019年首届婺源油菜花文化旅游节	3月15日
3	第十届井冈山杜鹃花节	4月13日
4	2019南昌国际汽车交易会暨第11届中国中部（南昌）国际汽车文化节	5月1日
5	2019年中国旅游日江西省分会场启动仪式暨萍乡市第六届乡村旅游节	5月19日
6	青岛啤酒·2019第十二届武功山国际帐篷节	6月29日
7	JJ林俊杰《圣所2.0》世界巡回演唱会	7月6日

序　号	节事活动名称	时　间
8	2019中国广昌国际莲花旅游文化节	7月12日
9	2019新余七夕民俗文化活动周	8月7日
10	2019首届江西森林旅游节	8月7日
11	2019中国明月山第十三届月亮文化节"宜春月·故乡情"民俗文化展演展示活动	9月5日
12	2019景德镇国际陶瓷灯会	9月12日
13	2019第十届"新力集团杯"环鄱阳湖国际自行车大赛	9月17日
14	2019届中国农民丰收节江西活动	9月23日
15	2019年第十四届龙虎山国际森林帐篷节	10月5日
16	2019汤显祖戏剧节暨国际戏剧交流月活动	10月19日
17	福特领界·2019南昌国际马拉松	11月1日
18	第20届中国美食节暨第二届赣菜美食文化节	11月1日
19	2019第六届南昌国际军乐节	11月2日
20	2019江西鄱阳湖国际观鸟周	12月6日

六、2019年江西省境外参展项目

地　区	展览活动名称	举办时间
亚洲（42）	2019年中东（迪拜）国际安防设备与技术展览会	1月20—22日
	2019年法兰克福（胡志明）国际汽车零摩配件及售后服务展览会	2月28—3月2日
	2019年日本千叶国际食品与饮料展览会	3月5—8日
	2019年印度尼西亚国际医疗器械博览会	3月6—8日
	2019年国际医药原料泰国展	3月12—14日
	2019年国际医药原料日本展览会	3月18—20日
	香港环球资源展（春季）	4月
	2019年香港礼品及赠品展览会暨香港家庭用品展览会	4月27—30日
	香港环球资源展（春季）	4月
	印度孟买国际家具展览会	5月1—4日

地 区	展览活动名称	举办时间
亚洲（42）	2019年中国（土耳其）贸易博览会	5月23—25日
	2019年马来西亚吉隆坡国际食品及饮料展览会	6月
	2019年法兰克福（迪拜）国际汽车零配展	6月10—12日
	2019年伊朗国际食品及饮料博览会	6月18—21日
	日本国际礼品杂货及日用百货展览会（GIFTEX）	6月26—28日
	2019年菲律宾国际家禽畜牧展览会	6月26—28日
	2019年斯里兰卡国际建筑建材展	8月
	2019年香港国际茶叶及美食博览会	8月15—17日
	国际医药原料（韩国）展（CPHI Korea）	8月21—23日
	2019年日本东京秋季国际礼品及消费品展	9月3—6日
	亚洲食品配料展（Fi Asia）	9月11—13日
	泰国国际医疗展	9月11—13日
	印尼国际发电再生能源及电力设备展览会	9月11—14日
	国际医药原料（中东&非洲）展览会	9月16日
	迪拜家居装饰展	9月17—19日
	日本东京国际服装服饰纺织展览会	9月25—27日
	第24届澳门国际贸易投资展览会	10月
	香港环球资源展（秋季）	10月
	2019年香港秋季电子产品展览会暨国际电子组件及生产技术展览会	10月13—16日
	印度食品配料展（Fi India）	10月21—23日
	中东迪拜五大行业展	11月
	马来西亚吉隆坡国际工程机械、建材机械及矿山机械展览会 ASEANMACH	11月
	2019年东盟（曼谷）中国进出口商品博览会	11月
	印度尼西亚国际食品展览会	11月
	香港眼镜展	11月
	香港服务贸易洽谈会	11月

（续表）

地　区	展览活动名称	举办时间
亚洲（42）	印度国际智能家庭、家居用品博览会暨国际消费类电子及家电展览会	11月
	第三届香港贸发局创智营商博览会	12月
	国际医药原料（印度）展览会（CPHI India）	12月
	环球资源印尼电子展	12月5—7日
	2019年中国（印度）贸易博览会	12月11—13日
	2019年中国（阿联酋）贸易博览会	12月15—17日
欧洲（35）	德国纽伦堡国际玩具展览会	1月30—2月3日
	2019年德国-亚洲服装及配饰博览会	2月
	2019年英国伯明翰春季消费品展览会	2月3—7日
	2019年德国法兰克福春季消费品展	2月8—12日
	2019年英国伦敦服装服饰展览会	2月10—12日
	俄罗斯食品配料展	2月19—22日
	2019年意大利米兰国际光学眼镜展（MIDO）	2月23—25日
	2019年英国伦敦国际食品与饮料展	3月17—20日
	波兰（华沙）国际照明设备展	3月13日
	德国汉诺威工业博览会（HANNOVER MESSE）	4月1—5日
	俄罗斯莫斯科国际建筑材料与技术展览会	4月2—5日
	波兰（波兹南）国际美容、美发展览会	4月6—7日
	德国国际工程机械、建材机械、矿山机械、工程车辆及设备博览会	4月8—14日
	俄罗斯莫斯科国际电子电力展览会	4月15—19日
	2019意大利国际宠物水族用品展览会	5月6—9日
	瑞士日内瓦国际生物原料展VITAFood	5月7—9日
	2019年中国（波兰）贸易博览会	5月29—31日
	江西商品展（暂定）	6月
	欧洲精细化工展览会（ChemSpec Europe）	6月26—27日
	德国法兰克福国际秋季消费品展览会	6月29—7月2日

（续表）

地 区	展览活动名称	举办时间
欧洲（35）	加拿大服装纺织品采购展（多伦多）	8月19—21日
	科隆国际游戏展*	8月13—17日
	2019年俄罗斯国际汽配展（MIMS）	8月26—29日
	2019年意大利维罗纳国际石材展	9月
	德国科隆国际体育用品、露营设备及花园生活博览会（SPOGA）	9月1—3日
	2019年德国消费电子及家用电子电器展览会	9月8—11日
	中国品牌箱包欧洲展（莫斯科）	9月10—15日
	2019年法国巴黎国际服装服饰采购展及中国纺织品服装贸易展览会	9月16—19日
	法国巴黎国际光学眼镜博览会	9月27—30日
	国际医药原料（欧洲）展览会（CPHI Worldwide）	10月
	德国科隆国际食品展	10月
	2019年法国汽配展	10月
	欧洲食品配料展	11月
	德国国际医疗设备展（MEDICA）	11月
	2019年法国国际建材展	11月4—8日
北美洲（22）	2019年美国拉斯维加斯国际消费类电子产品展览会	1月8—11日
	2019年美国拉斯维加斯国际地面与石材瓷砖展	1月23日
	美国拉斯维加斯春季国际服装、面料辅料、鞋类及家纺展	2月4—7日
	美国拉斯维加斯建筑建材展（IBS）	2月19—21日
	2019年美国芝加哥家居用品及消费品展	3月2—5日
	拉斯维加斯国际礼品及消费品博览会（ASD Trade Show）（春季）	3月17—20日
	2019年美国国际医药原料及精细化工展览会	4月30—5月2日
	2019美国拉斯维加斯国际五金工具及花园用品展览会	5月5—9日
	2019年哥伦比亚国际建材展	5月14—19日
	2019年美国迈阿密服装纺织品采购展	5月20—22日
	古巴旅馆业和餐饮业国际博览会	5月28—30日
	美国食品科技展（IFT）	6月3—5日

（续表）

地　区	展览活动名称	举办时间
北美洲（22）	2019年中国（墨西哥）贸易博览会	6月4—6日
	哥伦比亚（波哥大）国际汽车及零部件展览会	6月5—7日
	2019年美国拉斯维加斯世界茶业博览会	6月11—13日
	美国国际医疗器械展览会	6月26—28日
	2019年美国拉斯维加斯国际家具展	7月17—20日
	纽约国际服装采购展览会	7月22—24日
	拉斯维加斯国际礼品及消费品博览会（AMD Trade Show）（秋季）	7月28—31日
	美国国际烟花展	9月
	美国拉斯维加斯国际服装及面料展	8月
	美国拉斯维加斯汽配展	10月
南美洲（4）	2019年巴西（圣保罗）国际医疗器械展览会	5月21—24日
	智利国际矿业展览会	5月27—30日
	秘鲁国际矿业展览会	9月16—20日
	巴西国际家庭用品及礼品采购展览会	10月
非洲（8）	南非国际电力照明及新能源展览会	3月26日
	2019年阿尔及利亚国际建材展	3月24—28日
	卡塔尔多哈国际建筑、建材展览会	4月29—5月1日
	埃塞俄比亚中国贸易周	5月9—11日
	肯尼亚中国贸易周（一期、二期）	6月
	中国（南非）贸易博览会	9月23—25日
	中国（埃及）贸易博览会	9月28—30日
	摩洛哥中国贸易周	12月6—8日
大洋洲（1）	澳大利亚国际矿业及资源展览会	11月

参 考 文 献

［1］刘大可.中小城市发展会展产业应该注意的五个问题［J］.中国会展，2020（03）：18.

［2］栗婧雯，逯晓蕾.新商业时代下会展经济跨界融合发展模式的探究［J］.现代营销（经营版），2020（02）：62-64.

［3］曾林，邱敏.我国中小城市的会展旅游发展研究——以廊坊市为例［J］.中外企业家，2020（02）：242.

［4］姜雪峰.中国会展业在应变中寻求创新发展［J］.中国会展，2020（01）：57.

［5］姜雪峰.中国会展业应重新调整发展思路［J］.中国会展，2020（01）：58.

［6］陆燕.2019年世界经济形势回顾与展望［J］.国际经济合作，2020（01）：4-12.

［7］2019年中国会展业大事记［J］.中国会展.2020（01）.

［8］2019年江西经济"年报"发布：GDP增长8.0% 全国第四［EB/OL］.http：//jx. sina. com. cn/news/b/2020-01-22/detailiihnzahk5701187. shtml，2020-01-22.

［9］《中国展览经济发展报告2019（中文）》［EB/OL］.http：//www. ccpit. org/ Contents/Channel_3603/2020/0110/1235431/content_1235431. htm，2020-01-10.

［10］王运杰.构建中部地区会展名城武汉的策略研究［D］.上海师范大学，2019.

［11］丁蓉.长三角会展业联动发展的问题及对策［J］.山东农业工程学院学报，2019，36（12）：72-73+132.

［12］江雯，谢晗进，包嘉轩.提升江西会展产业服务效能对策建议［J］.时代经贸，2019（31）：47-50.

［13］付晓.产业发展 人才先行——会展行业专家谈人才培养［J］.中国会展，2019（23）：52-57.

［14］裴超.立业长青中国会议产业向高质量发展方向稳步迈进［J］.中国会展（中国会议），2019（18）：28-35+8.

［15］王治峰，陆杨，米安琪.武汉会议产业发展概况和展望［J］.现代商贸工业，2019，40（17）：7-8.

［16］姚陈敏，叶前林，周伟.新时代下我国会展业发展的新机遇与新挑战［J］.商业经济研究，2019（14）：179-181.

［17］栗佳馨.融媒体时代会展传播的新模式——以"庆祝改革开放40周年大型展览"网上展馆为例［J］.传媒，2019（14）：72-73.

［18］王旭伟，季凯文，齐江波.加快补齐江西会展业发展"短板"［J］.中国国情国力，2019（12）：43-45.

［19］李前.深耕"一带一路"，深挖新兴市场——2019年京交会中国会展业出展交流会成功举办［J］.进出口经理人，2019（08）.

［20］黄运鑫.新时代中国会展产业对出口贸易的影响［J］.对外经贸实务，2019（07）：84-88.

［21］2019年"京交会"中国会展业出展交流会成功举办［J］.进出口经理人.2019（07）.

［22］黄禹铭，温淼文，滕广涛.长春会展产业发展对策研究［J］.长春市委党校学报，2019（06）：61-64.

［23］2019南昌飞行大会：盛会背后的服务保障［EB/OL］.https：//mp. weixin. qq. com/s/XLVI-lCiP5FVejG4，2019-11-05.

［24］南昌市人民政府关于进一步促进会展业健康快速发展实施意见［EB/OL］.http：//ncjk. nc. gov. cn/Item/48699. aspx，2019-11-04.

［25］南昌飞行大会落幕280亿元项目集中签约！［EB/OL］.https：//iflow. uc. cn/webview/news?，2019-11-04.

［26］2019南昌飞行大会！万众瞩目，今日起航！［EB/OL］.https：//mp. weixin. qq. com/s/ZjCtJEFHLcYlAtFJsNA，2019-11-02.

［27］攻略来啦！2019中国景德镇国际陶瓷博览会10月18日开幕！［EB/OL］.http：//mp. weixin. qq. com/s/H05DkcCqm-h7b0V，2019-10-14.

［28］景德镇瓷博会着力打造"文化交流、商贸合作"高地［EB/OL］.http：//jx. ifeng. com//a/2019-10-09.

［29］2018年河北省会展业发展报告［EB/OL］.https：//mp. weixin. qq. com/s/ZDwN1iLs4DCjo6kVhHESPw，2019-08-08.

［30］第二届世界赣商大会开幕千余赣商共叙发展［EB/OL］.http：//rss. chinadevelopment. com. cn/ydzx. php?S，2019-05-20.

［31］第17届中国国际农交会邀请函［EB/OL］.https：//mp. weixin. qq. com/s/_lOtfulrgMXjA，2019-05-03.

［32］2018年度中国展览数据统计报告［EB/OL］. http：//www. cces2006. org/index. php/home/index/detail/id/12252，2019-04-08.

［33］诗与远方逐梦瓷都文旅融合对话世界——景德镇文旅局2019年回顾［EB/OL］. https：//baijiahao. baidu. com/s?id=165643，2019-01-02.

［34］2019景德镇国际陶瓷博览会［EB/OL］. https：//mp. weixin. qq. com/s/YIKUOeJcz Ux8k-D92_k2mA.

［35］李艳婷，周艳秋. 基于北京会展业人才需求的高职会展专业建设与实践［J］. 职业技术教育，2018，39（26）：30-34.

［36］许和连，金友森，张琴韵. 湖南省会展业的产业关联效应——基于投入产出模型和灰色关联理论的实证分析［J］. 湖南大学学报（社会科学版），2018，32（04）：55-62.

［37］2018中国城市会展业竞争力指数发布会暨国际会展功能区（集聚区）高端论坛在蓉隆重举行——权威发布《2017年度全国城市会展业竞争力指数研究成果》［J］. 中国会展，2018（23）：98-99.

［38］陆培军. 江西融入长江经济带发展的对策研究［J］. 企业经济，2018（12）：164-170.

［39］刘馨蔚. 一带一路为中国会展业转型创新机［J］. 中国对外贸易，2018（11）.

［40］叶明婧."城市双修"视角下景德镇城市基础设施建设实践与启示［J］. 美与时代·城市，2018（09）.

［41］刘震，楼嘉军. 中国城市展览业发展状况评价［J］. 城市问题，2018（06）：51-60.

［42］王佩良，蔡梅良，彭培根. 中小城市会展产业发展路径研究——以郴州为例［J］. 湖南社会科学，2018（04）：152-158.

［44］陈泽炎. 2018：中国会展业"高质量发展"之年［J］. 中国对外贸易，2018（02）.

［45］展览业的发展历程探析［EB/OL］. http：//www. chinaqking. com/yc/2018/1525333. html，2018-12-24.

［46］世界经济2018年形势和2019年展望［EB/OL］. https：//www. sohu. com/a/275282475_692693，2018-11-14.

［47］从会展的平台作用，谈会展与创新型产业集群的融合发展［EB/OL］. http：//www. weihuidong. com/news/infor，2018-06-21.

［48］江西省会展业"十三五"发展规划（2016—2020）［EB/OL］. http：//www. mice-jx. org/show. asp?id=124，2018-05-30.

［49］中美贸易摩擦｜机构点评中美贸易战：哪些行业受冲击最大［EB/OL］. https：//baijiahao. baidu. com/s?id=1595694574544499744&wfr=spider&for=pc，2018-03-

23.

［50］张海洲，陆林．会展业与城市协调发展研究——以京津冀与长三角都市圈为例［J］．地域研究与开发，2017，36（03）：46-54.

［51］杨进．"一带一路"战略与会展业发展机遇［J］．管理观察，2017（19）：17-18.

［52］欧阳安贞．中部会展业发展现状探析——以武汉、长沙、合肥、南昌为例［J］．旅游纵览（下半月），2017（12）：148.

［53］胡凌霞，肖圣飞．创新型人才培养模式改革与对策研究——以会展策划与管理专业为例［J］．职教论坛，2017（11）：63-66.

［54］周健华，王东强．行业能力导向下会展人才培养改革研究［J］．商业经济研究，2017（07）：200-201.

［55］谢蕾．武汉会展业竞争力评价研究［J］．旅游纵览（下半月），2017（02）：173.

［56］江西省人民政府办公厅关于印发江西省大数据发展行动计划的通知［EB/OL］．https://www.gzdata.com.cn/c71/20170721/i2092.html，2017-07-21.

［57］王月红．江西企业境外参展现状调查及政策研究［D］．南昌大学，2016.

［58］关钰桥，石芳芳，陈楠．论"节事优化组合"策略在会展业发展中的应用——以大连市为例［J］．辽宁大学学报（哲学社会科学版），2016，44（03）：89-95.

［59］罗秋菊，罗倩文．中国省域展览业与经济相关关系及其空间溢出研究［J］．地理科学，2016，36（11）：1729-1735.

［60］李泓沄，储德平．生态文明视角下的会展业与旅游业融合发展研究——以福建省为例［J］．资源开发与市场，2016，32（10）：1253-1257.

［61］司玲，南宇．产业融合视角下会展旅游发展对策研究［J］．资源开发与市场，2016，32（08）：1010-1013.

［62］胡凌霞．南昌会展业发展现状及对策研究［J］．江西青年职业学院学报，2016，26（04）：72-75.

［63］廖剑南．对南昌市会展区位分析及其未来发展的一些思考［J］．老区建设，2016（12）：23-25.

［64］杨果，孙天阳．长江中游城市群会展业空间关联网络结构特征及其解释［J］．管理世界，2016（08）：180-181.

［65］周荧盼，钱梦琪．"中部崛起战略"背景下中部地区会展业的发展途径［J］．经营与管理，2016（04）：99-100.

［66］张晓明，张健康．德国会展业四大发展趋势及其对我国的启示［J］．理论探索，2016（03）：93-98.

［67］李勇军，刘海燕，黄柏青．会展产业价值链及其产业融合研究［J］．商业研究，2016（01）：10-15.

［68］江西省人民政府关于促进展览业改革发展的实施意见［EB/OL］. http：//www. hzchs. org/show. asp?id=3654，2016－06－22.

［69］广东省人民政府关于印发进一步促进展览业改革发展实施方案的通知［EB/OL］. http：//www. hengqin. gov. cn/Wap/zcfg/，2016－04－18.

［70］景德镇打造"文化交流、商贸合作"高地［EB/OL］. http：//jx. ifeng. com/a/20191009/7767701_0. shtml，2016－02－03.

［71］发挥会展促进功能助推产业优化发展［EB/OL］. https：//m. hexun. com/news/181875900. html，2016－01－19.

［72］储祥银：发挥会展促进功能助推产业优化发展［EB/OL］. http：//www. ce. cn/culture/gd/201601/19/t20160119_8378453. shtml，2016－01－19.

［73］张晓明，徐丽莎. 会展产业生态化的内涵和发展趋势解析［J］. 管理现代化，2015，35（02）：25－27.

［74］戴光全，张洁，孙欢. 节事活动的新常态［J］. 旅游学刊，2015，30（01）：3－5.

［75］黄玉妹. 新加坡会展业成功因素分析及经验借鉴［J］. 亚太经济，2015（06）：71－77.

［76］黄毓哲，钟利民. 江西旅游业发展对经济增长作用的数量关系及其新常态发展析议［J］. 江西科技师范大学学报，2015（04）.

［77］王春才，汪秋菊. 双向实践教学：产学研合作培养会展人才的新模式［J］. 中国高校科技，2015（Z1）：28－30.

［78］国务院：2020年基本建成功能完善的展览业体系［EB/OL］. http：//www. cnfl. com. cn/html/news/gd/108679，2015－04－19

［79］任国岩. 长三角会展展馆空间集聚特征及影响因素［J］. 经济地理，2014，34（09）：86－92.

［80］邱雪峰，余构雄. 基于校企合作的高职院校会展专业人才培养模式研究［J］. 中国成人教育，2014（21）：166－168.

［81］产业结构调整"换挡期"也是"机遇期"［EB/OL］. http：//roll. sohu. com/20140704/n401764993. shtml，2014－07－04.

［82］郭欣. 南昌国际展览中心发展战略研究［D］. 南昌大学，2013.

［83］沈守琴. 我国中部会展业发展战略研究［D］. 中国海洋大学，2013.

［84］吴伟莉. 泉州会展业现状分析及策略研究［D］. 华侨大学，2013.

［85］朱清贞，甘敬义. 江西产业结构与经济增长关联研究［J］. 江西社会科学，2013，33（05）：82－86.

［86］刘瑛，黎明，罗焰. 基于产业价值链视角下城市会展业发展模式研究——以南昌市为例［J］. 企业经济，2013，32（08）：122－125.

［87］龙飞.我国旅游行业协会发展现状与改革对策［J］.赤峰学院学报（自然科学版），2013，29（15）：83-84.

［88］张玲，邬永强.广州市会展旅游产业集聚过程及形成机理研究［J］.人文地理，2013，28（02）：111-116+153.

［89］陈婷.基于比较优势的南昌市会展经济发展模式选择［J］.中国商贸，2013（20）：147+159.

［90］成都市博览局课题组.成都市会展产业品牌战略研究［J］.中华文化论坛，2013（12）：166-173.

［91］彭顺生.新世纪国际宏观环境变化对中国会展业的影响及其应对策略［J］.广州大学学报（社会科学版），2013，12（02）：48-54.

［92］黎明，刘瑛，汪江林.基于SWOT分析的我国会展业发展路径研究——以南昌市为例［J］.企业经济，2013（11）：118-121.

［93］刘瑛，江涛.基于服务营销视角下城市会展业的发展策略研究——以南昌市为例［J］.老区建设，2013（10）：24-25.

［94］周宇梁.关于南昌会展资源优化配置的几点思考［J］.经济视角（下旬刊），2013（08）：26-27.

［95］李永江.中国会展业：经济增长新"引擎"［J］.中国经贸，2013（05）.

［96］兰琳，杨志慧.基于SWOT分析的萍乡红色旅游发展与对策研究［J］.安徽农业科学，2013（02）：5817-5819.

［97］孟凡胜，宋国宇，井维雪.会展业发展的影响因素及对城市经济影响的实证研究［J］.技术经济，2012，31（04）：32-37.

［98］伍鹏.新加坡会展旅游业（MICE）发展的优势和成功经验［J］.东南亚纵横，2012（01）：24-28.

［99］李智玲.会展业的带动效应研究［J］.经济管理，2011，33（06）：125-131.

［100］彭思量.会展行业协会发展的困境与出路——以重庆市会展行业协会为例［J］.人民论坛，2011（26）：188-189.

［101］唐明贵.会展产业链互动关系研究——以贵州省为例［J］.市场论坛，2011（09）：64-66.

［102］周游.湖南省会展业发展的竞争优势探讨［J］.对外经贸，2011（01）：70.

［103］戴雪.南昌会展品牌战略研究［D］.江西师范大学，2010.

［104］岑健，顾爱怡.德国会展教育模式在中国的适应性研究［J］.商业时代，2010（26）：130-131.

［105］冉秋霞.发挥会展业优势促进西北地区经济发展［J］.新疆大学学报（哲学人文社会科学版），2009，37（02）：17-19.

［106］胡平.基于钻石理论的会展业竞争力评价及其提升对策研究——以上海为例［J］.旅游论坛，2009，2（01）：114-119.

［107］王春雷.上海会展业品牌发展战略研究［J］.商业研究，2008（11）：26-28.

［108］程建林，艾春玲.会展经济发展、会展城市竞争力与城市功能提升［J］.城市规划，2008（10）：15-20.

［109］梁圣蓉.城市会展旅游发展的动力机制与评估——以武汉市为例［J］.旅游学刊，2008（10）：76-81.

［110］余向平.会展产业链的结构及其产业延展效应［J］.商业研究，2008（08）：92-94.

［111］白长虹，邱琪.天津滨海会展业发展现状和战略选择［J］.经济纵横，2008（06）：63-65.

［112］刘筱柳.区域会展经济发展与城市竞争力提升［J］.西南民族大学学报（人文社科版），2008（04）：235-238.

［113］回眸七大强音［J］.中国会展.2006（01）：55-56.

［114］过聚荣.会展导论［M］.上海：上海交通大学出版社，2006：3-4.

［115］刘慧贞.节事旅游研究［D］.广西大学，2005.

［116］今夜星光灿烂——第二届中国会展业大奖龙虎榜［J］.中国会展，2005（13）：38-40.

［117］余青，吴必虎，廉华，童碧沙，殷平.中国节事活动开发与管理研究综述［J］.人文地理，2005（06）：56-59.

［118］王云龙.关于会展经济空间运动形式的分析——以北京、上海与广州三地为例［J］.人文地理，2005（04）：26-29+14.

［119］高尚全.中国会展业发展面临的机遇和挑战［J］.中国流通经济，2005（02）：6-8.

［120］杨益民.南京会展经济发展的战略思考［J］.南京社会科学，2003（S2）：367-373.

［121］2002年中国会展业十大新闻［J］.中国会展，2003（01）：16-17.

［122］刘松萍，李佳莎.会展营销［M］.成都：电子科技大学出版社，2003：4.

后　记

　　大任于斯，共绘蓝图。近年来江西省会展业发展态势良好，2019年更是取得丰硕成果，成为重要的里程碑。集结多方之力，联动江西各地市，撰写《江西省会展业发展蓝皮书（2019）》，记录发展，总结经验，承前启后，展望未来，共同擘画江西会展业的发展蓝图。

　　道路光明，难免波折。本书编撰过程中，秉承高规格、高标准、高质量的原则，斟酌考量，终将付梓。期间一场突如其来的新冠疫情，给全世界人民健康和社会发展笼罩上一层灰色的阴影。国内各级政府和企业在第一时间相继宣布延后或取消原计划在疫情期间举办的各种会展活动，全国会展业进入"严冬"。

　　不畏艰难，砥砺前行。江西省商务厅在疫情之初就出台《关于应对疫情促进商贸行业适宜性发展的13条政策措施》等多项举措，全力服务企业复工复产，助力人民生产生活。勠力同心，攻坚克难。在以习近平同志为核心的党中央坚强领导下，经过全国上下和广大人民群众艰苦卓绝地努力，各地逐步恢复正常生活和生产活动。

　　"严冬"终将过去，"暖春"必定到来。《江西省会展业发展蓝皮书（2019）》刊印在即，希望能为江西省会展业发展春天再增添一抹绿色。本书同时被江西省新兴特色重点建设智库、全域旅游研究院收录进智库丛书。这是所有江西会展人交出的一份成果答卷，也是携手迎接"十四五"江西会展的探路石、铺路砖。江西会展必将越来越好！

编委会

2020年3月